Weltumsegelung 2007–2010

ISBN 978-3-7059-0333-3
1. Auflage 2011

Umschlagentwurf: Michael Rathmayer

Tel.: 03151-8487, Fax: 03151-84874
e-mail: verlag@weishaupt.at
e-bookshop: www.weishaupt.at

Druck und Bindung: Druckerei Theiß GmbH, A-9431 St. Stefan.
Printed in EU.

Evi Strahser & Wolfgang Wirtl

RUF DES OZEANS

Über ein Leben auf dem Meer und mit dem Meer

Weishaupt Verlag

Gewidmet unseren Eltern

Erika
Gudrun
Heinz
Karl

*„… denn ich fahre über das weinrote Meer
zu Menschen anderer Zunge …“*

Homer, *Odyssee,* I. Gesang

Vorwort

Mythos Weltumsegelung. Ausstieg auf Zeit. Einfach lossegeln, einmal Südsee und zurück, für zwei, drei Jahre. Den Alltag im Kielwasser lassen. Abweichen vom vorgezeichneten Weg. Die Welt sehen. Viele träumen davon; die wenigsten trauen sich. Evi Strahser und Wolfgang Wirtl wagten diesen Schritt mitten im Leben, machten aus Träumen Realität und zogen los. Mit ihrem elf Meter Wharram-Kat *Sleipnir2*, einem einfachen Boot ohne Schnick-Schnack, ohne Luxus. Wer sich auf das Wesentliche reduziert, gewichtet neu.

Wir trafen die beiden zu Beginn unserer zweiten Weltumsegelung 2002 in Espalmador auf den Balearen. Sie versprühten die Begeisterung der ersten Reise, ihre leuchtenden Augen waren auf den fernen Horizont gerichtet. Wir verstanden uns auf Anhieb und segelten Boot an Boot bis zu den Kapverden. Dort trennten sich unsere Wege. *Sleipnir2* schipperte in die Karibik, wir steckten Nomads Kurs nach Rio de Janeiro ab. Das Lehrer-Paar gönnte sich damals ein Sabbatical-Jahr inklusive Atlantikrunde. Jahre später gab es ein Wiedersehen in Wien. Die Freundschaft hatte unsere Reisen überdauert.

Die beiden hatten Lunte gerochen. Wer einmal auf Blauwasserfahrt war, den lässt die See nicht mehr los. Akribisch bereiteten sie einen Ausstieg auf Zeit vor, planten die Reiseroute, kalkulierten einen Finanzplan, vermieteten die Wohnung und verabschiedeten sich vom Alltag mit der Gewissheit, nach der Rückkehr wieder in ihre alten Jobs einsteigen zu können.

2007 folgten sie erneut dem Ruf des Ozeans, er fesselte sie drei Jahre lang. Offen und voller Entdeckerlust steuerten sie nicht nur zu fernen Horizonten, sondern auch zu den eigenen Grenzen. Meisterten Unvorhergesehenes, brachten ihr schwer angeschlagenes Schiff heil in die Südsee, zitterten vor Piraten im Golf von Aden. Umrundeten den Globus. Jede Reise ist eine individuelle Geschichte. Die vom Anstrengenden erzählt und vom Schönen. Und vom Einzigartigen, wie der Heirat unserer beiden Protagonisten in Fiji – natürlich barfuß am Strand …

Wir wünschen Evi und Wolfgang, dass sie Fernweh und Liebe zur See auf die eine oder andere Weise weiterhin in ihr Leben integrieren können, und Ihnen, liebe Leserinnen und Leser, kurzweilige Stunden mit dem vorliegenden Buch.

Die *Seenomaden*, Doris Renoldner + Wolf Slanec (zweifache Weltumsegler)
Puchberg am Schneeberg, 5. Juni 2011

Vorwort

Irgendwo am Strand auf den Louisiaden? Oder in der Hafenkneipe in Whangarei / Neuseeland? Sicher noch nicht in Panama, da haben wir uns ja erst kennengelernt. Ich weiß den Ort nicht mehr genau, aber an den Inhalt des Gesprächs erinnere ich mich noch gut! *„Zuhause glauben alle, dass wir gar nicht mehr wiederkommen werden!"*, hat Evi mir erzählt, und Wolfgang hat in seiner eigenen Art geschmunzelt – *„Werden sich schon wundern!"* (Den Wiener Dialekt bitte ich die geneigten Leser mental hinzuzufügen!) Hinter der Weltumsegelung auf *Sleipnir2* steckte der Ehrgeiz der beiden, Zeitrahmen, also drei Jahre, und Budget, also recht wenig im Verhältnis zu so mancher parallel segelnden Megayacht, genau einzuhalten. Da gab es kein *„Schaun wir mal, wie lange es dauert"* oder *„zur Not verdienen wir was dazu!"*, nein, es gab einen Plan, ein Boot und einen Willen. Einen, nicht zwei! Der Wille zur Tat „Weltumsegelung" hat Evi und Wolfgang zu einer homogenen Einheit, zu einem ziemlich perfekt funktionierenden Team gemacht, kein Wunder, dass wir auf Fidschi ein größeres Fest zu feiern hatten. Aber ich will nicht vorgreifen.

Kein Wunder auch, dass es geklappt hat. Dass Plan und Wille manchmal unsanft von der Realität gebremst wurden, dass Plan und Wille manchmal auf das Wunderbarste von der Realität übertroffen wurden, dass also eben doch manchmal alles anders kommt, als man denkt, dass man aber trotzdem das große Ziel nicht aus den Augen zu verlieren braucht, davon erzählt dieses Buch.

An Evi und Wolfgang auf diesem Wege die besten Glückwünsche zur gelungenen Weltumsegelung – und an die träumende Leserschaft mein Aufruf: Nicht nur schauen, nachmachen! Geht doch!

Herzlichst, Wolfgang Weber
(zweifacher Weltumsegler)

Inhalt

Aufbruch zu neuen Lebensformen

Die Idee, eine Auszeit vom Berufsalltag zu nehmen, mit eigenem Boot auf Reisen zu gehen und auf dem Wasser zu leben, ist kein lange gehegter Traum – sie entsteht eher kurzfristig, fast plötzlich.

Solch eine Segelreise über eine Sabbatical-Variante zu realisieren, scheint uns relativ leicht organisierbar und mit weniger Risiko verbunden; auch die Schulbehörde kann offenbar problemlos ein Jahr auf uns verzichten – also gehen wir mit Engagement und viel Optimismus an die Planung einer sogenannten Atlantikrunde.

Zunächst gilt es, das passende Schiff für unser Vorhaben zu finden. Als Binnenländer ist eine monatelange Suche mit etlichen Irrwegen quasi vorprogrammiert. In Emden, in Norddeutschland, scheinen wir bei einem Eigenbaukatamaran, der auch unseren Preisvorstellungen entspricht, fündig zu werden. Nach einer Probefahrt im Jadebusen an der Nordsee im Juli 2000 zeigt sich das Objekt unserer Begierde aber in einem ganz anderen Licht und dürfte mit den bestehenden Segel- und Manövriereigenschaften wohl nahezu unverkäuflich sein. Entsprechend verzweifelt will uns der Eigner und Konstrukteur als potentielle Käufer nicht mehr vom Haken lassen. So kommen wir schließlich nur durch Konsultierung eines Rechtsanwaltes finanziell unbeschadet davon, haben unsere Lektion gelernt und sind um eine Erfahrung und einige graue Haare reicher.

Wir wenden uns an die österreichische Agentur „*Multi und Mono*“ und kaufen ein halbes Jahr später in Südengland, genauer gesagt in Fareham bei Portsmouth, den von Steve Turner konstruierten elf Meter langen Wharram Katamaran *Sleipnir2*. Die Linien und die Verarbeitung des Kats gefallen uns vom ersten Moment, und auch viele Jahre später noch betrachten wir unser Boot mit Stolz, wenn wir uns beispielsweise mit dem Dingi nähern. Ein gut konstruiertes Boot muss auch schön sein – davon gehen wir aus.

Zu diesem Zeitpunkt haben wir keine Vorstellung davon, wie sehr dieser Schiffskauf unser bis dato zwar reiseintensives, aber doch bequemes, angenehmes (Land-)Leben für die nächsten zehn Jahre prägen und inwieweit der Name *Sleipnir* mit unseren eigenen Namen verknüpft sein wird.

Schon das Probesegeln mit *Sleipnir2* Anfang Februar gestaltet sich recht kurzweilig, nachdem bereits morgens im Zimmer unserer Frühstückspension die Vorhänge trotz geschlossener Fenster deutlich Richtung Bett wehen. Schlechte Isolierung hin oder her, in der Bucht von Portsmouth bläst es mit 30 bis 40 Knoten, und der Regen peitscht uns wie tausend Nadelstiche ins Gesicht. Mit an Bord der von uns engagierte Gutachter Alan Toone und der britische Multihull-Agent Bill Bullimore, Bruder des bekannten Hochseeseglers Tony Bullimore. Die bei diesen rauen Bedingungen teilweise unvermeidlichen Fauxpas der österreichischen Greenhorns werden von Bill und Alan mit trockenem britischem Humor kommentiert – einige Bemerkungen scheinen uns durchaus entbehrlich. Viel wichtiger ist allerdings die Tatsache, dass sich *Sleipnir2* vom typischen Wetter für diese Jahreszeit nicht beeindrucken lässt, passable Höhe läuft und leicht über die Büge geht. Als stolze Schiffseigner fliegen wir ins verschneite Wien zurück – vom teuersten Kurzurlaub unseres Lebens...

Unter tatkräftiger Unterstützung einiger Freunde überstellen wir den Kat während der Sommerferien 2001 nach Kroatien in die Marina *Cervar Porat,* südlich von Novigrad. In allen Ferien und zu allen verlängerten Wochenenden fahren wir zum Schiff, um es nach unseren Vorstellungen, allerdings auch mit Rücksicht auf unsere eingeschränkten finanziellen Mittel, für die Reise zu adaptieren.

Gemäß dem Zitat: *„Wir werden nicht jene Dinge bereuen, die wir getan haben, sondern jene, die wir unterlassen haben",* werfen wir schließlich tatsächlich Anfang Juli 2002 die Leinen los und brechen zu unserem ersten Segelabenteuer in die Karibik auf. Es nagt ein wenig an uns, dass die Vorbereitungsarbeiten auf *Sleipnir2* zu diesem Zeitpunkt natürlich bei Weitem nicht abgeschlossen sind; heute wissen wir, dass Arbeiten am Schiff – welcher Art auch immer – niemals ein Ende finden. *„Alle Systeme laufen"* ist einer der zahlreichen kleinen Irrtümer und fällt unter Seglerlatein.

Bald hören wir von verschiedenen Seiten, dass wir nicht ausreichend lange unterwegs sein werden, um in den wahren Rhythmus des Blauwassersegelns zu finden – teilweise wahr, aber in Martinique, nach etwa neun Monaten, spürt Wolfgang doch das Lebensgefühl des

Zwischenstopp in Gibraltar während der Überstellung

Langstreckenseglers in sich. Es folgt schlüssigerweise der Wunsch, die Reise um ein weiteres Jahr zu verlängern, doch die Bordfrau kalkuliert realistisch und lehnt ab.

Über die Azoren und Gibraltar segeln wir zurück in die Adria, der Entschluss, mit einer weiter verbesserten *Sleipnir2* wieder in See zu stechen, steht aber längst fest – beim nächsten Mal soll es für einen längeren Zeitraum sein. Diese sogenannte „Atlantikrunde" 2002 bis 2003 übertrifft unsere Erwartungen an jene Lebensform auf dem Wasser in den meisten Bereichen, der Wiedereinstieg in das konventionelle Leben fällt erwartungsgemäß schwer – sehr schwer, Wolfgang noch deutlich mehr als Evi.

Wir präsentieren unser Abenteuer in zwei Diashows, schließen viele Freundschaften in der Szene der österreichischen Blauwassersegler und werden gleichsam ein Teil dieser bunten, unternehmungslustigen Gruppe unterschiedlichster Menschen, die zumindest eines gemeinsam haben: Sie halten es nicht mit Pessimisten, die behaupten: *„Die schlimmsten Dinge passieren, weil die Menschen ihr Zimmer verlassen"* – sie sind quasi draußen zu Hause und haben ein gewisses Funkeln in den Augen.

Unser bescheidenes Kunstwerk auf der berühmten Hafenmauer von Horta / Azoren

Traumhafte Tage in der Salt Whistle Bay in den Grenadinen

Wiederholungstäter

Ein Zeitraum von vier Jahren scheint uns ausreichend, um die finanzielle Basis für ein neues Projekt zu schaffen, und vor allem *Sleipnir2* nach den Erfahrungen der ersten Reise aus- und umzurüsten. Diesmal wagen wir uns an drei Jahre Auszeit, der bewährten Sabbatical-Variante werden zwei unbezahlte Karenzjahre angehängt. Das Thema Weltumsegelung steht im Raum, niemand spricht es allerdings aus. Wir philosophieren vom Kurs nach Westen, immer der untergehenden Sonne nach, mit einem möglichen Endziel Neuseeland.

Der Umfang der Vorbereitungsarbeiten übersteigt bei Weitem jenen für die einjährige Atlantikrunde, und ohne die Mithilfe und den großartigen Einsatz einiger Freunde würde uns die Planung bald über die Köpfe wachsen. Während wir unseren Jobs in gewohnter Weise nachkommen, lösen wir gleichzeitig Stück für Stück die dichte, engmaschig-verwobene und wohlorganisierte Struktur unseres gesicherten und bequemen Lebens in Wien auf. Amts- und Arztwege bestimmen das Tagesprogramm, Mobiltelefone, Festnetz und Internetzugang werden gekündigt, mit Banken und Versicherungen alle Formalitäten geklärt, die Autos verkauft und schließlich der größte Teil des Wohnungsinventars geräumt und – einer Ameisenstraße gleich – mit zahlreichen Helfern in das nahegelegene Elternhaus Wolfgangs verfrachtet. Jede Woche gibt es längere und kürzere Treffen mit Freunden, von denen wir uns verabschieden – manchmal ist das gar nicht so leicht. Ob wir uns schon freuen, ob wir Stundenfresser anlegen, werden wir gefragt. Keineswegs – die Anspannung steigt langsam an, aber der dichte Terminplan der Vorbereitungen lässt keine Zeit zum Nachdenken. Die unmittelbare Zeit vor dem Ausstieg ist völlig unromantisch, vom Terminchaos geprägt, aber Jammern gilt in dieser Situation nicht, es würde auch kaum jemand verstehen...

Nachdem wir auch noch von Kurt, einem befreundeten Anästhesisten, eine Einweisung in die Kunst des Vernähens von Wunden bekommen, die am Anschauungsobjekt einer Zucchini letztlich zu gröbster Gemüseschändung führt (unser Respekt vor der Handfertigkeit der Ärzte steigt deutlich), ist es endlich soweit: Am 29. Juni 2007 steht unser Freund Harti vor der Tür einer nahezu leeren Wohnung, um uns – passenderweise mit einem Lieferwagen – nach Norditalien zum Schiff zu bringen.

Nach wenigen Tagen liegt der Kat bereits im Fiume Stella – durch den strömungsbedingten Zug an den Festmachern „zappelt" *Sleipnir2* förmlich etwas unruhig zwischen den Dalben und versinnbildlicht gleichsam die Anspannung und Ungeduld, bevor wir endlich flussabwärts in die Adria zu einem neuen Segelabenteuer aufbrechen. Auch Wolfgangs Mutter Gudrun kommt mit Freundin Hildegard nach Italien, um ihre „Kinder" zu verabschieden und einen kurzen Einblick in das künftige Leben an Bord zu nehmen – Lebensumstände wie Anfang des 20. Jahrhunderts mit der Elektronik des anbrechenden 21. Jahrhunderts ist der treffende Sukkus.

Mühsamer Auszug

Nähkurs durch Freund Kurt

Unser Kat ist startklar

Vier Jahre lang wird Sleipnir2 für die Weltumsegelung umgerüstet

Abschied von Wolfgangs Mutter für drei Jahre

Sleipnir2 und SY Trenelly in den Gatun-Schleusen

I.
Marina Stella bis Panama

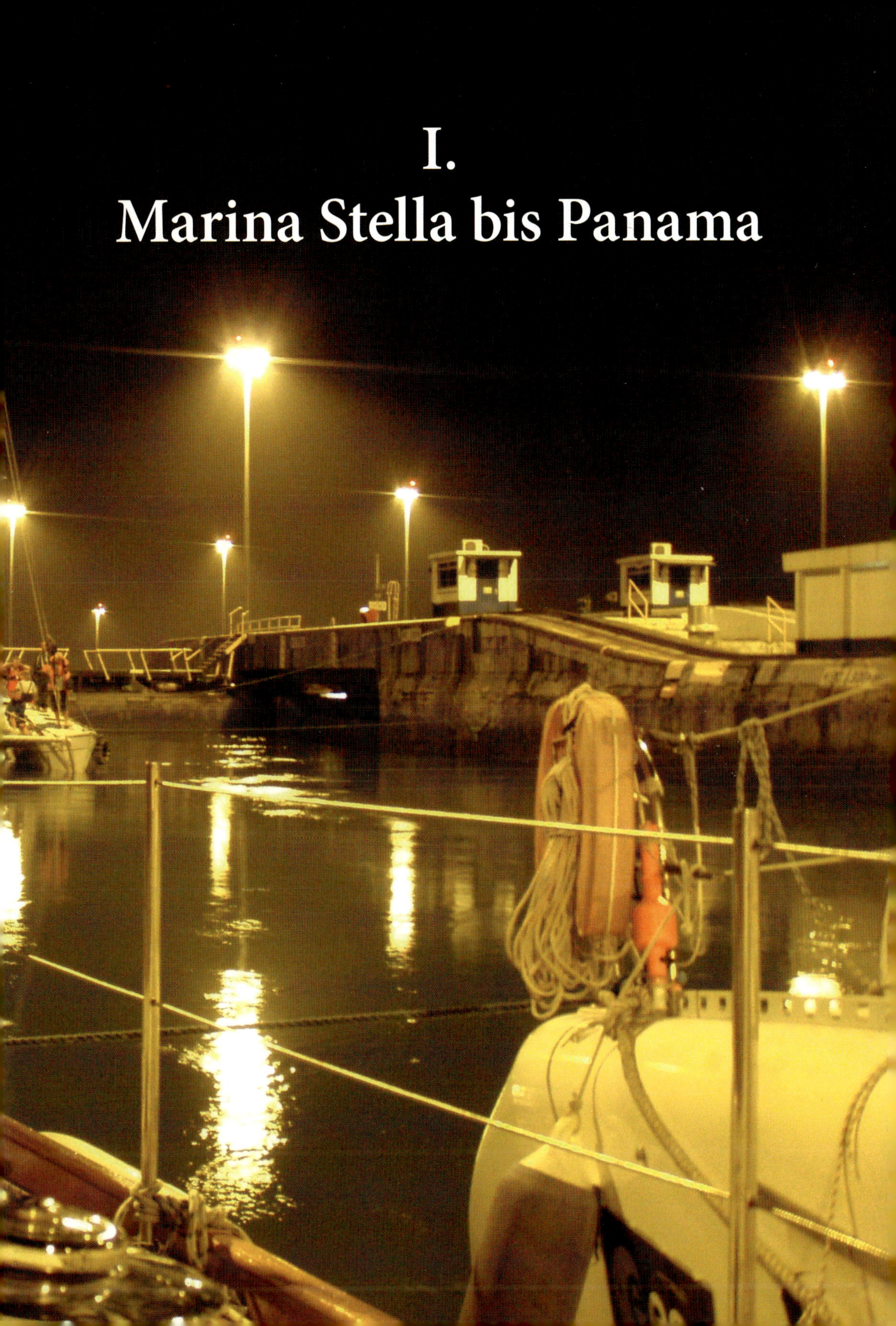

Newfoundland
& Labrador
Nain
Schefferville
Rigolet
Cartwright
North West River
Happy Valley-Goose Bay
Labrador City
Battle Harbour
Red Bay
Shekatika
St Barbe
River Of Ponds
Moisie
Quebec
Ontario
Moosonee
Winisk
Nakina
Hearst
Matagami
Cochrane
Timmins
Val-d'Or
Alma
Port-Menier
Cap-Chat
Rimouski
Cow Head
La Scie
Hampden
Newfoundland
Howley
Grand Falls-Windsor
Lourdes
Grates Cove
Burgeo
Ramea
St. John's
Conception Bay South
Portugal Cove South
St Pierre
& Miquelon
Branch
Degelis
Bathurst
Van Buren
Prince
Edward
Island
Moncton
Fredericton
Wawa
Gogama
Eagle River
Great Lakes
Sault Ste. Marie
L'Anse
Gwinn
Munising
Labelle
Quebec
Montreal
Maine
Vanceboro
Bangor
Orono
Belfast
Windsor
Arichat
Nova
Scotia
Halifax
Pubnico
Ottawa
Toronto
Hamilton
Leland
Michigan
Green Bay
Wisconsin
Milwaukee
Chicago
Detroit
New York
VT
Burlington
Syracuse
NH
Portland
Boston
Massachusetts
Buffalo
Cleveland
Toledo
Peoria
Hartford
CT
RI
Providence
Pittsburgh
Pennsylvania
New York
New Jersey
Columbus
Ohio
Illinois
Indianapolis
Indiana
Baltimore
Philadelphia
Delaware
MD
West Virginia
Cincinnati
Virginia
Washington
Louisville
Kentucky
Evansville
Richmond
Norfolk
Virginia Beach
Nashville
Knoxville
Tennessee
Charlotte
Raleigh
North Carolina
Huntsville
Atlanta
Columbia
Birmingham
Macon
South Carolina
Alabama
Georgia
Charleston
Mississippi
Montgomery
Savannah
Mobile
Tallahassee
Jacksonville
New Orleans
Gainesville
Orlando
Tampa
Florida
Saint Petersburg
Fort Pierce
Fort Lauderdale
Fort Myers
Gulf
of Mexico
Miami
The Bahamas
Atlantic
Havana
Matanzas
Pinar Del Rio
Santa Clara
Cienfuegos
Cuba
Camaguey
Turks & Caicos Islands
Bayamo
Guantanamo
Temax
Campeche
Cayman Islands
Port-au-Prince
Haiti
Dominican
Republic
Puerto
Rico
Virgin
Islands
Anguila
Jamaica
Kingston
Santo
Domingo
St Kitts & Nevis
Antigua & Barbuda
Montserrat
Guadeloupe
Dominica
Belmopan
Belize
Guatemala
San Pedro Sula
Honduras
Tegucigalpa
Caribbean Sea
Martinique
St. Lucia
El Salvador
Leon
Nicaragua
Netherlands
Antilles
Aruba
St. Vincent
Grenada
Barbados
Managua
Panama
City
Maracaibo
Cumana
Trinidad and Tobago
Costa Rica
San Jose
Colon
Valencia
Caracas
Puerto Ordaz
Panama
David
Cucuta
Merida
Orinoco
Ciudad
Bolivar
Georgetown
Medellin
Bucaramanga
Guyana
Venezuela
Manizales
Tunja
Paramaribo
Cayenne
French Guiana
Ibague
Bogota
Amanaven
Suriname
Belizon
Saul
Pelulutepu
Ponta Dos Indios
Cali
El Dorado
Mucaja
Boa Vista
Calcoene
Popayan
Cucui
Caracarai
Amapa
Uruguinha
Esmeraldas
Quito
Colombia
Trindade
Macapa
Afua
Santa Cruz
Porto Viejo
Ecuador
Icana
Tomar
Bolacu
Mazagao
Cintra
Negro
Vilarinho Do Monte
Salinas
Guayaquil
Japura
Tapera
Santarem
Belem
Sao Luis
Amazon
Machala
Cuenca
Iquitos
Jutai
Jutai
Manaus
Uruara
Baiao
Viana
Assuncao
Fortale
Loja
Nauta
Bagazan
Itaboca
Abufari
Madeira
Maraba
Teresina
Piura
Moyobamba
Paraiso
Parauapebas
Tuntum
Imperatriz
Mossoro
Areias

North Sea
Dundee
Glasgow
Edinburgh
Newcastle
Belfast
U.K.
Dublin
Ireland
Limerick
Tralee
Cork
Liverpool
Manchester
Birmingham
Cardiff
London
Plymouth
Portsmouth
Denmark
Aarhus
Esbjerg
Odense
Vaxjo
Copenhagen
Malmo
Liepaja
Hamburg
Netherlands
Amsterdam
Rotterdam
Berlin
Stettin
Gdansk
Warsaw
Poland
Wroclaw
Lodz
Bel.
Brussels
Germany
Liege
Lux.
Prague
Plzen
Czech. Rep.
Brno
Ostrava
Nuremberg
Metz
Munich
Vienna
Slovakia
Bratislava
Austria
Innsbruck
Hungary
Liech.
Paris
Caen
Brest
Rennes
France
Troyes
Penmarch
Tours
Nantes
Zurich
Bern
Switz.
Geneva
Ljubljana
Zagreb
Slovenia
Croatia
Serbia
Bosnia & Herz.
La Rochelle
Limoges
Lyon
Bordeaux
Turin
Milan
Venice
Sarajevo
Pristina
Toulouse
Pau
Marseille
And.
Florence
Italy
Podgorica
Mont.
Kos.
Tirana
Albania
Mac.
Rome
Naples
Taranto
La Coruna
Gijon
Vigo
Burgos
Bilbao
Lerida
Porto
Zaragoza
Barcelona
Portugal
Madrid
Lisbon
Badajoz
Spain
Valencia
Cagliari
Setubal
Seville
Alicante
Palermo
Messina
Murcia
Huelva
Malaga
Cadiz
Tunis
Catania
Gela
Malta
Angra do Heroismo
Azores
Ponta Delgada
Tangiers
Oran
Annaba
Algiers
Rabat
Fes
Oujda
Biskra
Tunisia
Casablanca
Meknes
Mrhaier
Tawzar
Touggourt
Safi
Beni Mellal
Tatawin
Al Khums
Tripoli
Misratah
Madeira Islands
Funchal
Sidi Moktar
Marrakech
Ouarzazate
Figuig
Ghardaia
Surt
El Golea
Morocco
Tiznit
Biourga
Canary Islands
Ghadamis
Timimoun
Santa Cruz De Tenerife
Tan-Tan
Guelmim
Ksabi
Adrar
Algeria
Aqar
Al Fuqaha'
Monte Lentiscal
Haouza
El Farcya
Reggane
I-n-Salah
Illizi
Awbari
Libya
Ramth Al Lbane
Semara
Chegga
Nouayfadh
Skaymat
Ghat
Bir Anzarane
Western Sahara (Occupied by Morocco)
Tamanrasset
Zouerat
Tmeimichat
Bardai
Mali
Tessalit
Chinguetti
Nouadhibou
Atar
Mauritania
Zouar
Yebbi-Bou
Akjoujt
Tidjikja
Iferouane
Aguelhok
Nouakchott
Arlit
Niger
Faya-Largeau
Cape Verde
Pombas
Kidal
Agadez
Aleg
Kiffa
Nema
Tombouctou
Santa Maria
Saint-Louis
Chad
Louga
Kaedi
Tillia
Tassara
Niger
Gao
Tonka
Beurkia
Koro Toro
Dakar
Tahoua
Nogurti
Senegal
Kayes
Mopti
Mao
Praia
Diourbel
L. Chad
Gambia
Bamako
Ouagadougou
Niamey
Zinder
Diffa
Ati
Bol
Banjul
Kolda
Maradi
Fada-Ngourma
Bissau
Buba
Burkina Faso
N'Djamena
Mongo
Abge
Guinea Bissau
Labe
Kankan
Banfora
Benin
Iri
Bongor
Ghana
Dapaong
Lai
Am
Guinea
Korhogo
Sokode
Abuja
Yuli
Sarh
Dobo
Conakry
Parakou
Nigeria
Garoua
Doba
Freetown
Bo
Bouake
Togo
Atakpame
Moundou
Yandev
Central Africa
Sierra Leone
Liberia
Daloa
Cote d'Ivoire
Accra
Porto-Novo
Ngaoundere
Monrovia
Gagnoa
Lome
Cameroon
Bamenda
Sibut
Bouar
Bangui
Yamoussoukro
Takoradi
Douala
Mbang
Malabo
Yaounde
Equatorial Guinea
Lisala
Bata
Oyem
Libreville
Ouesso
Sao Tome & Principe
Ovan
Makokou
Port-Gentil
Gabon
Owando
Mbandaka
Franceville
Inongo
Congo
Tchibanga
Djambala
Brazzaville
Bandundu
Pointe-Noire
Kinshasa
Matadi
Medite

Durch das Mittelmeer

Am 7.7.2007 – an den österreichischen Standesämtern herrscht an diesem Tag angeblich Hochbetrieb – motoren wir ruhig, aber mit dem gewissen Kribbeln im Bauch, durch den Fluss Stella, vorbei an Lignano Sabbiadoro in eine sich wenig einladend präsentierende Adria. Dreimal haben wir bereits das Mittelmeer durchsegelt – das Vorhaben, dieses Mal neue Plätze anzulaufen, setzen wir zunächst nicht um.

Zügig, mit viel Ignoranz für die unbestreitbaren Sehenswürdigkeiten dieses einzigartigen Binnenmeeres, geht es um Italien, durch die Straße von Messina, entlang der sizilianischen Nordküste an die Südküste Sardiniens, wo wir wegen Westwinds das Buchtensystem unmittelbar hinter dem *Capo Spartivento* anlaufen. Eine mit zwei Metern Tiefe ausgewiesene Durchfahrt scheint einen besseren Ankerplatz zu ermöglichen als der ursprünglich gewählte. Evi steht am Steuerbordbug, der Tiefenmesser zeigt zweieinhalb Meter – was fehlt, ist die berühmte Handbreit Wasser unter dem Kiel (Totholz). Wir laufen vor Einbruch der Dämmerung – sanft wie auf einen Teppich – mit dem Backbordrumpf auf einen Seegrashügel auf. Plötzlich ist ziemlich viel Adrenalin im Kopf: Wir versuchen, uns zweimal mit dem Jamboanker frei zu winschen – auf der Trosse könnte ein Elefant seiltanzen – aber keine Chance frei zu kommen. Erst die 300-PS-Superschlauchboote der hiesigen Animateure einer Feriensiedlung ziehen uns von der Untiefe herunter. Selten waren zwei Flaschen vom Feinsten aus *Sleipnirs* Weinkeller besser investiert.

Der Schock des Aufsitzens sitzt tief, und wir versuchen, durch zügige Weiterfahrt diesem Trauma zu entkommen. Über Menorca, Mallorca und Ibiza erreichen wir endlich wieder die Bucht der kleinen Insel Espalmador, Treffpunkt der Langstreckensegler auf ihrem Weg nach Gibraltar, und einer unserer erklärten Lieblingsplätze im Mittelmeer. Hier haben wir im Zuge unserer ersten Reise im September 2002 die *Seenomaden* Doris und Wolf kennengelernt und sind mit den beiden – Lehrbuben gleich – Boot an Boot in den Atlantik gesegelt.

Wir genießen den herrlichen Strand, das kristallklare Wasser – bereits ein Vorgeschmack auf die Karibik – und natürlich den in der Mitte der Insel liegenden Moorteich. Besonders Wolfgang lässt sich vom penetranten Schlammgeruch nicht abhalten und genießt die Suhle so sehr, dass er sich an den Salzkristallen bald seinen Allerwertesten aufschneidet.

Almerimar an der spanischen Südküste ist vermutlich der beste Platz im westlichen Mittelmeer, um eine Yacht für die längeren Etappen im Atlantik vorzubereiten. Auch unsere *Sleipnir2* hat sich das erste Refit dieser Reise verdient, und so bleiben wir zwei Wochen in der Marina mit angrenzender Retortenstadt.

Nachdem im Rahmen unserer Atlantikrunde gerade diese erhaltenden Arbeiten und die Sorge um den Katamaran im Allgemeinen zu sehr im Vordergrund gestanden sind, hat Evi noch vor Antreten der Reise Wolfgang das Versprechen abgerungen, vermehrt Ausflüge und

Besichtigungstouren in dieses Segelabenteuer einzustreuen. So nehmen wir einen Tag Urlaub vom Boot und besuchen die eindrucksvolle *Alhambra* in Granada. Die Palast- und Festungsanlage fasziniert uns außerordentlich, einzig der Busfahrer, der früher offensichtlich als Kinderanimateur tätig gewesen sein muss, strapaziert selbst Evis Toleranz aufs Äußerste.

Almerimar ist auch eine jener klassischen Endstationen geplanter Weltumsegelungen, wo hochtrabende Ideen abenteuerlicher Blauwasserfahrten jäh verworfen werden, weil der oder die Skipper(in) aus einer Vielzahl von Gründen schlichtweg hängenbleiben – Blumentöpfe am Pier zwischen den Festmachertrossen, solide montierte Satellitenantennen und dicht bewachsene Unterwasserschiffe legen ein Zeugnis der Planänderung ab.

Ähnliche *Dropouts,* sesshaft gewordene Seevagabunden, findet man in den Kanarischen Inseln, Venezuela und Trinidad, den Kleinen Antillen, Panama, Neuseeland, Australien und letztlich in Malaysien oder Thailand – oftmals Geheimtipps für günstige Schiffskäufe...

Im Zuge der Weiterfahrt bestätigen sich alle Unkenrufe leidgeplagter Segler während ihres „steinigen“ Weges durch das Mittelmeer. Flauten und Winde aus definitiv allen Quadranten machen zahllose Segelmanöver und Segelwechsel notwendig, bis wir schließlich im besten Einverständnis mit der Natur in Ceuta, der spanischen Exklave in Nordafrika, einlaufen. Als wir den Felsen von Gibraltar passieren und durch die Reede der Tanker fahren, denken wir wehmütig an vergangene Aufenthalte in der *Marina Bay Marina* von Gibraltar. Der Yachthafen der kleinen multikulturellen Stadt Ceuta hat Flair und wirkt ausgesprochen sympathisch auf uns – das liegt nicht nur am zollfreien Benzin um € 0,82 pro Liter.

Hier treffen wir die Schweizer Yacht *Petite Fleur.* Urs und Caroline sind zwei großartige Menschen, die – ebenso wie wir – zu ihrer zweiten Blauwassereise aufgebrochen sind. Schon während der Antlantikrunde vor vier Jahren haben wir durch andere Crews viel von den beiden gehört, jetzt ist es das erste Treffen mit Langstreckenseglern auf dieser noch „jungen“ Tour. Leider ist die gemeinsame Zeit kurz bemessen. Die zwei wollen nach Brasilien, wir sind bereits in Santa Cruz, Teneriffa, für ein Motorenservice avisiert: unsere Yamaha-Außenborder verlieren zu viel Öl.

Der Moorteich auf Espalmador

Der Felsen von Gibraltar

Über die Kanaren und Kapverden in die Karibik

Bei der Strömungsberechnung für die Straße von Gibraltar muss sich ein kleiner Vorzeichenfehler eingeschlichen haben. Wir werden, trotz des traditionellen Neptunschlucks, bis auf 0,4 Knoten Fahrt über Grund (!) gebremst – stehen quasi in Westrichtung. Bereits zum vierten Mal führt unser Weg zwischen den *Säulen des Herakles* durch die bekannte, aber doch immer wieder Rätsel aufgebende Meerenge. Wir sind nun weitgehend überzeugt, dass – Gezeitenstudium hin oder her – die Passage nach Osten deutlich leichter zu bewältigen ist als jene nach Westen.[1] Erst am Nachmittag kentert der Strom, und wir werden – von Delphinen begleitet – vorbei am *Kap Espartel* in den Atlantik gespült.

Der maritime Amateurfunk *Intermar* kündigt *Sleipnir2* 3,5 m hohe Wellen und eine „Rauschefahrt" zu den Kanaren an. Von der Funkstation in Hamburg sehen die Wellen vermutlich kleiner aus… Wir könnten auch nur mit dem Mast segeln. Mitte der Woche nehmen wir auch Kontakt mit der Funklegende Herb Hilgenberg in Kanada auf, er hat aber nur *'very light copy on you, Sleipnir2 – but head west'*.

Auf dieser Etappe nützen wir zum ersten Mal die Möglichkeiten des Amateursprechfunks; bereits seit Süditalien fordern wir ja regelmäßig über Pactorstationen digitale Windkarten, sogenannte *Gribfiles,* an. Der aufwendige Lernmarathon für die Amateurfunklizenz, der Wolfgangs Gehirnwindungen teilweise nicht ganz schmerzfrei wieder „entrostet" hat, scheint sich bezahlt zu machen: Nach dem Seefunk steht uns nun mit eigenem Rufzeichen auch die vielfältige Nutzung des Amateurfunks offen.

Hinaus aus dem Mittelmeer in den Atlantik

Der Seegang macht es schwer, entspannte Körperstellungen während der Freiwachen einzunehmen, aber nach kurzweiligen 728 nautischen Meilen laufen wir in die

1 Das aus dem Atlantik oberflächlich einströmende Ozeanwasser besitzt aufgrund seines geringeren Salzgehaltes (3,54%) eine kleinere Dichte als das Mittelmeerwasser (3,74%). Im Mittelmeer verdunstet bei andauernder Sonneneinstrahlung das Oberflächenwasser, und die Salzkonzentration steigt in diesem Bereich an. Das am Meeresboden Richtung Atlantik rückfließende Wasser besitzt somit eine höhere Dichte und ist dadurch schwerer. Dieses Wasser fließt dann beim Gezeitenwechsel von Ebbe zu Flut aus der Straße von Gibraltar in den Atlantik. Unterstützt wird dieser Strömungsverlauf von der Thermohalinen Konvektion. Im Mittelmeer ist die Verdunstung höher als die Zufuhr von Wasser aus Niederschlägen und Flüssen. Eine negative Wasserbilanz wird durch einen ständigen Zustrom von Atlantikwasser durch die Straße von Gibraltar ausgeglichen. Würde das Mittelmeer keine Verbindung zum Atlantik haben, so würde sein Wasserspiegel jedes Jahr um ca. 1 Meter sinken.

Waschtag auf Teneriffa

Marina del Atlantico auf Teneriffa ein, wo am Pier für uns erst noch die Klampen montiert werden müssen – nach etwas mehr als sechs Tagen kommt es auf zwei Warteschleifen auch nicht mehr an. Am folgenden Tag ist Feiertag, und wir sind in unserem Tatendrang ein wenig gebremst; Wäsche waschen duldet allerdings keinen Aufschub, einige von Wolfgangs Kleidungsstücken sind „kontaminiert" – Evi ist fassungslos.

Am gleichen Pier liegt übrigens die V60-Rennyacht *Venom* mit vier Österreichern als Crew an Bord. Für uns ist es ein schönes Gefühl, vertrauten Dialekt zu hören: *„Bist du a Österreicher?" – „Eh kloar, servas, i bin da Hans."*

Wir fühlen uns sofort wohl in Santa Cruz. Die *Marina del Atlantico* liegt in unmittelbarer Nähe des Stadtzentrums – Marineleben mit Großstadtflair. Aber wir sind nicht zum Vergnügen hier, sondern es gilt, unser Boot für die Anforderungen der nächsten Wochen vorzubereiten: Ersatzteile werden gekauft, Rigg, Winschen, Außenbordmotoren und diverse Ausrüstungsgegenstände unseres Schiffes gecheckt oder gewartet, und letztendlich stocken wir die Angelausrüstung für atlantische Verhältnisse auf – man wird sehen…

Auf unserem Pier herrscht Umgangssprache Französisch. Von 22 Booten führen 19 die Trikolore. Evi will nicht, Wolfgang kann nicht am täglichen Stegtratsch teilnehmen.

Im *Carrefour* bunkern wir Lebensmittel für den Transatlantiktörn. Nach circa drei Stunden und vier vollbeladenen Einkaufswägen macht eine unterbeschäftigte, aber unaufmerksame Kassiererin den Fehler, uns freundlich heranzuwinken. Eineinhalb Meter Rechnungsrolle später ist sie um eine Erfahrung reicher… Der ausgesprochen umfangreiche Einkauf hat einen Grund: Unsere Freunde vom *Yacht Club Austria*, Eva und Roland, werden uns über den Atlantik begleiten. Wir freuen uns, besonders auf dieser langen Etappe zwei liebe Freunde und ausgezeichnete Segler an Bord zu haben.

Am Wochenende mieten wir ein Auto, um zunächst knapp 200 Liter Benzin in Kanistern zu bunkern – Evis Apfelduftspray bewahrt uns vor unangenehmen Fragen seitens der Autovermietung. Anschließend machen wir Urlaub vom Kat und besuchen den bekannten *Loro Parque,* eine wirklich beeindruckende Tierschau mit nicht minder beeindruckendem Eintrittspreis (€ 30 pro Person). Vor dem Gorillagehege belegen leider einige Besucher zweifelsfrei die Behauptung, dass sich die DNA dieser eindrucksvollen Tiere nur fünf Prozent von der des Menschen unterscheidet. Der Standort des Beobachters ist nicht immer klar, und eine alte Philosophie von den „weißen Affen" wird wieder lebendig…

Nach zehn Tagen verlassen wir Santa Cruz, um in möglichst kleinen Etappen über La Gomera nach El Hierro zu segeln – noch im ausgehenden Mittelalter und der frühen Neuzeit stellte diese Kleinste der Kanareninseln das Ende der damals bekannten Welt dar.

Eine Schule von Grindwalen ist auf Kollisionskurs mit uns – wir weichen respektvoll mit großem Sicherheitsabstand aus, kurz danach laufen wir in den Hafen von Estaca auf El Hierro ein, wo an der Mole bereits unsere „alten" Freunde Uli und Marlies warten. Vor fünf Jahren waren wir hier mit den *Seenomaden* auf Kurzbesuch, und wie bei unserem ersten

Wir bunkern für die Atlantiküberquerung

Treffen verbringen wir wieder einen herrlichen Tag auf der Finca von Marlies und Uli, bevor wir endgültig Richtung Kapverden weiterfahren. Uli ist Trans-Ocean-Stützpunktleiter, und die beiden kennen die Bedürfnisse der durchreisenden *Yachties* – kein Wunder...

Anfang der Achtzigerjahre haben sie in Malaysien mit einem alten Piraten und dessen vier Söhnen einen 19 Meter langen Schoner mit Dschunkenrigg gebaut – die *Raja Laut*. Mit diesem Holzschiff segelten sie über den Indischen Ozean um das Kap der Guten Hoffnung via Südatlantik in die Karibik und später weiter nach Norden bis in die Chesapeake Bay, wo man sich schließlich schweren Herzens von dem Schiff trennte. Im Salomon-Atoll, genau an der Stelle, an der vier Jahre zuvor Bernard Moitessier seine Yacht verloren hat, wäre auch die Reise der *Raja Laut* beinahe zu Ende gegangen...

Nach finanzieller Genesung der Bordkasse starteten sie Ende der Achtzigerjahre ein neues Projekt mit dem Stahlschiff *Ketch up*, das von der Ostsee über die Azoren nach Senegal, Gambia und weiter nach Brasilien gesegelt wurde. Den Amazonas befuhren sie ebenso wie zuvor schon den Gambia-Fluss.

Über die Karibik und Azoren traten Uli und Marlies wieder die Heimreise an und leben jetzt für ihre Verhältnisse sehr geruhsam auf El Hierro. Wer im Rahmen eines Zwischenstopps auf der westlichen Kanareninseln von den beiden auf ihre Finca eingeladen wird, kann sich glücklich schätzen – wir jedenfalls verabschieden uns wehmütig Ende Oktober von unseren Gastgebern und machen die Leinen los mit Ziel Mindelo auf Sao Vicente in den Kapverden. Alle Prognosen geben uns ein ausgezeichnetes Wetterfenster für diese Überfahrt. Ein spezielles Rezept der Hausfrau für Sugo wird in den nächsten drei Jahren zum Hit der *Sleipnir2*-Bordküche und „Marlies-Spaghetti“ zum geflügelten Wort.

Am 30. Oktober passieren wir auf N 23° 26’ den Wendekreis und sind damit endlich in den Tropen. An diesem Tag setzen wir auch erstmals den Spinnaker, der uns dann für die nächsten 72 Stunden, mit Etmalen bis zu 157 nm, zügig voranbringt. Wenn der Kat nachts bei 20 Knoten Wind auf den beachtlichen Wellen zu surfen beginnt, würde so manches Seglerherz höher schlagen – als Eigner haben wir bei dem Schauspiel ambivalente Gefühle...

Um unser Ziel – Mindelo – Samstag nicht vor Tagesanbruch anzulaufen, müssen wir allerdings den Spi bergen, um Geschwindigkeit aus dem Boot zu nehmen. Wir „garnieren“ das Manöver mit einem kleinen „Hoppala“...

Nach fünf Tagen und 22 Stunden haben wir die Kapverden erreicht, frische Fische gab es reichlich in Form verirrter fliegender Fische an Bord – die Schleppangel wurde hingegen jeden Abend ohne jeglichen Widerstand wieder eingezogen.

Der Ankerplatz von Mindelo bietet ein interessantes, buntes, von Individualität geprägtes Bild. Vor uns liegen eine finnische und eine amerikanische Yacht, neben uns Schiffe aus Norwegen, Frankreich und England. Hinter uns ankern die Kiwis Kelly und Glennys. Der erste Kontakt stellt nicht alle Crewmitglieder von *Sleipnir2* zufrieden: *'I've just had a look at your flag. Wolfgang, you are Austrian, but you are not, Eva. Your English is too good.'*

In unseren ersten Tagen in der Ankerbucht von Mindelo schließen wir Freundschaft mit den Neuseeländern Kelly und Glennys, erkunden den Ort, schlafen viel und genießen es, keinen täglichen Wetterbericht einholen zu müssen. Die Vielzahl an urigen und gemütlichen Lokalen bewerten wir in erster Linie nach der Qualität ihrer Caipirinhas.

Bald beginnen wir, uns mit frischen Kräften auf unsere Gäste Eva und Roland und den gemeinsamen Törn von 2 110 nm am Großkreis mit Anfangskurs von 265° zu unserer erklärten Lieblingsinsel – nach Tobago – vorzubereiten (für Interessierte: die Differenz zwischen Loxodrome und Orthodrome beträgt für diese Distanz 4° – 5°, für Anfangs- als auch für Endkurs). Durch die aus der Windfahnensteuerung resultierenden Kursabweichungen müssen wir wohl noch etwa 30 bis 60 nm mehr einkalkulieren. Was wir hier nicht besorgen können – davon gibt es naturgemäß genug – mailen wir als immer länger werdende Wunschliste an unsere Freunde. Noch sind sie geduldig und kooperativ, aber ein Aufpreis für Übergepäck hängt mit der Zeit wie ein Damoklesschwert über ihren Tickets auf die Kapverden.

Mitte der ersten Woche kommt erstmals der für diesen Archipel und diese Jahreszeit typische Wüstenwind *Harmattan* auf. Unser Schiff wird von einer feinen rötlichen Sandschicht überzogen – die Winschen haben wir vorsorglich schon „eingepackt" – und die nur 8 nm entfernte Insel Santo Antao mit ihren nahezu 2 000 m hohen Berggipfeln verschwindet für Tage aus unserem Blickfeld.

Am 16. November 2007 kommen Eva und Roland in Mindelo an und tragen, bedingt durch unsere lange Wunschliste, schwer an diversen Taschen und an einem riesigen Lindt-Adventkalender. Einweisung in das Schiff und Briefing für den Törn nehmen nicht viel Zeit in Anspruch, da die beiden den Kat gut kennen. Nachdem wir uns am Markt noch mit frischem Obst und Gemüse eindecken, legen wir am 17. November mittags ab.

Zunächst fahren wir bei völlig unerwarteten leichten West- und Nordwestwinden unter Motor und Stützsegel. Nachdem der Wind weiter nachlässt, stoppt die vor uns ausgelaufene Yacht mit vier jungen Norwegern ab und dreht bei. Wir gehen in der langen Dünung des Atlantiks längs und halten eine gemeinsame Kaffeepause, tauschen Gästebücher aus und pflegen norwegisch-österreichische Freundschaft: Ein Treffen der besonderen Art! Kurz vor Einbruch der Dämmerung machen wir die Leinen los, und beide Boote motoren in ihre erste Nacht.

Erst am dritten Tag stellt sich leichter, aber gleichmäßiger Passatwind ein. Zu diesem Zeitpunkt ist Wolfgangs Beweglichkeit durch zunehmende Rückenschmerzen wesentlich eingeschränkt. Die Behandlung mit Schmerzmitteln führt als Nebenwirkung zu Magenkrämpfen und in weiterer Folge zum Totalausfall. Zu allem Überfluss werden auch Eva und Roland krank. Eine kritische Situation, aber an eine Umkehr ist nicht mehr zu denken. Für einige Tage lasten nahezu alle Arbeiten am Schiff auf Evis Schultern. Sie führt das Schiff, kocht, versorgt die Kranken mit Medikamenten und versucht – als schwierigste Aufgabe – die Stimmung an Bord zu beleben.

Gegen Ende der ersten Woche beginnt sich auf *Sleipnir2* langsam wieder Normalbetrieb einzustellen. Im Mittelteil der Überfahrt können wir trotz leichter Passatwinde immerhin 996 nm innerhalb einer Woche loggen. Vom *Maritime Mobile Service Intermar* bekommen wir über Amateurfunk täglich ein ausführliches *Weather Routing*. Je weiter wir nach Westen

Zu Besuch bei Marlies und Uli auf Hierro

Aufbruch mit Eva und Roland in die Karibik

Frisches Obst für den Schlag über den Atlantik

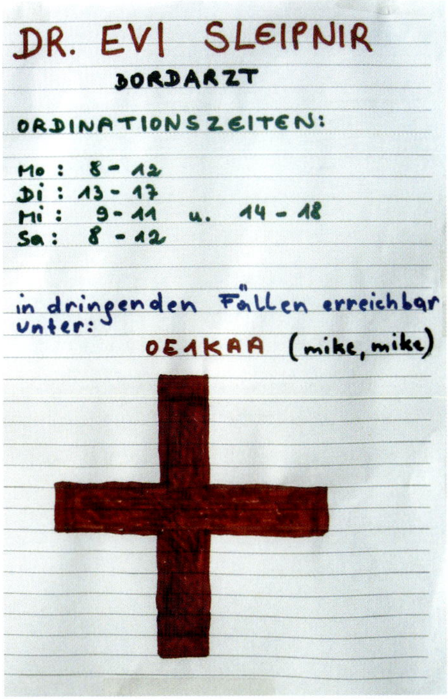

Ordinationszeiten der Bordärztin Evi

Fehlgelandete fliegende Fische an Bord der Sleipnir2

Erste Erfolge an der Schleppangel

kommen, umso schlechter wird die Verbindung – glücklicherweise helfen andere Schiffe als Relaystationen aus. Täglich geben wir per E-Mail eine Positionsmeldung ab und bekommen überraschend viele Rückmeldungen von anderen – uns teilweise unbekannten – Yachten bzw. von Freunden, die unsere Route zu Hause verfolgen.

Mit der Schleppangel sind wir bei dieser Überfahrt immer wieder erfolgreich, fangen jene Fische, die auf der Wunschliste eines Menüplans ganz oben stehen: Dorade, Yellowfin Tuna, Wahoo, … Regelmäßiges Brot- und Kuchenbacken runden die unterschiedlichsten Fischmenüs ab. Nachlassender Wind und eine großräumige Passatstörung fordern die seglerische Fantasie von Roland und Wolfgang. Einer der mitgeführten Surfmasten wird endlich für das Ausbaumen der Arbeitsfock vorbereitet. Außerdem wird das Sonnensegel – ähnlich einem Rahsegel – zusätzlich zum Spinnaker gesetzt. Der seglerische Nutzen reicht für längeren Gesprächsstoff: größere Schattenfläche, aber verminderte Sicht voraus heben sich als Vor- und Nachteil in der Wertigkeit auf.

Die zweite Hälfte der Überfahrt ist durch besonders harmonisches Zusammenleben an Bord geprägt. Das nachmittägliche Kartenspiel im offenen Cockpit wird zu einem fixen Bestandteil des Bordalltags, ist aber ein klarer Hinweis auf die Windsituation gegen Ende der Atlantiküberquerung. Bedingt durch den unbeständigen Passat ist die Freude groß, als bei Evis Wache am 17. Tag Tobago in Sicht kommt. Wir motoren die Insel entlang, fangen noch einen Thunfisch und gehen nach 2 145 nm in der Store Bay, im Süden von Tobago, vor Anker.

Experimente an den Segeln

Karibik – Neue Horizonte warten

Es ist bereits unser dritter Besuch auf diesem, vom Bogen der Kleinen Antillen etwas abgelegenen, Kleinod der Karibik. Erstmals sind wir Mitte der Neunzigerjahre als Rucksacktouristen hier „hängengeblieben" und mit außergewöhnlichen Taucherlebnissen im Gepäck wieder heimgeflogen. Nach den 3 700 nm der letzten beiden Monate sind wir auf *easy going* eingestellt – *Liming* ist das Motto auf Tobago, jene Lebensform des süßen Nichtstuns, die wir mit den ersten Schritten an Land bald aufnehmen.

Nach der Abreise von Eva und Roland klarieren wir aber zunächst das Schiff und lernen, mit dem Beiboot trockenen Fußes durch die Brandung zu kommen. Die meiste Zeit verbringen wir mit unserem Schweizer Ankernachbarn Philip. Er hat seine Karriere in der Hochfinanz aufgegeben, um bewusst alleine mit seinem Katamaran *Blue Bie* um die Welt zu segeln, allerdings keineswegs auf dem kürzesten Weg. Manche seiner Routenpläne weichen deutlich von den üblichen Segelpfaden ab, einige seiner Wegpunkte sind – seiner Leidenschaft entsprechend – mit den besten Kitesurfplätzen verknüpft. Philips vielfältige Fähigkeiten zeigen sich unter anderem, wenn er – vorzugsweise am Backbordrumpf – sein teleskop-

Der berühmte Pigeon Point auf unserer Lieblingsinsel Tobago

artig ein- und ausziehbares Alphorn spielt und die karibische Store Bay in eine Schweizer Klangwolke hüllt.

In Trinidad unterbricht unser Freund das Abenteuer „Soloweltumsegelung“ und bereichert sein Bordleben durch eine Partnerschaft. Erstmals erleben wir mit, dass eine Seglerin das Schiff wechselt, um mit neuem Skipper/Mann weiterzufahren. In den nächsten Jahren sollten wir noch von weiteren Wechseln der jeweiligen Bordfrauen auf *Blue Bie* hören, dem Unternehmen Einhandsegeln hat Philip jedenfalls abgeschworen...

Auch Anne und Mike aus Irland sind uns besonders sympathisch, und das hat nichts damit zu tun, dass ihr Kat *Mojo* – als einer der wenigen – kleiner ist als *Sleipnir2*. Man

Philip mit seinem Alphorn

In Tobago kommt erstmals die Tauchausrüstung zum Einsatz

Feuchtfröhliche Weihnachtsparty auf Tobago

nimmt Rücksicht, und so versucht Mike, seinem Irisch soviel Englisch beizumengen, dass auch Wolfgang seinem trockenen Humor folgen kann.

Die Riffe um Tobago zeigen sich 2007 in einem grauenhaften Zustand, sind gleichsam Unterwasserwüsten, wodurch auch die Großfische, für deren Bestände die Insel berühmt war, verschwunden sind. So nehmen sich unsere Tauchaktivitäten bescheiden aus, dafür zeigt sich Wolfgangs anfängliche Sorge, ob unser „alter“ Tauchguru Göran noch am Leben ist, als wahrlich unbegründet. Er hat mittlerweile eine dreijährige Tochter und somit sogar Leben gezeugt…

Der umtriebige Schwede Göran, *the Viking,* war Berufstaucher an den Ölplattformen der Nordsee und hat für die Flussschifffahrt den Orinoco unter Wasser erkundet, bis er von Schweden aus mit einem kleinen Segelboot zu einer Weltumsegelung aufgebrochen ist, die in Tobago unplanmäßig bis zum heutigen Tag unterbrochen wurde. Er gründet die Tauchbasis *Manta Dive* und ist der erfolgreichste Hochseefischer, den wir kennengelernt haben, aber die Auswirkungen von rund 10000 Stunden unter Wasser und ein nicht gerade abstinentes Leben dürften etwaige Pläne einer Fortsetzung seiner Segelreise im Keim ersticken.

Nach Weihnachten verlassen die meisten Schiffe Tobago Richtung Chaguaramas – Trinidad, angeblich einer der besten Plätz der Karibik, um am Schiff Arbeiten durchführen zu lassen. Am 29.12. laufen auch wir mit einer langen ‘To do’-Liste Richtung Trinidad aus.

Während der Überfahrt beschert uns die Schleppangel einen Thunfisch und eine Dora-

Weihnachten unter Palmen

de, und bereits am frühen Nachmittag gehen wir in der viel gepriesenen Scotland Bay, wenige Seemeilen westlich von Chaguaramas, vor Anker – einer der schönsten Plätze unserer bisherigen Reise. Die Hügel, die die Bucht umgeben, sind mit dichtem Regenwald bewachsen, der mit seinen Mangroven bis ins Wasser hineinreicht. Die Natur präsentiert sich hier mit erdrückender Kraft: Fregattvögel und Pelikane kreisen hoch über der Bucht, eine Wasserschildkröte beäugt unseren Kat aus nächster Nähe, und klassische Langfahrtschiffe liegen mit Landfesten scheinbar eine kleine Ewigkeit halb in den Mangroven vor Anker. Das Konzert der Brüllaffen, das jeweils bei Dämmerung einsetzt, ist atemberaubend und gewöhnungsbedürftig zugleich. Ein Ort, der zum Verweilen einlädt, um die Seele auf Reisen zu schicken und ein geruhsames Bordleben fernab von jeglicher Hektik und Lärm zu führen. Erstmals erahnen wir den engen Zeitraster, der wie ein Damoklesschwert über dieser dreijährigen Reise schwebt. Tja, nur drei Jahre, zu Hause stößt jegliches Hadern über eine derart lange Auszeit auf Unverständnis, erscheint geradezu provokant – einmal aufgebrochen, treffen wir allerdings ausschließlich „Zeitmillionäre", kaum jemand ist kürzer unterwegs als wir.

Der Silvesterabend auf *Mojo* gestaltet sich durchaus international, neun Segler aus sechs verschiedenen Nationen feiern, bis der südafrikanische Profiskipper Larry beim Versuch, sein Schiff aus eigener Kraft zu erreichen, nahezu ertrinkt...

Nach einigen unaufschiebbaren Arbeiten am Schiff, die das ohnehin dürftige Vertrauen in die größtenteils selbsternannten Fachkräfte vor Ort weiter erschüttern, kehren wir den

Einsame Ankerbucht in den Los Testigos

Werften den Rücken und verbringen noch eine Nacht mit Anne und Mike auf der westlichsten Insel von Trinidad, in Chacachacare – einer ehemaligen Leprakolonie.

Während der zweiten Jännerwoche 2008 nimmt *Sleipnir2* Kurs auf die Inselgruppe Los Testigos („Die Zeugen"). Nachdem die Piratenangriffe in venezolanischen Gewässern ein permanentes Thema unter Seglern darstellen, umsegeln wir die als besonders gefährdet bezeichnete Halbinsel von Paria, fahren nachts ohne Positionslichter und weichen jedem Fischerboot – etwas paranoid – großräumig aus.

Die Los Testigos werden selten von Versorgungsschiffen angefahren; abgesehen von ein paar Yachten, die auf ihrem Weg zur Isla de Margarita hier kurz Halt machen, gibt es keinen Tourismus. Etwa 160 Leute wohnen in Fischerhütten, die als Hauptort bezeichnet werden – von genetischer Vielfalt kann man hier nur träumen. Es gibt keine Kneipe, kein Geschäft, keine Hotels oder Pensionen, nicht einmal eine Fährverbindung, allerdings eine Kapelle und – eine Schule.

Wenn wir die Flugakrobatik der Fregattvögel auf den Dünen der *Playa Gozman* erste Reihe fußfrei staunend beobachten, scheint die Zeit stehenzubleiben – dennoch bringt uns zwei Tage später ein angenehmer Törn ins Einkaufsmekka *Porlamar* auf der Isla de Margarita. Philip und Neofrau Nila von der *Blue Bie* wissen von unserer Ankunft und haben schon ein Abendessen vorbereitet. Bei dieser Gelegenheit werden wir über die lokalen Gegebenheiten und die aktuellen Raten des Dollarkurses auf dem Schwarzmarkt informiert. Wie geplant

Einkaufswahnsinn auf der Isla de Margarita

verproviantieren wir uns hier für die nächsten Monate, was innerhalb der *Sleipnir2*-Crew unweigerlich zu einer Diskussion über das Fassungsvermögen des Kats führt.

Die hiesigen Preise verschaffen Evi allerdings einen unbestreitbaren Vorteil in der Argumentation um die Kapazität des Mehrrumpfers. Eine Dose Bier im Supermarkt beläuft sich auf 11 Cents, in der Bar zahlt man für das beste Bier 40 Cents, für einen Caipirinha immerhin 90 Cents. Eine Stunde Internetzugang kostet 26 Cents (auf Menorca wollte man für die gleiche Zeitspanne € 20) und im Sunset-Café gibt es ein saftiges Steak um € 4. Eine Stange Marlboro-Zigaretten, die wir als vielseitig einsetzbare Tauschware erstehen, bekommen wir für € 5,40.

Das Tanken am Dock, welches eigentlich lokalen Fischerbooten vorbehalten ist, erfordert unsererseits ein wenig Akrobatik im Umgang mit dem Beiboot und wäre durchaus eine detaillierte Schilderung wert. 95 Oktan Super kosten 1,4 Cents pro Liter, leider können wir nur mehr gut 100 Liter aufnehmen. Der Zapfhahn wird beim Einholen des Schlauches einfach durchs Wasser gezogen…

Die Maßnahme von Präsident Chavez, dass Grundnahrungsmittel zu Billigpreisen und ohne Gewinn angeboten werden müssen, führt dazu, dass diese Produkte über längere Zeit gar nicht oder nur am Schwarzmarkt verkauft werden. So sucht man Mehl, Milch, teilweise Eier, Zucker und Schlagobers vergeblich in den Regalen. Evi hat aber diesbezüglich bereits in Chaguaramas vorgesorgt, nachdem wir über die Engpässe von anderen Seglern informiert worden waren.

Leider oder Gott sei Dank laden die äußeren Umstände am Ankerplatz nicht zu einem längeren Aufenthalt ein und begrenzen so den Shoppingwahnsinn auf der zollfreien Insel. Zwei Tage vor unserer Ankunft wird ein Schiff überfallen. Der Skipper wacht auf, weil ihm einen Pistole an den Kopf gehalten wird. Das Polizeiboot kann nicht ausfahren, da angeblich das Geld für eine neue Starterbatterie fehlt, außerdem mangelt es an Personal für die eigentlich notwendigen Patrouillenfahrten. Vor allem von nordamerikanischen Skippern kommt immer wieder der Vorschlag, mit Einsatz von Suchscheinwerfern abwechselnd Nachtwachen am Ankerplatz einzurichten – uns scheint das ein wenig übertrieben und vor allem kaum effektiv. Wir greifen in die eigene Trickkiste, um uns vor Übergriffen zu schützen. Wolfgang schläft diese Nächte trotzdem unruhig. Evi lässt sich ihren geheiligten Schlaf nicht nehmen – sie liegt in der Kabine aber auch auf der Innenseite…

Nach vier Tagen in *Porlamar* nehmen wir vermutlich endgültig Abschied von Philip und seiner neuen Bordfrau Nila. Während sie sich zum Kitesurfen nach El Yaque verlegen, bereiten wir uns für die Weiterfahrt auf die Insel La Tortuga vor. Wir wollen unseren Kurs entlang der vor der Küste liegenden Inseln abstecken, wo wir die Wahrscheinlichkeit von Piratenübergriffen deutlich geringer einschätzen als am Festland. Die als gefährlich eingestuften Gebiete dehnen sich jährlich aus, und die Brutalität der Freibeuter nimmt beängstigend zu – sehr bedauerlich, dennoch arrangieren sich viele *Yachties* um der Schönheit des Reviers willen und der niedrigen Lebenserhaltungskosten mit dem Risiko.

Auf der Schildkröteninsel sind die Ankerfelder weiträumig, nur eine Handvoll Yachten verteilt sich in riesigen Buchten mit türkisblauem Wasser vor endlos weißen Stränden. Im Mondlicht ist die Farbe des Wassers und der weiße Strand schlichtweg wie im Seehandbuch beschrieben: *breathtaking.* Mit den Fischern tauschen wir Zigaretten und Rum gegen Langusten, unternehmen ausgedehnte Strandspaziergänge und leben ein bisschen so, wie es dem Klischee einer solchen Reise vielleicht entsprechen mag. Evi intensiviert ihre fotografischen Ambitionen und ist immer öfter auf der Suche nach neuen Motiven und Ausschnitten; dennoch zieht es uns bald mit der ersten für uns günstigen Drehung des ungewöhnlich starken Passats zur nächsten (nordwestlich gelegenen) venezolanischen Inselgruppe – den Los Roques.

In den Los Roques, genauer gesagt auf El Grand Roque, treffend wir James und Amelia von der *Rahula* wieder, die uns schon von Weitem freudig winkend empfangen. Wir haben die beiden Mitglieder der Royal Navy bereits in den Kapverden kennengelernt und sind die meiste Zeit über in E-Mail-Kontakt geblieben. Ihr Katamaran *Rahula,* ein Richard-Woods-Design, weist eine Reihe ähnlicher Konstruktionsmerkmale wie *Sleipnir2* auf; kein Wunder, schließlich hat Richard Woods einige Zeit für James Wharram gearbeitet. Jedenfalls sind die beiden nicht wie angenommen bereits in Bonaire, sondern haben noch einen Abstecher in diese Inselgruppe gemacht. Ihre geplante Route entspricht weitgehend der unseren, so vereinbaren wir, bis Panama mehr oder weniger gemeinsam zu segeln, um schließlich zusammen durch den Kanal zu gehen.

Traumhafter Ankerplatz auf La Tortuga

Nachdem wir den Canossagang der vier (!) Behörden für den Check-in absolviert haben, folgen wir *Rahula* zu den größtenteils einsamen Ankerbuchten auf den umliegenden Inseln. Der Reichtum und die Vielfalt der Fischbestände, die wir im kristallklaren Wasser beobachten können, sind gewaltig. Abends jagen Pelikane in unmittelbarer Nähe unseres Ankerplatzes, indem sie sich in Schwärmen – Kamikazepiloten gleich – ins Wasser stürzen, im Hintergrund fliegt eine Gruppe von Flamingos, und vor unserem Anker taucht eine Schildkröte auf. James und Amelia zieht es trotzdem bald weiter zu den ABC-Inseln; wir bleiben noch, erforschen das Gebiet mehr unter als über Wasser und erleben die intensivste Schnorchel- und Tauchphase unserer bisherigen Reise.

Nach einem Zwischenstopp auf der Insel Aves de Barlovento richten schließlich auch wir unsere Büge nach Bonaire aus, leider überqueren uns einige Regenfronten, die uns teilweise kräftigen Westwind (!) bescheren – wir wähnen uns eher im Mittelmeer als auf der Passatroute. Zu allem Überfluss gibt die Kurzwellenanlage den Geist auf…

Auf Aves de Barlovento liegen wir als einziges Schiff weit und breit, das Geschrei Hunderter Pelikane, Fregattvögel, Tölpel und Reiher „belebt" die dichten Mangrovenwälder, und eine aufziehende Regenfront gibt dem Platz etwas zusätzlich Mystisches. Man kann es durchaus auch riechen: diese Insel gehört offensichtlich den Vögeln, und wir fühlen uns als Eindringlinge – Hitchcock lässt grüßen...

Kurz vor Bonaire bemerken wir, dass wir keine Gastlandflagge an Bord haben; es ist

Der englische Katamaran Rahula

Mehr unter als über Wasser in den Los Roques

Hobby Freitauchen

Reichhaltige Fischbestände

Sleipnir2 an der Mooring in Bonaire

Evi checkt die Mooring

ausreichend Zeit für kleine Malarbeiten, um eine solche in Eigenregie herzustellen – von künstlerischem Wirken wollen wir nicht sprechen.

Vor dem Hauptort Kralendijk „parken" die Yachten an Bojen aufgereiht wie Perlen an einer Schnur. *Rahula* wartet bereits und informiert uns über die örtlichen Gegebenheiten – eine große Hilfe: *'You can't beat local knowledge!'* Zunächst besuchen wir den Karneval, der unsere Erwartungen nicht ganz erfüllt, mit dem ersten Werktag widmen wir uns aber dann unserem Hauptanliegen: der Reparatur der Kurzwellenanlage. Es zeigt sich schnell, dass eine solche unrealistisch ist, und wir entscheiden uns für den Kauf eines neuen Gerätes. Über Wien organisieren wir den Versand eines neuen SSB-Transceivers ICOM 706, und unser Segelfreund Martin setzt alle Hebel in Bewegung, um einen raschen Kauf der „Funke" abzuwickeln, was sich als ausgesprochen aufwendiges Unterfangen erweist.

Dafür sind die Tauchmöglichkeiten in Bonaire außergewöhnlich gut. Die Yachten liegen an Moorings über dem großteils intakten Riff – hinter dem Heck der Schiffe fällt das Gelände steil ab, so können wir direkt von Bord traumhafte Tauchgänge unternehmen. Evis erster Checkdive gilt der Überprüfung unserer Boje. Wolfgang bereitet es großen Spaß, beim Freitauchen die eine oder andere Tauchgruppe zu „besuchen". Die Blicke der Taucher sind bei diesen „Treffen" eher verstört als freundlich…

Die *Rahula*-Crew mietet für einen Tag ein Auto, mit dem wir die Insel und vor allem den *Washington-Slagbaai-Nationalpark* erkunden. Für 39 US-Dollar bekommen wir nicht nur

Unser Mietauto „It"

einen fahrbaren Untersatz, sondern auch einiges an Spannung dazu. Der Nissan ist mit Rost überzogen, die Bodenplatten geben einen guten Blick auf die Fahrbahn, Fensterheber und Türschnallen vermisst man größtenteils, der Rest geht während der Fahrt verloren. Amelia meint, *'We should give it a name'*. James ist der Ansicht, *'It – is more than enough'*. Am Ende des Tages sind alle froh, den Ausflug unternommen, aber auch überlebt zu haben.

Nach einer Woche segeln wir weiter nach Curaçao. Spaanse Haven im Süden der Insel ist eine weitläufige, sehr geschützte Ankerbucht und Tummelplatz der Seevagabunden. Die Einfahrt ist schmal und weist mehrere schwer lesbare Untiefen auf. In Ermangelung eines Hafenhandbuchs bzw. einer brauchbaren Seekarte setzen wir erstmals unsere elektronischen Seekarten mit GPS-Maus ein.

Die fehlenden Unterlagen über die örtlichen Gegebenheiten forcieren natürlich den Kontakt zu den anderen Ankerliegern. Nach einem Tag sind wir in die hiesige Seglergemeinschaft integriert. Unsere Ankunft wurde von einigen Booten offensichtlich mit Interesse verfolgt – was auch immer das zu bedeuten hat. Zwei Boote haben in ihren Büchern nachgeschlagen, welchem Land die Rot-Weiß-Rote Nationalflagge zuzuordnen ist. Während des traditionellen Seglertreffens in der *Happy Hour* der *Sarifundy Marina* versuchen wir uns jedenfalls als Botschafter unseres Landes, was Evi deutlich besser gelingt als Wolfgang.

Rahula hat seit Bonaire Gäste an Bord: Ein junges englisches Pärchen segelt hitchhikend auf wechselnden Schiffen um die Welt. Nachdem ihr gegenwärtiger Skipper in Bonaire einer Herzattacke (im Alter von 30 Jahren) erlegen ist, werden sie von Amelia und James für die Strecke nach Panama aufgenommen.

Die meisten Schiffe, die wir in der Karibik getroffen haben, wollen die östlichen Antillen bzw. die venezolanischen Inseln nicht verlassen. Jene Boote, die in Curaçao vor Anker liegen, haben größtenteils den Plan, in den Pazifik weiterzusegeln – je weiter westlich wir kommen, umso mehr lichtet sich das Feld der Yachten, und die Seglergemeinschaft rückt näher zusammen.

Das vorherrschende Thema ist der bevorstehende Schlag nach Cartagena – Kolumbien. Jene Crews, die, wie oben erwähnt, vorzugsweise im Karibischen Meer verbleiben und ihre Pazifikpläne offenbar Jahr für Jahr hinausschieben, begründen ihre Entscheidungen gelegentlich, indem sie furchtgebietend von einer der *'top five passages of the world'* warnen. Eigentlich schade, wenn man sich zu Rechtfertigungen genötigt fühlt, schließlich besteht einer der Vorzüge des Blauwassersegelns darin, nach eigenem Ermessen kürzer hier oder länger da zu bleiben… Wir stimmen auf jeden Fall nicht überein und sind uns weitgehend sicher, dass in den hohen nördlichen und südlichen Breiten der Weltmeere zahlreiche Passagen existieren, die Schiff und Crew weit mehr abverlangen. Dennoch gilt diese Strecke als eine der anspruchsvollsten im Rahmen einer klassischen Weltumsegelung. Um diese Jahreszeit, zwischen Jänner und März, sollte sie gemieden werden, da besonders starker Passat und hohe, steile Wellen zu erwarten sind. Nach Abwägung diverser Vor- und Nachteile entscheiden wir uns für die Variante, entlang der Küste zu segeln, mit der Option von etwa fünf geschützten Ankerplätzen, die wir bei allzu rauen Bedingungen anlaufen könnten.

Die Ankerlieger in Spaanse Haven warten auf ein günstiges Wetterfenster, das sich im Regelfall auch nur für kurze Dauer öffnet. Für die *Sleipnir2*-Crew wird das Warten auf die längst fällige ICOM-Kurzwellenanlage zum zusätzlichen Wettlauf mit der Zeit.

Die für das Wochenende prognostizierten 25 Knoten Ostnordost, mit vier Meter Welle bei vier Sekunden Frequenz, sind als ausgesprochen günstige Bedingungen für Wind und Seegang zu werten. Am Montagnachmittag bekommen wir die Meldung, dass unser Päckchen vom Zoll freigegeben wurde, eine Stunde später holt Wolfgang die Sendung mit dem Bus ab, und knapp vor Sonnenuntergang schummeln wir uns durch die bei Ebbe besonders enge Ausfahrt von Spaanse Haven und nehmen Kurs auf Kolumbien.

Der Beginn unserer Überfahrt von Curaçao nach Cartagena verläuft wunschgemäß. Zwei Knoten Strom und eine Backstagsbrise schieben uns Richtung Aruba und südlich an der Insel vorbei. Wir loggen 90 Seemeilen innerhalb der ersten zwölf Stunden; ein Rekordetmal vor Augen verlassen uns allerdings am nächsten Vormittag Strom und Wind. Wir passieren die riesige Bucht zwischen der Peninsula de Paraguana und der Peninsula de Guajira, die sich weiter südlich verengt und in den Maracaibosee mündet. Die indianischen Pfahlbauten dieses Sees veranlassten zur Namensgebung des Landes: Venezuela – Klein Venedig.

Erstmals fangen wir mit unserer Schleppangel einen Seevogel. Ein Tölpel macht seinem Namen leider alle Ehre und verfängt sich in unserem Köder. Gar nicht so einfach, den Doppelhaken aus dem Federkleid zu „operieren"; den spitzen Schnabel unmittelbar vor Augen, haben wir gewisse Zweifel, ob der Seevogel den Befreiungsversuch auch als solchen interpretiert.

In der zweiten Nacht erleben wir eine Beinahekollision mit einem kolumbianischen Frachter. Bedingt durch die Windfahnensteuerung weichen wir buchstäblich im allerletzten Moment aus. Der Adrenalinspiegel, der sich spürbar aufbaut, während sich die schwarze Bordwand tangential an *Sleipnir2* vorbeibewegt, baut sich nur sehr langsam ab, wodurch es um die Nachtruhe der Freiwache geschehen ist.

Die zweite Hälfte des ca. 450 nm Schlages beschert uns – laut Handbuch – sehr grobe See und ca. 35 Knoten Wind. Beeindruckende Wellenberge rollen auf *Sleipnir2* zu, brechen aber – Gott sei Dank – jedes Mal unmittelbar vor unserem Heck. Überall ist weiße Gischt, und das Grollen heranrollender Wellen lässt uns immer wieder zum Himmel blicken, weil wir ein Flugzeug über uns wähnen. Zweimal wickelt sich die Fock beim Segelwechsel um beide Vorstage – einmal klinken sich zwei Stagreiter in das freie Vorstag ein. Eine interessante physikalische Demonstration, an welcher Stelle der Segeldruck am größten ist… Wolfgangs Arbeit am Vorschiff wird laut und deutlich von einer immer breiteren Palette an Kraftausdrücken begleitet, Evi bleibt der ruhende Pol am Schiff.

Mittags erreichen wir das Delta des Rio Magdalena. Der Fluss färbt das Wasser ocker und braun, durch seine Strömung gelangt gefährliches Treibgut ins Meer, und die Wellen werden steiler. *Sleipnirs* Kurslinie liegt 4 nm außerhalb der Flussmündung, die Farbe des Wassers erinnert an den Neusiedlersee – wir fühlen uns fast wie zu Hause…

Am nächsten Morgen stehen wir noch vor Sonnenaufgang an der nördlichen Einfahrt

Die historische Altstadt von Cartagena

Der Club Nautico - ein Refugium für Yachties

von Cartagena – der Boca Grande – und eine Stunde später ankern wir unweit von *Rahula* nördlich vom Club Nautico. Ein bisschen genießen wir schadenfroh ihre verdutzten Gesichter, nachdem James und Amelia mit Crew unabgesprochen einen Tag vor uns von Curaçao allzu eilig aufgebrochen sind. Schon seit einiger Zeit baut sich seitens der *Rahula*-Crew ein Konkurrenzdenken hinsichtlich der Performance der ja durchaus vergleichbaren Katamarane auf, wodurch die „Choreografie" unseres vereinbarten Paarlaufs leidet. Im Segelklub herrscht ungeachtet dessen eine bemerkenswert freundliche und hilfsbereite Atmosphäre.

Cartagena selbst scheint uns sicher zu sein und ist eine der schönsten Städte, die wir auf dieser Reise besucht haben. Die Altstadt mit liebevoll restaurierten kolonialen Bauten, stilvollen Bars und einer Vielzahl von Museen trieft vor südamerikanischem Flair, bei jedem Spaziergang entdecken wir neue Winkel und kleine, versteckte Gassen. Oft hat man uns von dem Zauber Cartagenas vorgeschwärmt und wir stimmen überein – hier könnte man es schon eine Zeit lang aushalten.

Im Club Nautico ist der Törn von Curaçao hierher das vorherrschende Thema unter den Seglern. Alle stehen noch unter dem Eindruck der rauen Seen und der hohen Windgeschwindigkeiten. Wir dürften Glück gehabt haben – kaum jemand hatte unter 45 Knoten Wind, und James spricht von den gröbsten Bedingungen, in die er je geraten ist – und der ist immerhin Offizier der Royal Navy.

Sven, ein hier ansässiger Deutscher, steht in dem Ruf, bei der Instandsetzung von elektronischen Geräten kleine Wunder vollbringen zu können. Tatsächlich gelingt die Reparatur unseres alten ICOM-Transceivers, und *Sleipnir2* wird Cartagena als eines von wenigen Schiffen verlassen, das mit zwei (!) Kurzwellengeräten ausgerüstet ist.

Zunächst müssen wir aber unsere – für Donnerstagabend geplante – Abfahrt verschieben. Der Wetterbericht beschert uns ein paar weitere Tage in der malerischen Stadt – es gibt schlechtere Plätze, um auf besseres Wetter zu warten… Also erkunden wir Cartagena mit öffentlichen Bussen. Der offensichtliche „Okkultismus" mancher Fahrer gibt der Frontpartie der Busse das Aussehen einer Kapelle, und spätestens nach der ersten Fahrt wird die Notwendigkeit der Anrufung verschiedenster Heiliger klar. Fürs Ticket um 1 000 Pesos, oder ca. 50 US-Cents, bekommt man den Gegenwert von etwa einem ganzen Tag Autodromfahren im Prater.

Jeden Sonntag findet im Club ein Barbecueabend statt – schließlich dominieren hier die Nordamerikaner die Segelszene. Ein Thema des Abends ist das für den nächsten Tag geplante Auslaufen von *Rahula* und *Sleipnir2*. Man warnt uns vor hohem Seegang, aber wir haben die prognostizierten langen Wartezeiten am Panamakanal im Hinterkopf, und mit einer „Kaffeefahrt" kann hier bis April ohnehin nicht gerechnet werden – darüber hinaus können wir es kaum erwarten, eines unserer Traumziele zu erreichen: Die im Grenzgebiet zwischen Kolumbien und Panama liegenden San-Blas-Inseln.

Kuna Yala – unter Indianern

Für die Fahrt zu den San-Blas-Inseln sind wir auf unangenehme Segelbedingungen eingestellt, trotzdem lassen wir uns von den Wellen, annähernd so hoch wie während des Schlages entlang der kolumbianischen Küste – diesmal allerdings durch den Westsüdwest-Kurs von *dwars* (von der Seite) kommend – beeindrucken. Das Schiff wird immer wieder

In den San-Blas

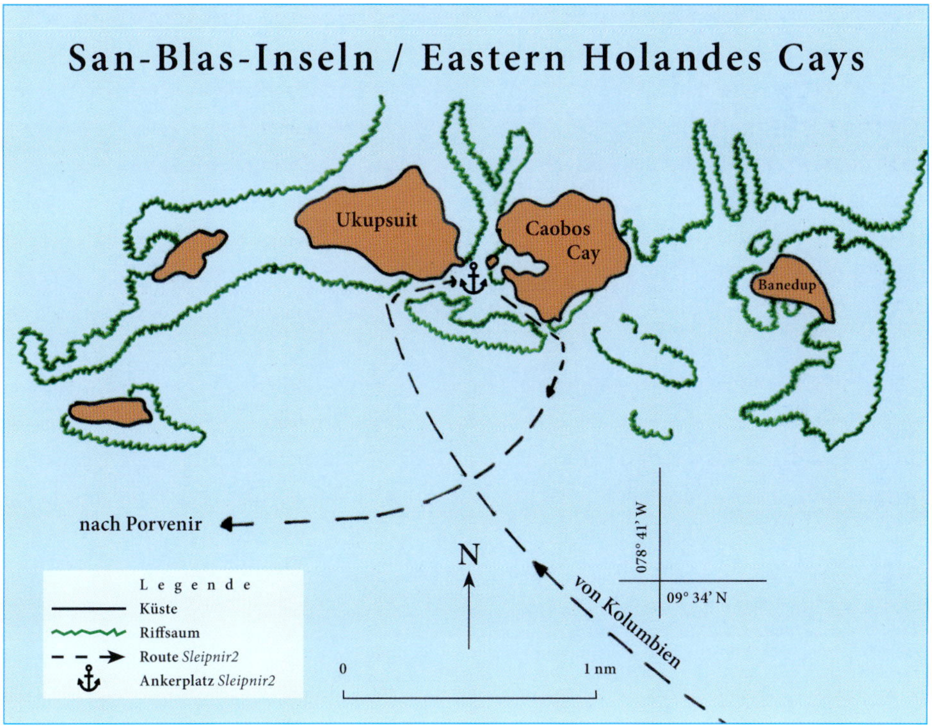

Paradiesische Inselwelt San-Blas

hochgehoben, bekommt teilweise harte Schläge ab, und die eine oder andere Welle überspült unser Boot oder steigt ins Cockpit ein. Nach der ersten Volldusche legen wir Ölzeug an und ziehen es bis zur Ansteuerung auf die Inselgruppe nicht mehr aus. Während der ersten Nacht landen mehr als 50 fliegende Fische unfreiwillig an Bord von *Sleipnir2* – nur einen geringen Teil können wir wieder in sein Element befördern.

Bei der Annäherung an den Archipel tauchen vermehrt kleine, mit Palmen dicht bewachsene Inseln auf. Ein Vergleich mit den Malediven würde sich aufdrängen, wäre nicht deutlich im Hintergrund das einigermaßen hoch aufragende Festland Panamas zu sehen. Die Einfahrt zu unserem Ankerplatz in den Eastern Holandes Cays erweist sich als Nadelöhr und kann wohl ohne Übertreibung als eng bezeichnet werden. Der Anker fällt auf drei Meter Sand in einer Traumlandschaft. Die Insel Banedup, die wir am nächsten Tag erkunden, ist mit dichtem Palmenurwald, der bis zum Strand reicht, bewachsen. Hier wurde nicht gepflanzt oder kultiviert. Palmenstämme liegen in verschiedensten Vermoderungsgraden am Strand oder im Wasser; Reiher, Krabben und Fischschwärme überall – ein Robinsongefühl tut sich auf. Evi ist an ihrem Traumziel – unübersehbar rundum zufrieden – und intensiviert ihre fotografischen Ambitionen weiter. Eine Vielzahl von Aufnahmen entsteht, und bald quittiert die erste Kamera ihren Dienst…

Unmittelbar neben *Sleipnir2* und *Rahula* liegt eines der zahlreichen Riffe – die Sichtweite im glasklaren Wasser schätzen wir auf 40 Meter. Rochen, Schildkröten, Muränen und die

Haikontakt

Aussicht auf frische Lobster sorgen für ein Schnorchelerlebnis der besonderen Art. Wolfgang versucht, einen Ammenhai an der Schwanzflosse zu packen, was misslingt: Der Hai teilt den Wunsch nach Körperkontakt nicht und zieht sich elegant zurück. Wir genießen die Tage an diesem Bilderbuchankerplatz, fühlen uns dann aber doch verpflichtet, auf der Flughafeninsel Porvenir, wo sich die „Amtsgebäude“ befinden, endlich einzuklarieren.

Um das Prozedere in einem sinnvollen zeitlichen Rahmen zu halten, ist Diplomatie im Umgang mit dem Beamten gefragt, der schließlich Portier, Hafenmeister und Immigrationsbeamter in einer Person ist – durch das Wechseln verschiedener Käppchen schlüpft er in die unterschiedlichen Rollen und Funktionen; Zeit spielt in diesem Zusammenhang offensichtlich wenig Rolle, obwohl die Amtsgeschäfte als „*mucho trabajo*“ beklagt werden. Zahlreiche Papiere aller Formate und Farben werden ausgefüllt und in staatstragender Form abgestempelt – der Verlust eines der Stempel käme vermutlich der Kastration des armen Mannes gleich. Im Interesse aller Beteiligten arbeitet sich Evi durch die Formulare, lässt es keineswegs an Respekt und Höflichkeit mangeln, und bald kann sich die *Sleipnir2*-Crew wieder dem Zauber des Inselstaats hingeben.

Vor dem Einklarierungsgebäude weht die Rot-Gelb-Rote Nationalflagge, in deren Mitte die *Swastika* abgebildet ist. Der sensibilisierte Europäer erkennt das nationalsozialistische Hakenkreuz – es stellt allerdings einen Oktopus dar, der nach der lokalen Überlieferung die Welt erschaffen hat. Eine interessante Diskussion mit anderen Crews über die Wertigkeit von Symbolen ist abendfüllend…

Die gemeinsame Zeit mit *Rahula* dürfte sich aus verschiedenen Gründen dem Ende zuneigen, die Engländer fahren zum Panamakanal weiter, wir verlegen uns in die Lemmon Cays. Delphine springen vor unseren Bügen meterhoch aus dem Wasser, etwas später zeigt ein Adlerrochen – ein bisschen weniger elegant – seine Flugkünste.

Die Ansteuerung der von Riffen umgebenen, teilweise kleinräumigen Ankerplätze erfordert Konzentration und den passenden Sonnenstand. Es gibt nur wenige Seekarten für dieses Gebiet, teilweise wurden sie während der Zeit des Ersten Weltkriegs kartografiert und stimmen mit WGS-84-bezogenem GPS nicht überein. Manche Angaben in Karten über den östlichen Teil des Archipels beruhen sogar noch auf Aufzeichnungen der spanischen Konquistadoren…

Wer sich zu sehr auf Satellitennavigation verlässt, kann schnell an einem der zahlreichen Riffe auflaufen. Üblicherweise steht Wolfgang am Bug und genießt es, dass die beste aller Bordfrauen seinen Anweisungen ausnahmsweise unmittelbar und unwidersprochen Folge leistet.

Abgesehen von den Riffeinfahrten sind die San-Blas-Inseln – zumindest in der Trockenzeit (Dezember bis April, u. U. bis Juni) – leicht und entspannt zu besegeln. Das Revier liegt in der Passatzone, deutlich südlich des Hurrikangürtels, und der Seegang ist durch den Schutz der Koralleninseln meist angenehm.

Charterbasen gibt es – soweit wir das in Erfahrung bringen konnten – weder in den San Blas noch in Colón, dem karibischen Tor zum Panamakanal. Aufwendig, aber doch, besteht dennoch für Interessierte die Möglichkeit, die Inselgruppe zu befahren: Einige Fahrtensegler – darunter auch Österreicher – haben die Küste Panamas zu ihrem neuen Heimatrevier erkoren und nehmen von Zeit zu Zeit Gäste auf, um ihre Bordkassa aufzubessern.

Darüber hinaus organisieren einzelne Weltumsegler ihre Etappen auf Privatcharterbasis und legen einen entsprechenden Zeitplan in ihren Homepages dar. Der Umstand, dass für Privatyachten am Panamakanal in manchen Saisonen auch längere Wartezeiten zu befürchten sind, begünstigt diese Möglichkeiten weiter.

Nach dem Überseeflug nach Panama City kann man entweder per Bus, Bahn oder Taxi innerhalb von zwei Stunden Colón erreichen oder einen halbstündigen Flug auf die bereits erwähnte Flughafeninsel Porvenir buchen. Neben der Landebahn gibt es ein einfaches Hotel mit Restaurant (Menü: Fisch mit Reis oder Reis mit Fisch – beides günstig).

Die eigentliche Besonderheit der San-Blas-Inseln sind aber die hier lebenden Kuna-Indianer, die ihr ca. 350 Inseln umfassendes Gebiet – das Kuna Yala – in weitgehender Autonomie von Panama verwalten – weltweit das einzige Indiovolk in einem selbstverwalteten, autonomen Reservat. Sie haben sich ihre Kultur und Traditionen gegenüber jeglichen Fremdeinflüssen erhalten – bis jetzt. Mit dem freiwilligen Verzicht auf Elektrizität wurde offensichtlich vielerorts schon gebrochen. Dennoch besteht diesbezüglich noch Handlungsbedarf – beim Betrachten mancher Kabelverbindungen bekommt man vom bloßen Hinschauen einen Stromschlag.

Wir feilschen um Molas

Wir besuchen die eine oder andere Insel, auf der einzelne Familien sehr ursprünglich leben, aber der – größtenteils nordamerikanische – Einfluss westlicher Zivilisation wird in den nächsten Jahren vermutlich die ursprüngliche Kultur weiter in den Hintergrund drängen – mancher Indianer sitzt in seinem Einbaumkajak und spielt verzückt mit seinem Handy... Wir kaufen Molas und Lobster von den Eingeborenen, die mit ihren „Ulus“ an jedem Ankerplatz wiederholt zu den Booten paddeln (die Kuna-Frauen sind wortkarg, aber *'persistent'*, und man kauft – ob man will oder nicht).

Die Molas sind handgefertigte, rechteckige Stoffkunstwerke, die sich ursprünglich aus der Körperbemalung ableiten. Jedes der Nähkunstwerke mit teilweise traditionellen Motiven der Kuna-Legenden ist ein Unikat. Der Tipp, spanische Hochglanzmagazine in Cartagena als beliebte Tauschware zu besorgen, erfüllt sich größtenteils. Kommt man zu einem „Geschäftsabschluss“, ergibt sich meist die Gelegenheit, einige Aufnahmen ohne Aufpreis zu machen.

Die Frauen in ihrer traditionellen Tracht mit Hüfttuch, Mola, goldenem Nasenring und Gesichtsbemalung sind ein begehrtes Fotomotiv – und sie wissen es. Geld hat bis vor kurzer Zeit eine untergeordnete Rolle in der Kuna-Kultur gespielt. Kokosnüsse waren der übliche Gegenwert im Tauschgeschäft mit kolumbianischen Frachtern, die das Inselvolk mit dem Notwendigsten versorgten. Die Frauen wählen sich – teilweise in frühen Jahren – den Ehemann und verwalten den gesamten Haushalt. Die Dorfgemeinschaften leben in engem Zusammenhalt, teilweise mit Verzicht auf Privatsphäre – trotzdem ist die Geburtenrate

Kuna-Frauen

hoch... Kinder stehen im Zentrum der Großfamilien, und die Alten genießen besonderes Ansehen. Die Kunas bezeichnen sich stolz als *Olodule* oder *Olo Dule,* was soviel wie *„Goldmenschen“* bedeutet. Sie sind nach den Pygmäen die kleinste Bevölkerungsgruppe – für Evi und Wolfgang ein ungewohnter *'point of view'.*

Bei unseren Spaziergängen fällt es oft schwer, die Distanz einzuschätzen, bei der der Gast zum Eindringling wird, da es die – für uns gewohnte – Abgrenzung der Privatsphäre natürlich nicht gibt. Solange man nicht näher gebeten wird, ist diese eigentlich mit dem Anlanden des Dingis bereits durchbrochen. Auf den Inseln existieren weder Autos noch Straßen. Ein Tretauto vor einer Strohhütte gibt ein sehr ambivalentes Bild – noch dazu, wenn man bedenkt, dass vor kurzem Kinder jene Matchboxautos, die ihnen als Geschenk mitgebracht wurden, als Köder für ihre Angeln verwendeten...

Wir besuchen noch zwei weitere Inselgruppen. In beiden Fällen schwimmen Rochen noch während des Ankermanövers entlang unserer Kette: einmal springt ein Stachelrochen – quasi zur Begrüßung – unmittelbar vor unseren Bügen aus dem Wasser. Vor *Dog Island,* unweit eines unserer Liegeplätze, liegt ein Wrack – für Evi ein besonderes Schnorchelerlebnis. Der letzte Ankerplatz liegt offensichtlich im Lebensbereich von zwei Wasserschildkröten. Obwohl die Tiere nicht gerade durch Schnelligkeit bestechen und oft an die Wasseroberfläche kommen müssen, bleiben sie für unsere Kameras doch unerreichbar.

Unsere Freunde Ingrid, Robert und natürlich Anna, in der österreichischen Segelszene als „Idemos“ bekannt, haben uns vor unserer Abfahrt fünf Bücher geschenkt, die wir erst an den Schauplätzen der entsprechenden Handlungen lesen dürfen. In den San-Blas-Inseln können wir uns endlich dem ersten Buch widmen. Wer mehr über die Lebensweise der Kuna-Indianer erfahren möchte, dem sei das Buch von Antje Olowaili: *„Schwester der Sonne – Ein Jahr in Kuna Yala“* wärmstens empfohlen! Die San-Blas-Inseln stellen den Höhepunkt unserer bisherigen Reise dar. Bei nur fünf Ankerplätzen besuchen wir 13 Inseln, und es entstehen ca. 700 Aufnahmen.

Die inzwischen bestätigten Nachrichten von den langen Wartezeiten auf den Panamakanal-Transit und der aktuelle Wetterbericht veranlassen uns – wie befürchtet früher als geplant – von den San Blas aufzubrechen. Wir fahren in zwei Tagesetappen nach Colón und ankern über Nacht vor der Isla Linton. Die Brüllaffen des umliegenden Regenwaldes wetteifern hinsichtlich Lautstärke mit der hiesigen Disco. Gegen 21.00 setzt sich leider das Tanzlokal durch, in den frühen Morgenstunden erreichen die Affen ein Unentschieden – Verlierer der Szenerie sind die vor Anker liegenden Boote.

Sonntagnachmittag fahren wir zwischen den riesigen Wellenbrechern durch den Eingang zum Panamakanal und liegen wenig später an einem der bekanntesten Ankerplätze, den sogenannten „Flats“ (die den Yachten zugewiesene Ankerzone „F“). Nach knapp 1300 nm beenden wir mit Erreichen der Kanalzone unsere Fahrt durch das Karibische Meer.

Am Panamakanal

Kurz nachdem in den „Flats" unser Anker gefallen ist, kommt ein Motorboot längsseits an *Sleipnir2*. Wir befürchten zunächst eine erste Konfrontation mit den Behörden, werden aber überraschenderweise gefragt, ob wir an den Dreharbeiten zum neuen James-Bond-Film „*Quantum of Solace*" mitwirken wollen. Einige Szenen zum neuen Film werden vor und in der 2,5 nm entfernten *Shelter Bay Marina* gedreht, und man zahlt 100 US-Dollar Tagesgage für ankernde Yachten, die als Hintergrundkulisse fungieren.

Leider müssen wir ablehnen, weil das Prozedere der Behördengänge für die Kanaldurchfahrt – inklusive der Vermessung des Schiffs – nur in der Nähe des Panamakanal-Yacht-Clubs bzw. der Stadt Colón schnell abgewickelt werden kann und für uns absolute Priorität hat.

Unweit unseres Ankerplatzes fahren die Containerschiffe in Schleichfahrt von und zu den ca. 4 nm entfernten Gatun-Schleusen; auch ein Atom-U-Boot wird geschleust – wir sind beeindruckt und können es kaum erwarten, bis die Reihe an uns sein wird und wir zur ersten der drei Schleusen vorfahren dürfen.

Im März 2009 wird der historische Panamakanal-Yachtclub in einer nächtlichen Aktion von Bulldozern niedergerissen

Wie nahezu alle *Yachties* nehmen wir uns einen Agenten, der mit uns die einzelnen Ämter abfährt und beim Anstellen an den jeweiligen Schaltern bzw. beim Ausfüllen zahlreicher Formulare den Ablauf wesentlich beschleunigt. Dies ist umso wichtiger, als sich Amelias Einschätzung von Colón, *'this town is a dump'* als ausgesprochen treffend erweist. Die koloniale Vergangenheit lässt sich nur mehr erahnen, und weder Evi noch Wolfgang können sich erinnern, jemals eine derart elende, heruntergekommene Stadt bereist zu haben. Niemand geht auch nur hundert Meter zu Fuß – bei 1 US-Dollar pro Taxifahrt ist dieser Sicherheitsaspekt aber durchaus leistbar. Nachträglich müssen wir vor den kolumbianischen Busfahrern hinsichtlich unserer Kritik an ihrer Fahrweise Abbitte leisten…

Montagmittag haben wir den Papierkrieg hinter uns, und am Mittwochvormittag kommt der Vermesser an Bord. Auch mit ihm arbeiten wir uns durch Formulare aller Größen und Farben, aber noch am gleichen Tag hinterlegen wir die notwendigen 1 500 US-Dollar bei der Bank (891 Dollar davon als Deposit) und bekommen am Donnerstagvormittag unseren Kanaltransit-Termin: den 20. April!! Ein Monat Wartezeit am Kanal beeinträchtigt unseren Zeitplan für die weitere Reise und verkürzt die zur Verfügung stehende Zeit im Pazifik gravierend – Rotwein erweist sich als wirksame Medizin, um sich mit den Gegebenheiten rascher abzufinden.

So sehr die Seglergemeinschaft in dieser Zeit des Wartens auch zusammenrückt, betrachtet man sich gegenseitig doch ein wenig misstrauisch mit Argusaugen, ob das ein oder andere

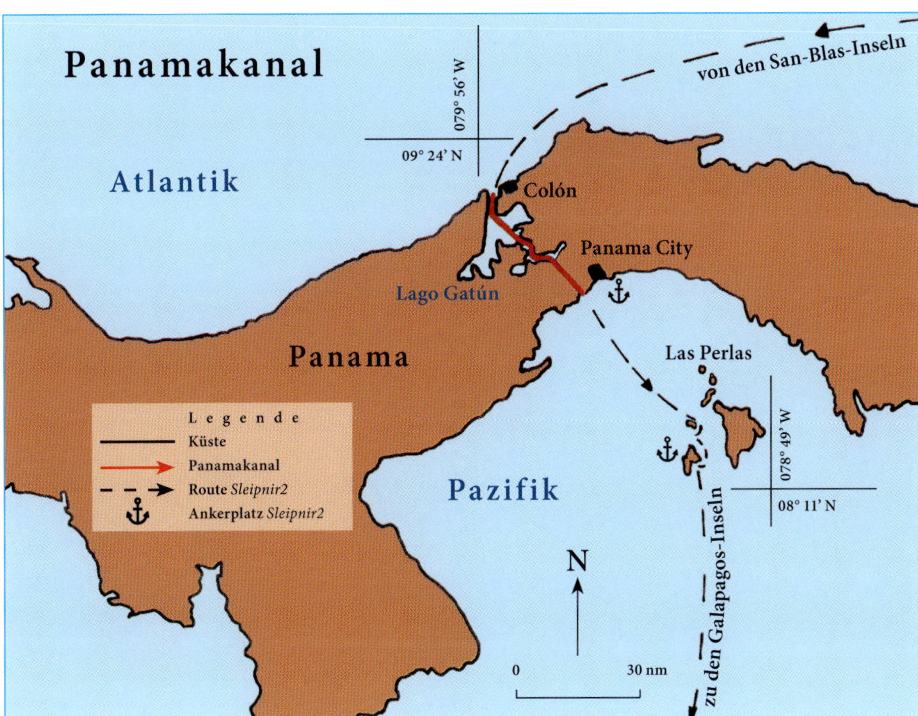

Boot nicht doch trickreich einen Weg findet, den Zeitpunkt der Kanaldurchfahrt vorzurücken. Natürlich lassen auch wir nichts unversucht, um den Ablauf zu beschleunigen, und leben teilweise im Zwiespalt, unsere kleinen Geheimnisse mit Freunden zu teilen…

Ob es sich um einen sanften Streik der Kanallotsen oder um die Dreharbeiten zum James-Bond-Film handelt, hinsichtlich der Verzögerungen kursiert eine Vielzahl an Gerüchten, die nur eines gemeinsam haben: Niemand – weder die französische 112 Fuß Superyacht *Obsession II* noch die Erfahrung mancher Segler aus mehreren Weltumsegelungen – kann den Transittermin wesentlich beschleunigen. Auch ein Nachbau der Karavell *Niña,* mit der Christoph Kolumbus während seiner ersten Reise über die Azoren nach Europa zurückgesegelt ist, wartet auf ihren Transit.

Wir kaufen uns ein Mobiltelefon, rufen jeden zweiten Tag bei der Kanalbehörde an und fragen höflich – aber bestimmt – nach der Vorverlegung unseres Termins. Auch wenn der Name *Sleipnir2* – insbesondere in spanischer oder englischer Sprache – schwer auszusprechen ist, wird ihn wohl der eine oder andere Beamte des Transitbüros längere Zeit im Gedächtnis behalten…

Nach sechs Tagen am Ankerplatz verlegen wir uns in die neue Marina Shelter Bay. Unser Einlaufen fällt mit dem Drehschluss der letzten Bondszene zusammen, und wir werden von der Marinaleitung und von Freunden über Funk vor den chaotischen Zuständen innerhalb des Yachthafens gewarnt. Tatsächlich ist die Shelter Bay von einer elektrisierenden „Dyna-

Dreharbeiten zum James-Bond-Film „Quantum of Solace“

mik" erfüllt – alle Arten von Wassersportrequisiten werden abtransportiert, und vom Stuntman für Daniel Craig abwärts bis zum Kabelträger ist man in hektischer Aufbruchsstimmung. *Sleipnir2* wird vorübergehend ein Platz am Pier für Megayachten zugewiesen, und wir liegen eine Nacht hinter einer mondänen Motoryacht mit dem passenden Namen *Sensation* – Heimathafen: Bimini – wo immer das sein mag (Nachtrag: Marshall Islands – man spricht mit uns!).

Wir genießen das bequeme Marinaleben an Fingerpantoons mit Wasser und Strom im Überfluss. Am Vormittag arbeiten wir am Schiff und bereiten uns auf den Pazifik vor, der Nachmittag gehört uns und ist „zur freien Verfügung".

Evi vertieft sich immer mehr in ihre Arbeit am Computer und installiert die verschiedensten Programme auf unserem neuen Laptop, den wir in der Free Zone in Colón erstanden haben. Durch die intensive Auseinandersetzung wird sie mit dem Medium immer vertrauter, und Wolfgang ist tief beeindruckt von ihren autodidaktischen Fortschritten am Laptop, dem sie immer mehr Geheimnisse entlockt. Es scheint eine unumstößliche Tatsache zu sein, dass Wolfgang von Computern abgelehnt wird, umso mehr Verantwortung lastet daher diesbezüglich auf Evis Schultern.

Die Marina liegt in einem Naturschutzgebiet und ist landseitig vollständig von Regenwald umschlossen. Wolfgang nützt die Gelegenheit zum ausgedehnten Ausdauertraining. Diese Läufe werden zum einzigartigen Naturschauspiel. Kapuziner- und Brüllaffen leben in den Bäumen, Papageien und Tukane machen lautstark auf sich aufmerksam, und ein Nasenbär beobachtet am Waldrand den sich sonderbar bewegenden „weißen Affen". Zweimal läuft Wolfgang kurz „in Begleitung" eines Wasserschweins. Mit diesem größten Nagetier könnte er nicht Schritt halten. Die Tiere verzichten aber auf einen Wettlauf und verschwinden jeweils in diversen Wasserlöchern. Die unheimlichen Geräusche des Regenwaldes sollten eigentlich das Lauftempo beschleunigen, das tropische Klima lässt aber keine sportlichen Höchstleistungen zu. Dafür leistet Wolfgang seinen Beitrag zur Völkerverbindung beim abendlichen Volleyballspiel.

Das gemeinsame Warten bedingt ein enges „Miteinander", und wir genießen dieses intensive soziale Leben mit so vielen unterschiedlichen Menschen. Wir wollen aber nicht verhehlen, dass wir auch auf Segler mit aus unserer Sicht sonderbarem und befremdendem Auftreten treffen. Der Prozentsatz an Sonderlingen ist vermutlich unter den Langstreckenseglern naturgemäß größer als im „normalen" Alltagsleben. Die meisten sind allerdings interessante und sympathische Charaktere: Amelia und James von der *Rahula* sind natürlich auch vor Ort. Noch britischer erscheinen uns allerdings Claire und Peter von der *Lady Sara*. Beeindruckt sind wir von der kultivierten und gebildeten Crew des deutschen Shuttleworth-Katamarans *Cosi fan due* rund um Skipper Andreas – sein 65. Geburtstag wird mit Batman-Torte feuchtfröhlich gefeiert.

Hier treffen wir auch erstmals den Weltumsegler Wolfgang Weber, alias *Galateia*-Wolfgang, der sich trotz schier unerschöpflicher Kenntnis der Seemannschaft in Bescheidenheit übt. In einer Diskussion über Astronavigation merkt *Sleipnir*-Wolfgang schnell, dass

Der unverwechselbare Fritz the Cat

Linehandler Galateia-Wolfgang und die obligatorischen Autoreifen

Übernahme der Panamaleinen in den Schleusen

er an diesem Tag besser in die Zuhörerrolle schlüpfen sollte. Noch ahnen wir nicht, dass *Galateia*-Wolfgang im Laufe unserer Weltumsegelung noch eine wichtige Rolle spielen wird.

Eva und Horst von der *Albatros*, die seit fünf Monaten in Panama an ihrer Hallberg Rassy arbeiten, kennen das umliegende Gebiet wie ihre Westentasche, und mit Chris von der *Nomotos ('No more tomorrows')* haben wir einen kongenialen Partner zum kanadisch-österreichischen Schmähführen: Chris, *'You remind me of Arnold Schwarzenegger because of your English.'* – Wolfi, *'Oh, I thought because of my body.'*

Wolfgang, Ruderbauer aus Deutschland, fährt seine 46 Fuß Najad *Baros* einhand in zehn Tagen von den Kapverden in die Antillen und dürfte somit auch das Anfängerstadium des Segelns weit hinter sich gelassen haben. Nach und nach treffen auch unsere Freunde aus den ABC-Inseln ein: Sue und Rick von der *Panacea*, Fiona und Allan von der *Sea Biscuit* und Ute und Günther von der *Y Not* gehen in den Flats vor Anker. Diese Liste ließe sich lange fortsetzen, aber noch kurz zu unseren Landsleuten, auf die wir hier erstmals stoßen:

„Fritz the Cat" segelt als österreichisches Orginal seit mehr als einem Jahrzehnt in der Karibik, und man muss ihn nicht gesondert vorstellen. Tatsächlich haben wir in der gesamten Kanalregion niemanden getroffen, der ihn nicht gekannt hätte. Unsere Schilderung vom Alphornständchen unseres Schweizer Freundes Philip kommentierte er trocken mit einem: *„Des kann i a."* – kurze Zeit später bekommen wir ein Abendkonzert auf dem bootseigenen Horn. Ulli und Wolfgang von der *Golden Tilla* treffen wir leider nur kurz, sie haben einen frühen Transittermin, und ein Abend mit Cuba Libre und Caipirinhas auf der *Karma* von Ex-AUA-Pilot Karl und seiner Rosa führt dazu, dass am nächsten Tag die Logbucheintragung auf *Sleipnir2* entfällt…

Leider werden in den als sicher geltenden „Flats" immer wieder Dingis und Außenbordmotoren gestohlen. Die Australier Jason und Joe (gehen bereits das vierte Mal durch den Kanal) sind davon ebenso betroffen wie auch unsere Freunde Ute und Günther von der *Y Not*. Es gibt wohl wenige Orte, wo gebrauchte Autoreifen so hoch im Kurs stehen wie hier vor den Kanaltransits. In Plastiksäcke gepackt und mit Tapes umwickelt braucht man sie für das Abfendern in den Schleusen und zahlt dafür im Regelfall 3 US-Dollar pro Reifen – gestohlen werden sie sonderbarerweise kaum…

Am 31. März gehen wir erstmals als Linehandler durch den Kanal. Wir helfen Claire und Peter auf der über 15 m langen Najad *Lady Sara*, die uns anbieten, einige Tage mit ihnen am Schiff auf der Pazifikseite zu verbringen. Die Kanalpassage wird für uns eine äußerst wichtige Erfahrung, um uns auf den eigenen Transit besser einstellen und vorbereiten zu können. Britischer als Claire und Peter kann man nicht sein: Evi geht angesichts dieser Sprachkultur das Herz auf, und auch Wolfgang fühlt sich mit den beiden sehr verbunden. Wir machen uns mit den Gegebenheiten auf der Pazifikseite vertraut und bedauern, wieder ins karibische Colón zurückkehren zu müssen.

Bezüglich unseres Transittermins rücken wir langsam vor, um schließlich Mittwoch, den 16. April als endgültiges Datum zugewiesen zu bekommen. Die organisatorischen Mängel rund um den Betrieb der Kanalschleusung und das lateinamerikanische Laisser-faire lassen uns „vor Ort bleiben". Wir setzen unsere Erfahrungen aus dem Linehandling am eigenen Schiff um, kopieren Seekarten, checken das Rigg (fünfmal am Masttop) und machen Tagesausflüge: Höhepunkt eines Ausflugs zum Fort San Lorenzo am Delta des Rio Chagres ist die Begegnung mit einem wenig scheuen Ameisenbären.

Ein paar Tage später fahren wir mit öffentlichen Bussen ins historisch interessante Portobello. Kolumbus hat die geschützte Ankerbucht während seiner vierten Reise entdeckt, und im 16. und 17. Jahrhundert sind von hier Tonnen von Gold und Silber aus Mittel- und Südamerika in das spanische Imperium verschifft worden. Im 21. Jahrhundert ist der Busbahnhof von Colón für Abenteurer und Lebensmüde ein Ort vom Feinsten – in Portobello wirft ein „unausgeglichener" Panamaer drei Sitzreihen vor uns die Scheiben des Busses ein, und wir sind – mit der Hand am Pfefferspray – um eine Erfahrung reicher…

Je näher der Termin des Kanaltransits rückt, umso hektischer und dichter wird das Programm der letzten Vorbereitungen; dass wir das letzte Quäntchen Vertrauen in den Überblick und das Organisationtalent unseres offensichtlich überforderten Agenten Tito verloren haben, trägt auch nicht gerade zur Kalmierung der Situation bei. Nach dem bei jedweder Form von Anliegen obligaten *'no problem'* folgt leider immer häufiger die Frage, wie eigentlich unser Schiffsname lautet..., aber am Vortag der Schleusung bekommen wir unsere Pässe mit den Ausreisestempeln, die Autoreifen zum Abfendern in den Locks und die Panamaleinen (38 Meter lang, 2,2 cm Durchmesser).

Am Folgetag werden wir Richtung Pazifik geschleust

Unsere Linehandler Wolfgang von der *Galateia* sowie Andreas und Hans-Jürgen von der *Cosi fan due* werden von uns allzu ausführlich hinsichtlich des Transits gebrieft. Mit der Erfahrung aus eineinhalb Weltumsegelungen und mehreren Kanaldurchgängen bedarf *Galateia*-Wolfgang wirklich keinerlei Einweisung, aber auf *Sleipnir2*-Wolfgangs Bitte, bei der Einschulung einfach „mitzuspielen", um so dem *Sleipnir2*-Skipper ein beruhigteres Gefühl zu geben, unterstreicht er manche Ausführungen mit Sprüchen aus der klassischen Seemannschaft – wie beispielsweise während Wolfgangs eindringlicher Beschwörung, ja keine Hektik aufkommen zu lassen: *„Seemann, lass dir Zeit – es eilt."* Auf dem Weg zu den Flats, wo der Adviser ab 18.00 Uhr aufgenommen werden soll, überquert

Eine Schleuse nach der anderen bringt uns dem Pazifik näher

uns eine Regenfront, und der erste Gang des kulinarischen Programms von Evi für diese zwei Tage wird im Ölzeug eingenommen – während der Lotse auf sich warten lässt…

Gegen 22.00 Uhr gehen wir mit dem englischen Einrumpfer *Trenelly* im Päckchen in die erste Gatun-Schleuse – gemeinsam mit zwei anderen Yachten und einem kleinen Containerschiff. Eine für diese Tageszeit eher unübliche steife Brise und die hier vorherrschende Strömung fordert die Crews der Yachten an diesem Abend, aber das sogenannte „nesting" (Vertäuen der Schiffe vor Eintritt in die Kammern) und das anschließende Zentrieren in dem Schleusenbecken mit den Panamaleinen läuft lehrbuchmäßig ab.

Sobald sich die Kammern füllen, entstehen beeindruckende Strudel – der Vergleich eines Whirlpools mit Moorwasser drängt sich auf, wenn die Schiffe insgesamt 26 Meter auf das Niveau des Gatun-Sees angehoben werden. Auf der vor uns liegenden italienischen Yacht *Frasimada* reißt tatsächlich eine achterliche Panamaleine. Die Schleusung wird sofort abgebrochen und so eine prekäre Situation vermieden.

Erst um 00.30 Uhr liegen wir an einer der Moorings im Gatun-See. Die Krokodile, die angeblich fallweise bei Flutung der Kammern in die Schleusen gespült werden und im Gatun-See ohnehin jedes Bad zum Abenteuer machen, bleiben unseren skeptischen Blicken verborgen.

Der Gatun-See entstand durch das Aufstauen des Rio Chagres. Durch die durchschnittlich 18% weniger Auftrieb des Süßwassers pflügt unser überladenes Boot am nächsten Tag durch den See Richtung Pazifik.

In der Pedro Miguel- und den zwei Miraflores-Schleusen werden wir wieder auf das jeweilige Tidenniveau des Pazifiks abgesenkt. Über eine an der ersten Miraflores-Kammer installierte Webkamera kann die Schleusung via Internet mitverfolgt werden. In etlichen E-Mails haben wir den ungefähren Zeitpunkt unseres Eintreffens an den Miraflores-Schleusen nach Österreich durchgegeben, freuen uns sehr, auf diesem Weg die Heimat grüßen zu können und sind uns nicht zu blöd, allfälligen segelinteressierten Freunden mit rotem Ölzeug in die Kamera zu winken.

Ob von Verwandten und Bekannten beobachtet oder nicht, um 14.00 Uhr Ortszeit öffnen sich die mächtigen schweren Tore der letzten Kammer und *Sleipnir2* schwimmt erstmals im Pazifik. Vor uns liegt der mit Abstand gewaltigste Ozean. Er bedeckt ungefähr ein Drittel der Erdoberfläche und ist damit flächenmäßig größer als alle Landmassen der Erde. Mehr Inseln als in allen anderen Meeren zusammen könnte man hier besuchen, und die Distanzen werden eine völlig andere Dimension bekommen. Zunächst aber queren wir die *Bridge of the Americas,* verabschieden uns beim *Balboa-Yachtclub* vom Adviser und unseren großartigen Linehandlern und gehen in Playita-Flamenco vor Anker. Bei fünf Metern Gezeitenunterschied – wir haben Springtide – sollte hier den Ankermanövern ein wenig mehr Aufmerksamkeit geschenkt werden als auf der Karibikseite.

Passatbesegelung

II.
Panama bis Neuseeland

Sea of Okhotsk
Bering Sea
Pacific Ocean
Sea of Japan (East Sea)
Yellow Sea
East China Sea
South China Sea
Tasman Sea
Great Australian Bight
Ocean
Mongolia
China
Thailand
Vietnam
Philippines
Micronesia
Kiribati
Indonesia
Australia
Western Australia
Northern Territory
Queensland
South Australia
New South Wales
Victoria
Tasmania
Papua New Guinea
Solomon Islands
New Caledonia
New Zealand
Magadan
Petropavlovsk-Kamchatskiy
Krasnoyarsk
Kemerovo
Novokuznetsk
Irkutsk
Ulan-Ude
Chita
Blagoveshchensk
Khabarovsk
Komsomol'sk na Amure
Yuzhno-Sakhalinsk
Vladivostok
Ulan Bator
Harbin
Changchun
Shenyang
Beijing
Tianjin
Pyongyang
Seoul
Pusan
Sapporo
Tokyo
Osaka
Hiroshima
Fukuoka
Lanzhou
Xi'an
Zhengzhou
Chengdu
Chongqing
Wuhan
Nanjing
Shanghai
Hangzhou
Guangzhou
Hong Kong
Kaohsiung
Kathmandu
Thimphu
Dhaka
Kunming
Hanoi
Vientiane
Yangon
Bangkok
Phnom Penh
Ho Chi Minh City
Manila
Kuala Lumpur
Singapore
Bandar Seri Begawan
Jakarta
Surabaja
Dili
Port Moresby
Honiara
Port-Vila
Suva
Darwin
Perth
Adelaide
Melbourne
Canberra
Sydney
Brisbane
Hobart
Auckland
Wellington
Christchurch
Dunedin

Gulf of Alaska
Hudson Bay
Pacific
Ocean
Gulf of Mexico
Caribbean Sea
Alberta
Saskatchewan
Manitoba
Ontario
Quebec
United States
Mexico
Peru
Colombia
Honolulu
Hawaii
Hilo
Kiritimati (Christmas I.)
French Polynesia
Cook Islands
Pitcairn Islands
Isla de Pascua (Easter Island)
Edmonton
Calgary
Vancouver
Seattle
Portland
San Francisco
Los Angeles
San Diego
Tijuana
Phoenix
Denver
Minneapolis
Chicago
Detroit
Toronto
Ottawa
Montreal
Boston
New York
Philadelphia
Washington
Houston
Dallas
New Orleans
Miami
Havana
Monterrey
Guadalajara
Mexico City
Belmopan
Guatemala City
San Salvador
Tegucigalpa
Managua
San Jose
Panama City
Port-au-Prince
Kingston
Santo Domingo
Maracaibo
Medellin
Bogota
Quito
Guayaquil
Lima
La Paz
Antofagasta
Valparaiso
Santiago
Concepcion
Punta Arenas

Hindernisse Richtung Äquator

Diverse Besorgungen, eine defekte Wasserpumpe und ein irreparabler Inverter gestalten zwei Tage ausgesprochen kurzweilig… Wir treffen zufällig die Österreicher Sylvia und Heinz, die mit ihrer Yacht *Galathé* in unserer unmittelbaren Nähe ankern. Oft haben wir durch Freunde von den beiden erfahrenen Seglern gehört – wir verbringen einen launigen Abend mit ihnen, haben das Gefühl, neue Freunde kennengelernt zu haben, brechen aber trotzdem am nächsten Tag zu den Las-Perlas-Inseln auf. Auf der Strecke zur Isla Contadora, wo wir die deutsche Amateurfunklegende Günter Hamacher besuchen wollen, weichen wir einer Schule Buckelwale aus und fangen wenig später wieder einen Thunfisch (5 kg).

Günter – ursprünglich aus Köln – betrieb in jungen Jahren eine Friedhofsgärtnerei, bevor er auf Tanzlokale umsattelte, um schließlich auf die Insel Contadora auszuwandern. Von hier aus begleitet er seit vielen Jahren mit seinem *Pacific Island Net* ungezählte Yachten auf ihrem Weg durch den Ozean und wurde so zur weltbekannten Funklegende. In seinem Netz teilt er uns die Nummer 909 zu und verwendet Stunden, um Evi bei der Installierung der Ham-Stationen auf dem neuen Laptop (Vista Home Premium) zu helfen. Reich an Informationen

Ein Besuch beim legendären Contadora-Günter

und Tipps für unsere Kurzwellenanlage verlassen wir erst am Abend sein Traumhaus mit Blick über das Meer und die umliegenden Las Perlas und fahren weiter zur südwestlichsten Insel des Archipels, nach San José. Die Südostbucht Playa Grande misst 1,5 nm im Durchmesser, und wir sind das einzige Schiff, nur von Pelikanen umgeben, die im offensichtlich fischreichen Gewässer erfolgreich auf Jagd gehen – der Gegensatz zur Chaosstadt Colón ist eine Wohltat.

Am nächsten Morgen brechen wir zu den Galapagosinseln auf; einen Tag später werden uns die deutschen Yachten *Galateia* und *Albatros 2* mit Eva und Horst folgen. Für die schwierigen ca. 900 nm können wir zwar im Golf von Panama mit nördlichen Winden und Strömungen rechnen, später werden wir aber in die innertropische Konvergenzzone – ITCZ – gelangen, eine Tiefdruckrinne, die sich zu beiden Seiten des Äquators erstreckt.

Eher zufällig bemerkt Evi bald nach dem Auslaufen, dass der Warmwasserboiler nur mehr an wenigen Windungen eines verbliebenen Bolzens hängt. Wolfgangs Versuch, das schwere Gerät mit größeren Schrauben notdürftig zu fixieren, reißt den Boiler endgültig aus der Verankerung und bringt so Leben in den ersten Vormittag. Beide nackt, Evi frisch von der Decksdusche noch glitschig und nass, gelingt es uns nur mit Mühe, den Warmwasserbereiter wieder zu sichern. Durch Platzmangel, Seegang und triefenden Schweiß stellt diese Arbeit die Harmonie der *Sleipnir2*-Crew auf eine harte Probe...

In der Hitze des Gefechtes schneidet sich Wolfgang den Fuß auf, das damit verbundene Blutbad im Nassraum entspricht allerdings keineswegs dem Grad der Verletzung, dafür prellt sich Evi eine kleine Zehe, die sich in sensationell kurzer Zeit lila färbt. Mit zwei kleinen „Souveniren" an den Füßen setzen wir während der Nacht in Erwartung nachlassender Nordostwinde den Spinnaker, aber 20–25 Knoten Wind lassen keinen Zweifel an der Fehleinschätzung der Wetterlage offen. Trotz Müdigkeit „fliegen" wir mit weit geöffneten Augen, unter 9–14 Knoten Fahrt über Grund, Kurs Südwest.

Am zweiten Tag kollidieren wir mit einem Baumstamm. Zwei harte Schläge gegen die Rümpfe und der Stoß gegen das – nach oben wegklappende – Pendelruder der Windfahnensteuerung bleiben scheinbar ohne Folgen. Eine Fehleinschätzung mit weitreichenden Konsequenzen für unsere späteren Fahrten über den riesigen Ozean, der uns gar nicht so still anmutet... Die nächsten vier Stunden fahren wir durch treibende – teilweise riesige – Baumstämme, gehen abwechselnd Wache und sind uns der unbeeinflussbaren Gefahren der Seefahrt plötzlich wieder sehr bewusst. Am Abend geben wir über Relay einen Sécurité-Funkspruch an Günter für die hinter uns befindlichen Yachten ab.

Tags darauf bricht die Angelspule aus Hartplastik wie ein Zahnstocher, und auf der Angelleine könnte man das vier gestrichene „C" spielen. Nach wenigen Sekunden ist das Stahlvorfach durchgebissen, und der Spuk ist zu Ende. Welcher Fisch auch immer jetzt auf die „Entrostung" unseres erfolgreichen, gefiederten Köders warten muss, für uns wäre er einige Kategorien zu groß gewesen... Die kurz darauf gefangene Makrele würden wir ob ihrer „Ausmaße" als absolute Untergrenze verwertbarer Fische einschätzen. Wir fahren unsere Schleppangeln weiter in der Hoffnung auf mehr Mittelmaß...

Äquatortaufe

Vier Tage segeln wir bei meist herrlichem Wetter unter Spinnaker, und Falcos *„Greatest Hits"*, die Evis Wirken in der Kombüse untermalen, klingen irgendwie sonderbar in der Weite des Ozeans.

Ab 03° nördlicher Breite ziehen Regenfronten, die entsprechend unerwünschte Winddrehungen mit sich bringen, über uns hinweg – eine Wasserhose in Lee von *Sleipnir2* mit meterhohem Gischtwirbel besteht nur wenige Minuten, und für die Dauer einer ganzen Nacht fahren wir durch Gewitterzellen: Wir haben zweifelsfrei die Konvergenzzone erreicht. Auf 02° Nord dreht der Wind immer mehr auf Südwest und nimmt an Stärke zu. Ohne weitere Optionen – wir haben scheinbar alle sich bietenden Möglichkeiten erwogen – segeln wir in der Hoffnung auf eine Winddrehung mit Kurs WNW in die Weite des Pazifiks Richtung Hawaii – die Stimmung an Bord ist in der tiefsten Bilge.

Der von uns kontaktierte Wetterguru Herb Hilgenberg hilft uns aus der Betriebsblindheit und rät, seitlich zu den Wellen nach Süden zu motoren. Als würde sich eine Türe schließen und eine andere aufgehen, nehmen wir am nächsten Vormittag Südostwind auf und erleben einen der schönsten Segeltage unserer gesamten Reise…

Am folgenden Nachmittag überqueren wir den Äquator und segeln mit unserem Schiff zum ersten Mal auf der südlichen Hemisphäre. Das traditionsreiche, aus der Zeit der Entdeckungsreisen stammende Zeremoniell der Äquatortaufe fällt aufgrund des Seegangs und der Wetterbedingungen aus. Wir feiern „modern" mit der letzten Flasche Prosecco…

Galapagos – die verzauberten Inseln

Während wir tags darauf Puerto Ayora auf der Isla Santa Cruz durch beeindruckende Kreuzseen ansteuern, fällt der Steuerbordmotor aus, wodurch die Anfahrt in das allzu dichte Ankerfeld ein wenig interessanter wird... Wir fädeln uns schließlich mit Bug- und Heckanker zwischen Ausflugsbooten, Fischerkähnen und Yachten ein und liegen ca. 100 Meter hinter unseren alten Bekannten Amelia und James von der *Rahula*.

Wolfgang war bereits vor 19 Jahren auf den Inseln und kann es kaum erwarten, Evi die einzigartige Pflanzen- und Tierwelt des Archipels zu zeigen. Zunächst versuchen wir uns allerdings in lateinamerikanischer Gelassenheit, ruhen uns aus und überlegen, in welcher Reihenfolge wir die Suche nach einem Supermarkt, einer Wäscherei und einem kompetenten Yamaha-Mechaniker anlegen.

Wir freuen uns jedenfalls, in den „verzauberten Inseln" angekommen zu sein – etliche Navigatoren haben den Archipel aufgrund der Strömungen und des teilweise dichten Nebels verfehlt – in der Zeit der Satellitennavigation sind es eher die Einklarierungsformalitäten, die eine Herausforderung darstellen können.

Der klassische Ausblick von Bartolomé

Die Konfrontation des mit goldenen Epauletten dekorierten, personifizierten Analphabetismus kostet uns viel Geduld, gibt uns aber immerhin das Gefühl, die ersten Segler zu sein, die je diese Inseln angelaufen sind... Fantasievoll ist man zumindest beim Einheben verschiedenster Gebühren. Wir hoffen, dass ein Teil des Geldes in die Grundausbildung der hier arbeitenden Beamten investiert wird.

Seit Wolfgang vor so vielen Jahren zuletzt hier war, hat sich natürlich einiges verändert, aber nach der Einsamkeit auf See genießen wir die ganz auf Tourismus ausgerichtete, lebhafte Kleinstadt Puerto Ayora mit ihren Restaurants, Bars und Internet-Cafés. Leider ist der Ankerplatz ausgesprochen „rollig" – die Bucht ist nach Südosten offen, und man ankert quasi am offenen Pazifik.

Bereits am nächsten Morgen wird unser defekter Motor von Herrn Cortez abgeholt und drei Tage später – angeblich in Bestzustand – wieder eingebaut. Dass Wolfgang mit der Ursachenanalyse des Motorproblems nicht ganz glücklich ist, mag auch an einer gewissen Sprachbarriere liegen – jedenfalls läuft die Maschine wieder astrein.

Die Tage in Puerto Ayora sind ausgefüllt mit diversen Arbeiten und natürlich mit den Vorbereitungen und Checks für den langen Schlag zu den Marquesas-Inseln, nach Französisch-Polynesien. Wir bunkern Wasser und Treibstoff (soviel *Sleipnir2* tragen kann), reinigen das Unterwasserschiff und überprüfen so ziemlich alle Funktionen des Kats. Nachdem sich am Ankerplatz erwiesenermaßen Haie tummeln, erfolgen die Unterwasserarbeiten am

Besuch der Darwin-Station

Katamaran in einem eher forcierten Tempo. Dazwischen unternehmen wir Ausflüge zu den benachbarten Inseln Floreana und Bartolomé und erkunden Santa Cruz selbst, inklusive des obligaten Besuchs der Darwin-Station. Üblicherweise schließen wir die diversen Erkundigungstouren in unserem erklärten Lieblingslokal „The Rock" mit Franziskaner Bier, frischgepressten Fruchtsäften, Caipirinhas und Crème brûlée ab.

Der Aufenthalt ist, neben den Vorbereitungen, durch die Auseinandersetzung mit der einzigartigen Natur der Inseln geprägt. Die vulkanische Landschaft beeindruckt auch noch beim zweiten Besuch, und die eigentlich zoologisch weniger interessierte Evi ist fasziniert von der Artenvielfalt der Tiere, die offensichtlich noch immer keine Scheu vor den Menschen kennen.

Pelikane rasten auf unserem Schiff – und hinterlassen auch olfaktorisch ihre Spuren, Fregattvögel nehmen akrobatisch im Flug anderen Seevögeln die Beute ab, und die Riesenschildkröten mühen ihre behäbigen Körper nur Zentimeter an uns vorbei, ohne uns scheinbar wahrzunehmen – schwerfällige Arroganz aus hundert Jahren Erfahrung… In der *Tortuga Bay* beobachten wir einen Hai im knietiefen Wasser, und die endemischen Meerechsen nehmen übereinanderliegend das für ihren Körperhaushalt notwendige Sonnenbad.

Wir schnorcheln mit Pinguinen, Seelöwen, Schildkröten und Haien und sind begeistert von der Fülle der Wasserwelt. Wenn man mit Pinguinen taucht, müssen über die Wassertemperatur nicht viele Worte verloren werden. Mit Neoprenanzügen immer gut ausgerüstet,

Pelikane am Markt von Puerto Ayora

Schnorcheln in den Galapagos-Inseln

Fischschwarm bei Bartolomé

bewundern wir jene, die nur in Badekleidung länger im Wasser ausharren. Die Natur und die außergewöhnliche Tierwelt der Galapagos-Inseln sind fraglos erhalten geblieben, die steigende Population der „weißen Affen" hat daran – Gott sei Dank – noch nichts geändert.

Der Archipel wurde auch bekannt durch jene Aussteiger, vorwiegend Deutsche, die sich hier in den 30er-Jahren des 20. Jahrhunderts niedergelassen haben. Die Familie Wittmer, Dr. Ritter, eine Baronin mit drei Gefährten oder die Brüder Angermeyer – allesamt starke, überwiegend aber skurrile Persönlichkeiten, die teilweise die Weltpresse auf die Inseln aufmerksam gemacht haben. Wir nehmen das zweite Buch unserer Freunde Ingrid, Robert und Anna zur Hand und lesen, quasi am Schauplatz, die beeindruckende Autobiografie der Familie Wittmer „Postlagernd Floreana"...

Nachdem Evi kurz vor der geplanten Abfahrt erkrankt, übernimmt Wolfgang die Backschaft. Es gibt häufig Ravioli nach Skipperart (aufgewärmt) und *Scrambled Eggs*. Die „Qualität und Vielfalt" der Kombüse sollte Evis Genesungsprozess beschleunigen...

Leider ist das Gegenteil der Fall: Nach Schüttelfrost, Schweißausbrüchen, Halsschmerzen und Husten deutet eine angeschwollene Gesichtshälfte zweifelsfrei auf eine Nebenhöhlenentzündung hin. Die pharmazeutisch versierte Patientin therapiert sich mit einer Antibiotikakur, und obwohl sich Evis Gesundheitszustand nur langsam bessert, beschließen wir, am 13. Mai den langen Schlag zu den Marquesas in Angriff zu nehmen – die martialische Wortwahl ist im Rückblick bewusst gewählt.

Die 3 000 Seemeilen lassen angenehmes, stromunterstütztes Passatsegeln erwarten, und Evi sollte in den Weiten des Pazifiks Gelegenheit haben, ihre Entzündung auszukurieren.

Nachdem Wolfgang wie ein Bittsteller eine Stunde im Büro des Hafenkapitäns für die Ausklarierungsformalitäten wartet, erklärt man ihm jovial, er möge am frühen Nachmittag wieder kommen. Drei Stunden später gehen die Formalitäten innerhalb von fünf Minuten über die Bühne, und *Sleipnir2* läuft am Nachmittag aus der Bucht von Puerto Ayora aus.

Ein Galapagos-Pinguin

Schwer erkämpfte Südsee

Leider zeichnet sich zunächst keine Besserung in der Befindlichkeit der Bordfrau ab, aber Evi schützt sich vor dem unvermeidlichen Zug an Bord durch eine Vollvisierhaube (Modell-Bankräuber). Nach fünf Tagen zeigt die Therapie durch die Wiederkehr symmetrischer Gesichtsformen endlich Wirkung, und die fortdauernde Backschaft des Skippers findet ihren Höhepunkt in einem Spargel-Käse-Omelett.

Wir fahren hart am Wind, durchschnittlich Etmale von 130 nm, damit wir möglichst bald auf 06° südliche Breite gelangen, um dort ostsüdöstliche Winde aufzunehmen. Nach drei Tagen kollidieren wir – unserer Einschätzung nach – mit einer Langustenreuse. Vermutlich wurde sie durch die südäquatoriale Strömung in diesen doch einsamen Bereich des Pazifiks geschwemmt. In jedem Fall hebelt sie den Aluminiumarm unseres Windpiloten aus, wodurch die unteren Bolzen des Befestigungsflansches ausreißen. Wir sichern die Anlage und es gelingt uns, den Windpiloten neu zu justieren und mittels Holzkeilen und Unterwasserepoxy wieder zu fixieren. Regelmäßige Kontrollen zeigen, dass die Notarretierung hält,

Gute Laune trotz Nebenhöhlenentzündung

aber der Schock sitzt tief, weil der elektrische Pinnenpilot die verbleibende Strecke von ca. 2 700 nm vermutlich nicht bewältigen würde.

Nachdem wir Email-Kontakt mit Herrn Peter Förthmann, dem Konstrukteur der Anlage, aufnehmen, zeigt sich dieser sehr interessiert an unserem System der Klemme bzw. der Steuerleinen für den Windpiloten. Tatsächlich fahren nur sehr wenige Katamarane mit Windsteueranlagen, und unsere Leinenkonstruktion ist das Ergebnis jahrelangen Experimentierens, um die optimale Lösung für alle Kurse und Windverhältnisse zu finden.

Weiter südlich „schläft der Wind ein", und soweit wir über Funk feststellen können, gilt dies für die gesamte Strecke bis zu den Marquesas. Ausgedehnte Einsätze des Spinnakers (bis zu mehr als 80 Stunden nonstop) werden durch zaghaftes und dosiertes Motoren abgewechselt. Nach neun Tagen haben wir erst 1 000 nm hinter uns gebracht und somit noch eine „Atlantiküberquerung" vor uns – Abgeschiedenheit haben wir noch nie so deutlich empfunden. Wir beobachten die lange Dünung des Stillen Ozeans, der ruhig atmet und doch seine ungeheure Macht unverkennbar spüren lässt.

Nachts sehen wir das Kreuz des Südens verlässlich backbord querab und tagsüber die Sonne hoch im Norden – immer noch gewöhnungsbedürftig, obwohl sie bereits vor unserem Kanaltransit im Zenit stand.

Jeden Tag beobachten wir unzählige Schwärme fliegender Fische, die auch in der Flugphase ihre Formation beibehalten. Wir wissen nicht, wie viele verschiedene Arten fliegender Fische existieren, sie scheinen jedenfalls nicht vom Aussterben bedroht zu sein. Wenige Tage vor Landfall werden Fregattvögel auftauchen, die die Fische während ihrer Flugphase jagen – ein faszinierender, ungleicher Luftkampf zwischen Fisch und Vogel.

Ende der zweiten Woche ziehen immer häufiger Regenfronten aus Südost über uns, und die Intensität der meist damit verbundenen Squalls (Böen) ist schwer einzuschätzen. Durch solch eine Fehleinschätzung des Skippers reißt das Schothorn des Spinnakers oberhalb der Verstärkung samt eingesäumter Lieken glatt ab, und der Nachmittag sowie die folgende Nacht sind mit ausgedehnten Näh- und Klebearbeiten ausgefüllt…

Ab dem nächsten Tag stellt sich mehr oder weniger konstanter – teilweise starker – Passatwind ein, und es baut sich eine sagenhafte Kreuzsee auf. Zwischen der zumindest fünf

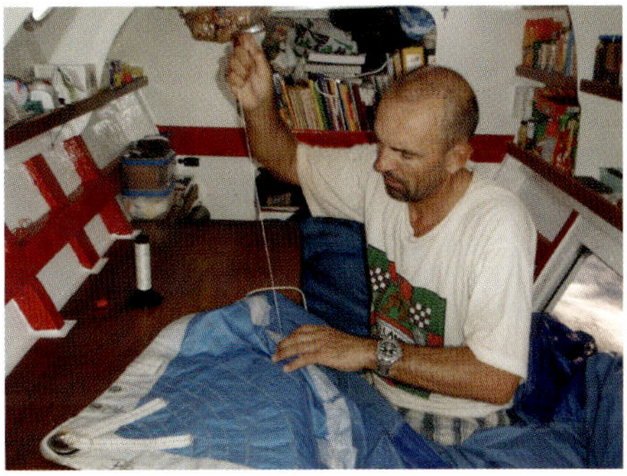

Arbeiten am zerrissenen Spinnaker

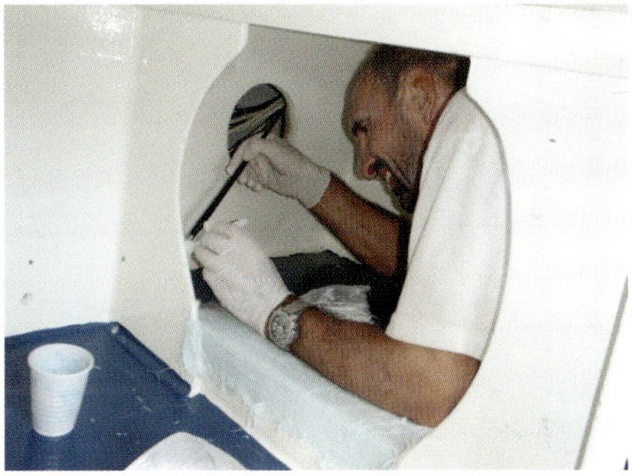

Notreparatur des Lecks

Meter hohen Hauptdünung aus Ostsüdost entstehen kleinere steile Wellen, und eine zusätzlich querlaufende Dünung aus Südost – teilweise aus Süd – erzeugt eine chaotische See, deren Wellen mit ungeheurer Wucht zwischen den Rümpfen gegen das Brückendeck des Kats schlagen. Wir reduzieren die Segelfläche, nachdem *Sleipnir2* durch die ruppige See immer häufiger seitlich versetzt wird und entsprechend unruhig segelt – es sollte sich allerdings zeigen, dass wir mit dieser Maßnahme zu spät auf die schwieriger werdenden Verhältnisse reagieren. Aller Wahrscheinlichkeit nach werden durch die außergewöhnliche Belastung des Schiffes nun jene Schäden offensichtlich, die wir bereits auf dem Weg zu den Galapagos-Inseln durch die Kollision mit einem Baumstamm davongetragen, aber leider nicht erkannt haben.

Am 30. Mai bricht abends der Boden des Bridgedecks an einer Kante auf. Mit jeder Welle erweitert sich der Riss, und mehr und mehr Wasser wird in die Mittelkabine gepresst. Seekarten, ein Laptop, ein Reserveautopilot, elektrisches Werkzeug und andere wenig „salzwassertaugliche" Ausrüstungsgegenstände werden vom eindringenden Meerwasser gespült, es bleibt nicht viel Zeit, geschockt und fasziniert zugleich auf unser Leck zu starren. Wir fallen ab, gehen platt vor den Wind, reduzieren weiter die Segelfläche und versuchen mit Unterwasserepoxy und Glasmatten die Bruchstelle abzudichten. Dass die Arbeiten während der Dämmerung stattfinden, erhöht den Reiz der Situation… Erstmals seit wir zur See fahren haben wir Angst und sprechen es auch aus. Schlafmangel und Appetitlosigkeit sind die Folge, obwohl wir noch immer auf die solide Konstruktion unseres Katamarans vertrauen.

Am folgenden Tag bemerken wir geringfügigen Wassereintritt an mehreren Stellen des Steuerbordrumpfes. Auf gleicher Höhe unseres Lecks in der Mittelkabine scheinen sich weitere Risse entlang der Innenseite des rechten Schwimmers zu befinden. Es stellt sich die bange Frage nach weiteren Schäden, inwieweit diese strukturell sind, und wie lange unsere Notreparatur dem noch zunehmenden Seegang standhält.

Wir befinden uns abseits der Schifffahrtsrouten in einem wenig befahrenen Teil des Pazifiks, ironischerweise fast am gleichen Längengrad 1 000 nm nördlich der Osterinsel – einem der einsamsten bewohnten Plätze unseres Planeten, und unsere Kurzwellenanlage wird jetzt noch wichtiger als Verbindung zur Außenwelt. Die Reaktionen der anderen Schiffe geben

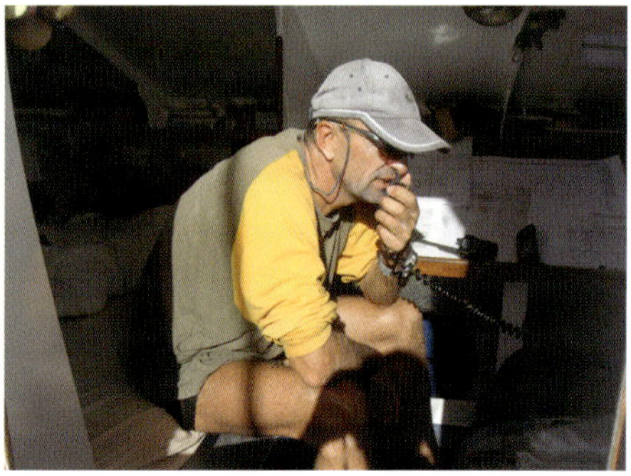

Regelmäßiger Funkkontakt

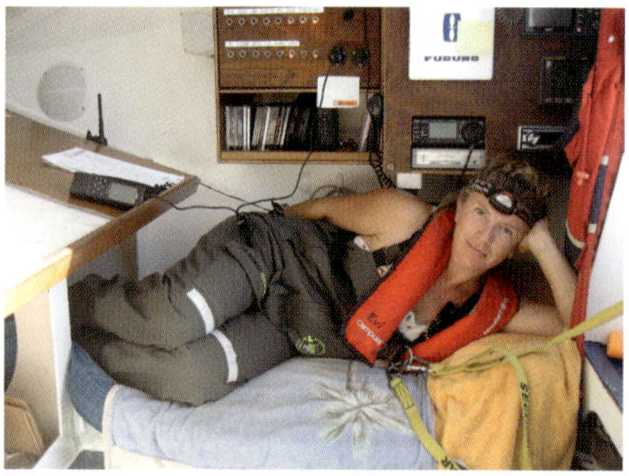

Die Nachtwache schläft am Kabinenboden

Die SY Georgia Wray schließt auf

uns mentale Stütze – jeder will helfen, die Frage ist nur wie: Wolfgang ist mit seiner *Galateia* 10 Längengrade vor uns, und Eva und Horst befinden sich mit der *Albatros* etwa die gleiche Strecke hinter uns. Die britische Yacht *Mr. Percival* wähnen wir in unserer Nähe, sie hat aber seit Tagen in keinem Funknetz eingecheckt, wodurch ihre Position für uns unbekannt ist. Mit den Australiern Keith und Colin, die mit ihrer *Georgia Wray* nördlich der *Albatros* schnell vorankommen, sind wir in Mailkontakt.

Leider stellt der Wetterbericht keine Besserung in Aussicht, und Wolfgang beklagt den Seegang, dem wir nicht entgehen können, im *Pacific Island Net.* Net-Controller Günter bemüht sich um navigatorische Hilfestellung und stellt klar, dass *„das hier eben nicht der Wörthersee ist…"*. Deutlich mehr Mitgefühl bringt uns *Albatros*-Eva entgegen. Sie bietet an, rund um die Uhr alle drei Stunden mit uns Funkverkehr zu halten – sollte sich die Lage zuspitzen, könnten wir so innerhalb kurzer Zeit auf eine neue Situation aufmerksam machen.

Stündlich inspizieren wir unsere Risse, und Material zum Abdichten weiterer eventueller Schäden liegt jederzeit griffbereit. Die Sperrholzplatten des Brückendecks unmittelbar neben dem Hauptriss wölben sich mit jeder Welle, die gegen den Boden schlägt. Daher legen wir eine Matratze aus und liegen während der Nachtwachen am Bridgedeckboden, in der Hoffnung, die Schläge ein bisschen abzufedern. Außerdem verwenden wir die ungebrauchten Segel als Dämpfer. Hinsichtlich unseres Kurses haben wir wenig Wahl, aber es zeigt sich, dass eine Geschwindigkeit von etwa fünf Knoten günstig ist, den Wellen möglichst viel Ener-

Ein Mahi Mahi für die Crew der SY Georgia Wray

gie zu nehmen, daher fahren wir zwei Sturmsegel als Passatsegel (15 m^2) und nehmen die Hauptdünung so achterlich wie möglich.

Einige Tage später entdeckt Wolfgang im vordersten Bugsegment des Steuerbordrumpfes ca. 40 Liter Wasser. Wir schöpfen aus und bemerken später ein kleines Loch im vordersten Beam. Ein beschädigter Querträger wäre eine ernsthafte strukturelle Bedrohung, das Problem erweist sich aber als vorübergehend lösbar, und nach Abdichtung läuft jedenfalls kein Wasser in den Bugbereich nach. Die Moral auf *Sleipnir2* lässt sich an diesem Abend allerdings nicht mehr kitten – trotzdem feiern wir unseren 16. Jahrestag mit Topfentorte in etwas gedämpfter Stimmung.

Nachdem Keith und Colin von unserem weiteren Wassereinbruch erfahren, setzen sie mehr Segel und ändern ihren Kurs, um zu uns aufzuschließen. Wir haben innerhalb von 24 Tagen nur ein Schiff gesehen, als am 6. Juni in der achterlichen Kimm (sichtbarer Horizont) die weiße Genua der *Georgia Wray* endlich auftaucht – die *Sleipnir2*-Crew atmet auf und entspannt sich zusehends.

Da wir unsere Schutzengel nach Landfall zumindest zu einem opulenten Dinner einladen wollen, bringen wir nach längerer Zeit wieder Köder aus. Das Führen der Schleppangeln ist auch ein Stimmungsbarometer auf *Sleipnir2*, und so haben wir in den letzten Tagen einen wohl wenig signifikanten Beitrag zur Erhaltung der Fischbestände des Südpazifiks geleistet… Bereits nach einer halben Stunde können wir, bereits zum zweiten Mal auf dieser Fahrt, eine 110 cm Dorade an Bord ziehen. Wohl selten wurde ein Fischfang so bejubelt wie dieser seitens der *Georgia-Wray*-Crew, die weniger als eine Kabellänge (ca. 185 m) parallel zu uns segelt und quasi erste Reihe fußfrei den Kampf um den Fisch mitverfolgt.

Marquesas – Erde der Männer

Am nächsten Morgen kommt Fatu Hiva um 07.00 Uhr Bordzeit in Sicht, und einige Stunden später ankern wir in der wirklich spektakulären *Bay of Virgins* – nicht umsonst ist die Bucht am Deckblatt eines der wichtigsten Revierführer Polynesiens abgebildet.

Kurz nach unserem Ankerfall misslingt das Ankermanöver des völlig erschöpften südafrikanischen Einhandseglers Peter von der *Sayonara*, und wenig später wird die britische Yacht *Mr. Percival*, die wir die längste Zeit in unserer Nähe wähnten, mit Motorschaden in die Bucht geschleppt – wir waren in den Weiten des Pazifiks nicht so einsam wie wir dachten...

Eine erste Außeninspektion des Kats zeigt leider deutliche Risse an der Kante des Bridgedeckbodens und an der Innenseite des Steuerbordrumpfes zur Brückendeckverbindung.

Bevor die nächsten Tage mit weiteren Arbeiten zur mittelfristigen Stabilisierung von Rumpf und Brückendeck ausgefüllt sein werden, verbringen wir einen ausgelassenen Abend mit unseren Schutzengeln Keith und Colin – es gibt Dorade im Tomatenbett.

An diesem durchaus turbulent ablaufenden Ankunftstag stellt sich bei uns keine Eupho-

Ankunft in der Südsee: Bay of Virgins auf Fatu Hiva

rie ein, und trotz 26 Tagen auf See gehen wir noch nicht von Bord, das Dingi bleibt an den Davits hochgezogen. Die Eindrücke der letzten Wochen: die beschädigte Windsteueranlage, der zerrissene Spinnaker, die nicht enden wollenden Wassereinbrüche und die fast in Vergessenheit geratene Käferplage betäuben noch unsere Sinne – wir sehen zwar die hoch aufragenden, in sattem Grün dicht bewachsenen Berge, in die die *Bay of Virgins* einschneidet, nehmen diese beeindruckende Kulisse aber nicht richtig wahr.

Die Marquesas gehören geografisch und politisch zu Französisch Polynesien, erst mit dem ersten Landgang am folgenden Morgen wird uns langsam bewusst, dass wir tatsächlich die Südsee erreicht haben.

Der Begriff „Südsee" wird 1513 vom spanischen Konquistador Vasco Núñez de Balboa geprägt. Nach der Durchquerung des Isthmus von Panama erreicht er die Küste des Pazifiks und spricht vom „*Mar del Sur*" (Südmeer). Die Südsee stellt natürlich kein konkretes topografisches Gebiet im engeren Sinn dar, vielmehr ist es ein Mythos einer oft idealisierten Weltregion, der häufig synonym mit Ozeanien oder im engeren Sinn mit Polynesien verwendet wird.

Die Marquesas („Die Erde der Männer") sind vulkanischen Ursprungs, durch die bis zu 1200 Meter über dem Meeresspiegel steil aufragenden Felsen findet man, wenn überhaupt, nur kleine Sandstrände vor – das für die pazifischen Inseln typische umgebende Saumriff fehlt hier gänzlich. Vermutlich war der Archipel bis etwa 300 nach Christus unbewohnt, später geht von hier die Besiedlung von Hawaii, Neuseeland, den Gesellschaftsinseln und der Osterinsel aus. Als erste Europäer erreichen die Spanier Ende des 16. Jahrhunderts die Marquesas, anschließend geraten sie wieder in Vergessenheit, bis James Cook – wer sonst – im Zuge seiner zweiten Südseeexpedition die abgelegene Inselgruppe besucht.

Den kulturellen Unterschied zu den Galapagos sehen wir zuerst in Form von herrlich duftendem Baguette, das man uns bereits am Ankerplatz anbietet. Die Bevölkerung spricht eine Mischung aus Polynesisch und Französisch, und Evis romanistische Sprachkenntnisse werden für uns jetzt ein unschätzbarer Vorteil. Die Behördengänge verlaufen angenehm und schnell, und allzu oft muss Evi als Dolmetscher für andere Segler fungieren – am öftesten allerdings für Wolfgang, der sich in den nächsten Monaten offenbar mit einer Statistenrolle abfinden muss.

Boote aus verschiedensten Nationen mit unterschiedlicher Größe und Bauart liegen in der ohnehin engen Bucht – was sie gemeinsam haben, ist der lange Weg, den man hierher zurücklegen muss. Das Zusammenleben unter den Seglern ist intensiv, und jeder hat seine eigene Leidensstory auf dem Weg nach Fatu Hiva. Wie zu befürchten war, sind wir diesbezüglich die Spitzenreiter, obwohl die holländische *Free Spirit* mit Paul und Anne 43 (!) Tage von Acapulco hierher gebraucht hat.

Bevor wir uns an die unvermeidlichen, zumindest kurzfristigen, Reparaturarbeiten an *Sleipnir2* machen, unternehmen wir mit anderen *Yachties* eine ausgedehnte Bergwanderung, die uns schließlich einen außergewöhnlichen Blick über die Ankerbucht beschert.

Am Weg durch das kleine Dorf Hanavave spüren wir noch einen Ansatz der unverdorbenen Freundlichkeit der Polynesier, wie sie von den Entdeckungsfahrern beschrieben wird. Jeder grüßt uns, viele sprechen uns an oder schenken uns einfach Früchte. Man will Kunsthandwerk gegen Gebrauchsartikel (Parfüm, Nagellack, Angelhaken, Fender…) tauschen, und wir werden sogar – gemeinsam mit anderen Seglern – zum Essen eingeladen. Selbst Wolfgang wird – für ihn völlig ungewohnt – von Kindern hemmungslos nach dem Woher und dem Wohin gefragt.

Knapp 600 Menschen leben auf Fatu Hiva, außer einem kleinen Laden gibt es in dem Ort wirklich nichts, um so mehr sind wir über ein paar neuwertige Autos – allesamt japanische Fabrikate – erstaunt, die man bei einem asphaltierten Straßennetz von ca. 1 km getrost als Luxus bezeichnen kann.

Thor Heyerdahl hat sich in den dreißiger Jahren auf dieser Insel aussetzen lassen, um durch ein Robinsonleben seinen Weg zurück zur Natur zu finden. Wir lesen sein Buch *„Fatu Hiva“* quasi am Schauplatz und können sehr bald seine Eindrücke ein wenig nachvollziehen: Auf dem Weg zu einem Wasserfall, der anfangs durch eine üppige und grandiose Dschungellandschaft führt, verirren wir uns nahezu hoffnungslos und kommen knapp vor Dämmerung zurück in das Dorf – Seeleute auf Abwegen?

Die Ausbesserungsarbeiten zwischen den Rümpfen werden von Wolfgang – wie gewohnt – lautstark mit Kraftausdrücken kommentiert. Eine Fallböe, die eine mit Epoxy getränkte Glasmatte quer über sein Gesicht bläst, wird weniger als Zeichen verstanden – im Gegenteil:

Bergtour oberhalb der Bay of Virgins

Die Tonart wird noch ein wenig derber, und an diesem Tag kommt kaum ein Dingi zum gewohnten Plausch bei unserem Kat vorbei…

Zu allem Überfluss fallen in den nächsten Tagen Anker-/Navigationslicht und Deckslicht auf *Sleipnir2* aus. Wolfgang ortet das Problem rasch an den Deckssteckern und sucht mehrere – eher unkonventionelle – Lösungen für die korrodierten Kabelverbindungen. Das Ergebnis ist günstig für den Stromverbrauch auf unserem Kat – wir fahren unbeleuchtet durch die nächsten Nächte…

Nur 45 nm nördlich liegt das Verwaltungszentrum der südlichen Marquesasgruppe, die Insel Hiva Oa. Die Formulierung „Zentrum“ ist für die Ansammlung von Häusern, die den Ort *Atuona* bilden, eine äußerst euphemistische Bezeichnung; jedenfalls ist der Treffpunkt aller *Yachties* das Postgebäude mit dem ersten Internetanschluss seit mehr als 3 000 sm. Die Übertragung des EM-Fußballspiels Österreich – Deutschland im Nebenraum gibt Evi die Möglichkeit, 90 Minuten in aller Ruhe ihre Mails zu beantworten, während Horst als Deutscher und Wolfgang den Länderkampf ohne jegliche Rivalität in völliger Harmonie verfolgen.

Einen Tag später besuchen wir das Gauguin-Museum und das Grab des Malers, der hier großes Ansehen genießt, obwohl er seine Modelle möglicherweise nicht nur gemalt hat… In unmittelbarer Nähe finden wir auch das Grab des Chansoniers Jacques Brel.

Wir treffen einige „alte“ Freunde aus Panama und den Galapagos, und dank Evis Gastfreundschaft hängen immer wieder mehrere Dingis an *Sleipnir2*s Klampen. Chris hat seine *Zephyranthes* neun Jahre lang selbst gebaut (in diesem Zusammenhang eine Schiffszimmermannlehre absolviert) und ist außerdem Sachverständiger. Er besieht unsere Schäden, erstellt eine professionelle zehnseitige Expertise, und Wolfgang ist mit Arbeit eingedeckt…

Es ist der Beginn einer besonderen Freundschaft – mit keiner anderen Yacht teilen wir bis Neuseeland so viele Ankerplätze. Obwohl kaum älter als Wolfgang, können Chris und seine Frau Lyn bereits auf ein ausgesprochen abwechslungsreiches, rastloses Leben zurückblicken. Jetzt wandern sie mit ihrer Superyacht *Zephyranthes* nach Neuseeland aus – im Gepäck Pläne über Pläne...

Vor dem Wellenbrecher liegt der Schweizer Profiskipper Martin, der mit der mehr als 20

Am Weg zum Wasserfall

Gauguins Grab auf Hiva Oa

Meter langen, gaffelgetakelten Holzketsch *Styrr* auf seiner zweiten Weltumsegelung unterwegs ist. Seine stets schwarzen Hände und Füße zeugen von langwierigen Auseinandersetzungen mit seinem Generator, was ihn nicht davon abhält, grundsätzlich weiße Hemden zu tragen. Wer Martin einmal getroffen hat, verwechselt ihn nicht mehr, in einem „Luis-Trenker-Film" könnte er wohl ungeschminkt eine Hauptrolle spielen; seine Frau Theres hat ihren Job als Flugpilotin vorübergehend aufgegeben, um als Crew die Gäste der *Styrr* zu verwöhnen. Wie „unser" Linehandler Wolfgang (von der *Galateia*) war auch Martin mit unseren österreichischen Segelfreunden, den *Idemos,* vor vier Jahren im Roten Meer gemeinsam Richtung Mittelmeer unterwegs – die Segelwelt ist klein. Auch wir werden der *Styrr* immer wieder begegnen, in Bora Bora, in Tonga und zuletzt in Thailand.

Die Ankerbucht von *Atuona,* die *Baie Tahuku,* ist dicht belegt, und alle Boote haben aufgrund des Schwells einen Heckanker ausgebracht. Die verschiedenen Bug- und Heckanker sind meist trickreich „verwoben", und so kommt kaum ein Boot ohne die Mithilfe anderer frei. Auch Wolfgang muss den eigenen Heckanker durch Abtauchen aus einem Maschendraht (!) befreien – eine Übung, die durch die Haipopulation in Kampftauchermanier äußerst rasch erfolgt.

Eine Nachtfahrt weiter im Nordosten liegt die Insel Nuku Hiva mit dem wichtigsten Ankerplatz der Marquesas, der Bucht *Taiohae.* Evi beginnt die stark bewachsenen Rümpfe zu reinigen und wird „einen Tag zu früh" von Fischern gewarnt, dass manchmal Tigerhaie in

Die berühmte Taiohae-Bucht auf Nuku Hiva

die Bucht schwimmen. Die Bordfrau verlegt ihre Aktivitäten ins Innere des Schiffes, so dass zumindest ein Rumpf weiter unansehnlich verwahrlost bleibt.

Ein amerikanisches, junges Pärchen fällt uns auf, das immer wieder einen sehr weiten Weg vom Schiff zum Dingidock rudert. Auf Evis Frage, warum sie nicht näher zum Dock ankern, wenn sie keinen Beibootmotor besitzen, bekommen wir eine beschämende Antwort: Man hat überhaupt keinen Motor, und die Manöver unter Segel brauchen eben entsprechend Platz, wodurch sie grundsätzlich abgelegen liegen. Für den Panamakanal haben sie sich einen 15-PS-Außenbordmotor geliehen... Am nächsten Tag gehen sie Anker auf und kreuzen aus der Bucht mit Ziel Hawaii. Dort wollen sie arbeiten, um sich einen Motor für das Schiff anschaffen zu können.

Der Treffpunkt der Segler in *Taiohae* ist der Platz vor einer kleinen Holzhütte, über deren Tür das vielversprechende Schild „Yachtservice" prangt. Tatsächlich bemühen sich ein hochgewachsener Polynesier und seine französische Frau, die vielfältigen Wünsche und Bedürfnisse der ankommenden *Yachties* zufriedenzustellen.

Ein französisches Seglerpaar hat ihr Abenteuer Weltumsegelung hier zumindest vorläufig unterbrochen. Vor dem „Yachtservice" verkaufen sie in einem Wohnwagen Crêpes, abends heizen sie durch kleine Musikfeste am Pier die Stimmung ein.

An den musikfreien Abenden nehmen wir den *Sundowner* auf den verschiedensten Booten ein. Dieser Tagesausklang ist gleichsam die Belohnung für die intensiven Arbeitstage, die wir in Nuku Hiva verbringen. Wir verarbeiten unsere Bordmittel und versuchen nach den Vorlagen der *Zephyranthes*-Crew, durch Winkel- und Dreieckskonstruktionen die Verbindung von Brückendeck zum Steuerbordrumpf weiter zu stärken.

Hier in *Taiohae* erfahren wir auch ein Erlebnis der besonderen Art: Obwohl die Internetverbindung, durchaus verständlich, äußerst schwach ist, erhalten wir am 22. Juni abends eine unerwartete Fülle an E-Mails. Erst nach und nach begreifen wir, dass die Tageszeitungen „Kurier" und „Neue Krone" offensichtlich über unsere Leckfahrt von den Galapagos nach Fatu Hiva berichtet haben. In Österreich herrscht bei Verwandten und Bekannten spürbar Betroffenheit, wir sind zunächst schlichtweg sprachlos, wiewohl uns klar ist, dass wir Dank der unglücklichen Überfahrt über See- und Amateurfunk in Teilen des Pazifiks traurige Berühmtheit erlangt haben.

Nichtsdestotrotz haben wir in Nuku Hiva endlich Gelegenheit, unseren Jahrestag gebührend nachzufeiern – das mondäne Hotel im Nordwesten der Bucht bietet den passenden Rahmen. Bevor wir ablegen, erstehen natürlich auch wir die für die Inseln typischen *Tikis* und *Tapas* (Holzstatuen bzw. bemalte Rindenstücke), erst dann sind wir für die Weiterfahrt gerüstet.

Weiterführende Reparaturen nach dem langen Pazifikschlag

Tuamotus – Paradies über und unter Wasser

Die ca. 500 nm zu den Tuamotus stellen die erste Bewährungsprobe für unsere Reparatur- und Versteifungsarbeiten an Rumpf und Bridgedeck dar, und so sind wir froh, dass die unter britischer Flagge segelnde *Argonauta* mit Wendy und Giorgio uns begleiten will. Wendy aus Kanada spricht grauenhaft Italienisch, und das Englisch von Giorgio ist schlicht unverständlich, trotzdem – oder gerade deshalb – segeln die beiden harmonisch um die Welt.

Die laut Logbuch 24 (!) Segelmanöver im Zuge der Überfahrt sprechen eine deutliche Sprache über die wechselhaften Wetterbedingungen dieses Schlages, aber am Morgen des fünften Tages weckt Evi ihren Wolfgang mit einem breiten Grinsen – Palmen am Horizont – wir stehen kurz vor dem Manihi-Atoll im Nordwesten der Tuamotus, einem der langersehnten Ziele dieser Reise…

Diese weltweit größte Gruppe von Korallenatollen erstreckt sich fast 1 100 Seemeilen lang in nordwestlich-südöstlicher Richtung. In der Zeit vor der Satellitennavigation stellte sie ein gefährliches, schwer zu durchsegelndes Hindernis auf dem Weg zu den Gesellschaftsinseln

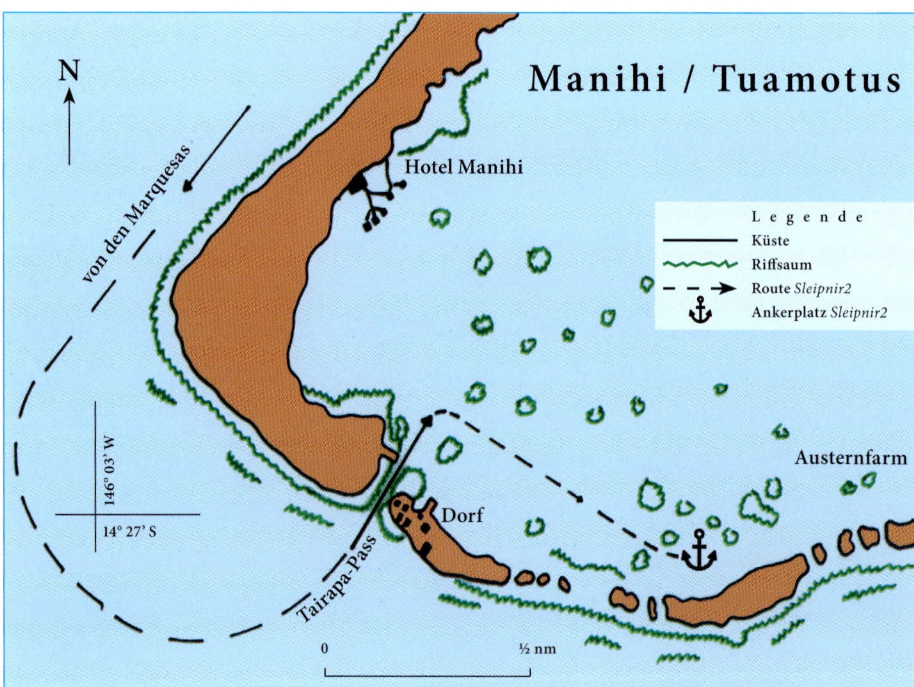

dar. Am Beginn des 21. Jahrhunderts finden die Blauwassersegler längst um vieles leichter ihren Weg durch die traumhaften Atolle, die sich nur wenige Meter über dem Meeresspiegel erheben.

Hinsichtlich Schiffsführung können die Pässe, die in die Lagunen der Atolle führen, allerdings eine Herausforderung darstellen. Hier treten starke Strömungen (bis zu 9 Knoten) auf, die man – sofern man in Panama am falschen Fleck gespart hat und keine Gezeitentabellen mitführt – durch den Mondlauf errechnen kann. Die Passage sollte außerdem zu einem günstigen Sonnenstand erfolgen, um Untiefen und Korallenblöcke besser ausmachen zu können. Zwei Anforderungen, von welchen – schlüssigerweise – meist nur eine erfüllt werden kann.

Für den *Tairapa-Pass* in die Lagune von Manihi errechnen wir eine Durchfahrtszeit von 10.20 a.m. *local time.* Irgendwo muss sich allerdings ein kleiner Rechenfehler eingeschlichen haben, jedenfalls müht die Steuerfrau ihr Schiff bei ca. 4 bis 5 Knoten Gegenstrom nur langsam durch die Engstelle. Einmal in der Lagune steht Wolfgang auf halber Masthöhe und dirigiert Evi durch die Riffe zum Ankerplatz. Die Stelle als Ankergrund auszuweisen ist fahrlässig irreführend: Zwischen dem Sandgrund in 14 bis 20 Metern Tiefe ragen dicht gedrängt hohe Korallenblöcke auf, die zwingend an die griechische Felsenlandschaft der Metéora-Klöster erinnern. Mit bis zur Wasseroberfläche vorbereitetem Bügelanker lotst Wolfgang, in voller Tauchausrüstung im Wasser, Evi zu den wenigen brauchbaren Sandflecken. Nach zwei

Sleipnir2 in der Lagune von Manihi

Wendy und Giorgio von der SY Argonauta

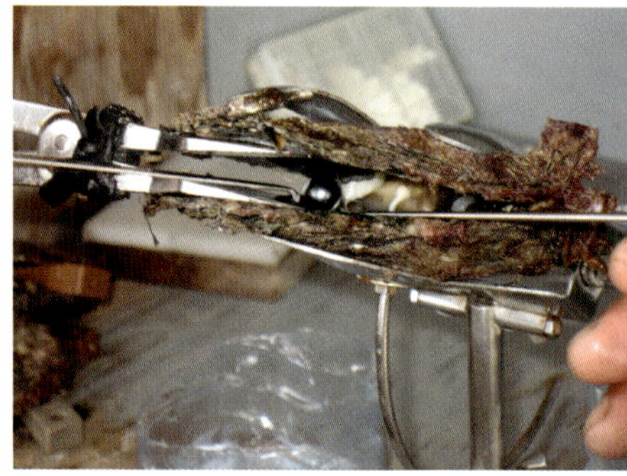

Die Perlenfarm von Fernando

Stunden, fünf Ankermanövern und ca. 60 Bar Luftverbrauch aus unserer Tauchflasche sind wir ein wenig entnervt der Ansicht, das Bestmögliche aus der Situation gemacht zu haben.

In den folgenden Tagen wird Wolfgang zwei Schiffen beim Anker aufgehen behilflich sein, deren Ankerketten ohne Taucheinsätze kaum von den Korallenblöcken freigelegt werden hätten können. Der Anker von Wendys und Giorgios *Argonauta* hängt sogar über einem Korallenblock frei im Wasser – Wolfgangs Schilderung der Lage kommentiert der Italiener Giorgio folgerichtig mit *'no gud'*, nimmt aber von einem weiteren Manöver Abstand. Sein gesamter Besitz hängt an 8 mm verzinktem Stahl und einem Anker, der nicht einmal den Grund berührt – Mut kann man eben nicht kaufen…

Die lausigen Ankerverhältnisse und das eher unansehnliche Flickwerk auf unserem Katamaran halten uns keineswegs davon ab, die hiesige Unterwasserwelt ausgiebig zu erforschen. Wie viele andere Fahrtensegler haben wir den Tuamotus entgegengefiebert und wollen den Aufenthalt in diesen einzigartigen Atollen so lange wie nur möglich genießen – in den nächsten fünf Wochen entstehen die bis zu diesem Zeitpunkt besten Aufnahmen unter Wasser. Acht Tage verbringen wir in Manihi, und Fernando, der sich hier um die Bedürfnisse der Segler annimmt, bringt uns täglich frisches Baguette, lädt uns zum Essen ein und versorgt uns mit allerlei wichtiger und weniger wichtiger Information. Schließlich besuchen wir seine Austernfarm, und Evi strahlt tagelang mit den von ihr erstandenen schwarzen Perlen um die Wette.

Das Riff ist größtenteils abgestorben, aber ein Tauchgang mit Mantas entschädigt uns für mittelmäßige Schnorchelausflüge. Die Befürchtung einiger Segler, Manihi wäre zu „touristisch" und überlaufen, können wir nicht teilen – zwei Tage lang sind wir das einzige Boot in der Lagune. Bei Niedrigwasser erforschen wir das Riff an der Luvseite, schauen ein wenig ehrfurchtsvoll auf die tosende Brandung und beobachten, wie sich das schäumende Wasser zwischen den Riffblöcken verläuft oder kleinere Becken füllt, die auch während der Ebbe voller Leben sind. Unsere Strandausflüge gestalten sich von Tag zu Tag länger. Evi sucht nach stimmungsvollen Fotomotiven, während Wolfgang seine Klettertechnik verbessert, um an die begehrten Trinknüsse zu gelangen. Vermutlich leben wir in diesen Wochen tatsächlich nach der Vorstellung vieler unserer Freunde in Österreich…

Im Paradies von Manihi

Abendstimmung auf Manihi

Sleipnir2 ankert vor dem Kia-Ora-Hotel / Rangiroa

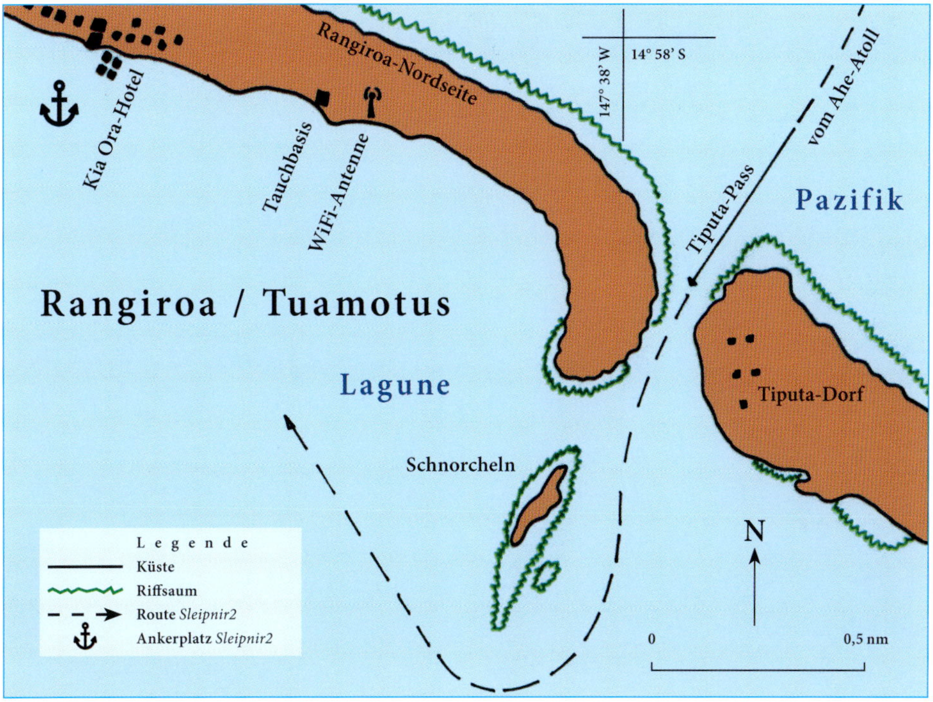

Einen Tagesschlag weiter im Westen liegt das Atoll Ahe. Der *Reianui-Pass* erscheint uns einfach zu befahren, und der Ankerplatz vor dem Dorf *Tenukupara* ist wesentlich angenehmer als im Revierführer beschrieben. Die geschützte Lage zeigt sich gleich am nächsten Tag, als wir Windböen bis ca. 40 Knoten und heftige Regenschauer abwettern müssen. Der Segelphilosoph Bernard Moitessier hat hier längere Zeit auf einem Motu gelebt. Einige wollen ihn persönlich gekannt haben, auf jeden Fall wird er übereinstimmend als außerordentliche Persönlichkeit beschrieben.

Evi kommt mit der unbekümmerten 13-jährigen Florine ins Gespräch – den Namen hat sie sich für die weißen Touristen zugelegt, die ihren eigentlichen Namen meist nicht aussprechen können. Ob es Internetzugang im Ort gibt, weiß sie nicht, genauso wenig, wie viele Einwohner hier leben – sie hat sie nicht gezählt… Sie hat 16 Geschwister, und mit einem mitleidigen Blick nimmt sie zur Kenntnis, dass auf unserem Schiff keine Kinder leben.

Nach zwei Tagen brechen wir am Nachmittag Kurs Rangiroa auf. Kurz nach der Passausfahrt fangen wir einen Thunfisch – bezüglich Abendessen wird umdisponiert: Wir sparen Gas, und es gibt *Sashimi.* Am nächsten Vormittag kommt der Palmensaum von Rangiroa, dem Verwaltungszentrum der Tuamotus und dem weltweit zweitgrößten Atoll (das größte Atoll liegt in den Marschall-Inseln), in Sicht.

Die Passdurchfahrt stimmen wir zeitlich – vermutlich weil nicht berechnet – ideal ab und wenig später ankern wir vor den mondänen Wasserbungalows des Kia-Ora-Hotels. Die exklusiven Bungalows sind allerdings nicht die Entscheidungsgrundlage für den Ankerplatz, sondern die Ausrichtung der hiesigen WiFi-Antenne für eine brauchbare Internetverbindung. Hier hören wir erstmals von der Story eines Seglerpärchens, das während des Ankermanövers einen Riffblock rammt. Während die Bordfrau unter Deck den Rudergänger auf das stärkste Signal der örtlichen WiFi-Antenne dirigiert, übersieht der Skipper den bis an die Wasseroberfläche ragenden Felsen... Wahr oder nicht ist es wohl nur eine Frage der Zeit bis zum ersten tatsächlichen Hoppala dieser Art.

Der Aufenthalt in Rangiroa steht wieder im Zeichen ausgiebiger Unterwasseraktivitäten. Nie zuvor haben wir so viele Großfische bei so außergewöhnlicher Sicht beobachten können.

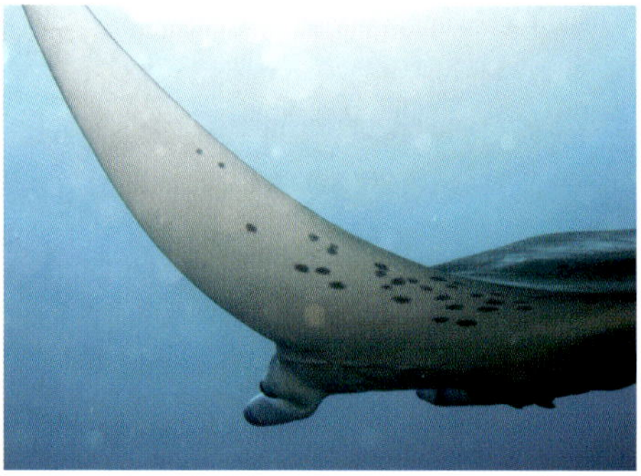

Unterwasserwelt in Rangiroa

So werden zum Beispiel die offensichtlich in größeren Tiefen beheimateten Silberspitzenhaie von den Tauchlehrern angefüttert und zum Riff gelockt, wodurch sie eindrucksvoll ihre Kreise um die Taucher ziehen. Bei einem dieser Ausflüge werden diese Kreise bemerkenswert eng, und die Rollenverteilung Beobachter – Futter ist nicht mehr ganz klar. Aus gegebenem Anlass verwackelt Wolfgang einige Großaufnahmen, und ein paar unscharfe Fotos finden keine Gnade vor Evis gestrengen Augen.

Ein Strömungstauchgang misslingt allerdings vollkommen: Tauch-Guide Serge setzt seinen Tauchgang vollkommen „in den Sand", vom Briefing bis zum Austauchen passt nichts zusammen, und so wird ein an sich großartiges Taucherlebnis zu einem risikoreichen Ausflug. Nichtsdestotrotz sehen wir bereits beim Abtauchen eine Gruppe von zumindest 20 Schwarzspitzenhaien, später – während eines Drifts durch einen Canyon – eine große Zahl Grauriffhaie und zwischendurch riesige Adlerrochen sowie allzu aufdringliche Barrakudas.

Im Zuge unseres Aufenthaltes absolviert Wolfgang einen Nitrox-Tauchkurs, trotz-

Einer von vielen Abenden auf der SY Zephyranthes – v.l.n.r.: Chris, Ruth, Rob und Lyn

Polynesische Tanzvorführung

dem nehmen wir bald Abstand von Serge und damit von der Tauchbasis. Während der diversen Schnorchelausflüge im Pass, bei denen wir Mantas, Napoleonfische, Delphine, Haie, Muränen und Schwärme von Stachelmakrelen sichten, müssen die Strömungsverhältnisse allerdings sehr genau beachtet werden, um unnötige Risiken zu vermeiden.

Tatsächlich haben wir zuvor nur in den Tilas der Malediven zu Springzeiten, oder bei ausgewählten Tauchgängen mit dem verrückten Unterwasserfreak Göran, *the Viking,* in Tobago derart spektakuläre Drift-Dives erlebt. Seitlich zur Strömung gedreht, brauchen wir eine Hand für die Brille, andernfalls würde diese uns glatt vom Kopf weggezogen werden.

Wir fragen den hier seit sieben Jahren ansässigen deutschen Profiunterwasserfilmer Peter Schneider nach dem Auftreten von *Ciguatera* (Fischvergiftung) im Rangiroa-Atoll und hören, dass kleine Barsche und Stachelmakrelen unbedenklich wären. Obwohl Wolfgang ohne weiteres drei Minuten unter Wasser bleiben kann, reicht das – mangels Taktik – für so manchen Barsch nicht aus, der sich seines kiemenbedingten Vorteils bewusst ist. Also füttern wir Fische beim Kat an und schießen sie mit der Harpune von Deck aus. Bei dieser Methode muss der Brechungswinkel des Lichtstrahls an der Wasseroberfläche einberechnet werden, und es kann durchaus ratsam sein, das Dingi auf die andere Schiffsseite zu verholen...

Erstmals beim Schnorcheln sehen wir einen Steinfisch. Einige von ihnen gehören zu den giftigsten Fischen überhaupt, wobei die Gefahr darin besteht, auf den gut getarnten Fisch im seichten Wasser zu treten. „Unser" Steinfisch liegt in einer Riffhöhle auf Lauer, und nachdem – mangels Kindchenschemas – das Bedürfnis, den Fisch zu streicheln, eher gering ist, besteht hier keine Gefahr...

Die Tage in Rangiroa sind ausgefüllt: Regelmäßig unternehmen wir ausgedehnte Strandspaziergänge und suchen am Außenriff nach Kaurischnecken. Wir kaufen lokales Kunsthandwerk, unternehmen Radausflüge, tüfteln an unserem Artikel für die Septemberausgabe von *Ocean7* und pflegen unsere britischen Kontakte. Der *Union Jack* dominiert eindeutig den Ankerplatz, und zumindest am Wasser ist *Oxford-English* die Umgangssprache – mit der Ausnahme eines Schwarzenegger-Akzents...

Trenelly, jene Yacht, mit der wir durch den Panamakanal geschleust wurden, liegt ebenso vor Anker wie *Zephyranthes* – besonders durch die feuchtfröhlichen Abende bei Chris, Lyn und ihrer schottischen Crew Ruth und Rob ist es an Bord der *Sleipnir2* meist bis in den Vormittag beschaulich ruhig.

Das noble Kia-Ora-Hotel, dessen eitle Fassade leider öfter allzu schnell wie eine Seifenblase zerplatzt, bietet zweimal in der Woche polynesische Tanzvorführungen. Wolfgang versäumt keine Darbietung und stellt sich beim Anblick der außergewöhnlich anmutigen Tanzkünste die Frage, ob ihm beim Studium im Rahmen der Anatomie-Vorlesungen nicht das eine oder andere Hüftgelenk unterschlagen wurde...

Für die beste Kategorie der Bungalows verlangt man ca. € 630 pro Nacht (ohne Frühstück), und die Konstellation „älterer gepflegter Herr mit jüngerer – mindestens ebenso gepflegter – Dame" dominiert das Bild der Gäste. Zumindest während der Dauer unseres

Polynesische Tänzerinnen

Aufenthaltes landet kein Ambulanz-Jet… Wolfgangs Outfit, insbesondere das Schuhwerk, wird vom Personal nur widerwillig gebilligt, obwohl Evi alle Register zieht, um hinsichtlich des Gesamteindrucks zu kompensieren.

Seit einiger Zeit halten wir konstanten Mailkontakt mit unserer Schiffsversicherung und der Technimarine-Werft in Papeete, für die wir bereits vorreserviert sind. Es besteht zwar die Möglichkeit, den Termin für die längst fälligen Reparaturarbeiten an *Sleipnir2* vorzuverlegen, aber am Ende unseres Aufenthaltes bringen zwei Sturmtiefs, die von Neuseeland in nordöstliche Richtung über den Pazifik ziehen, südwestliche bis westliche Winde mit hohem Seegang und strömendem Regen, der die Grenzen unseres Sonnen-/Regensegels allzu sehr aufzeigt und den Lebensraum auf unserem Kat weiter einschränkt.

Ab Dienstag, den 29. Juli erkennen wir zwischen den beiden Tiefs ein 48-Stunden-Wetterfenster für eine Überfahrt nach Papeete, eine Prognose, die von den anderen Yachten zunächst angezweifelt wird. Dienstagvormittag legen allerdings alle acht vor Anker liegenden Boote ab…

Alle wissen, dass uns unangenehmes, hartes am Wind Segeln erwartet, aber nicht auszulaufen würde mindesten eine weitere Woche des Wartens in Rangiroa bedeuten, außerdem dulden die mittlerweile längst überfälligen Arbeiten an unserem Katamaran keinen Aufschub mehr.

Inselhüpfen im Zentrum der Südsee

Mit vier anderen Booten brechen wir zeitgleich von Rangiroa in den Tuamotus nach Papeete auf. Es gibt uns ein gutes Gefühl, über beide Tage in permanentem Funkkontakt mit den anderen Yachten zu stehen, denn das harte am Wind Segeln setzt unserer ohnehin beschädigten *Sleipnir2* sehr zu.

Eine Reffleine des Großsegels reißt, und die gesamte Beleuchtung sowie die Windanzeige fallen aus, nachdem das Schiff regelmäßig von Wellen überspült wird. Unter Taschenlampenbeleuchtung nähern wir uns während der zweiten Nacht Tahiti und laufen bei Sonnenaufgang als erstes Schiff unserer „Flotte" in den Hafen der Hauptstadt Papeete ein – neben Suva/Fiji die wichtigste Metropole der Südsee.

Sind wir enttäuscht vom ersten Eindruck, den wir während der Morgenstunden ergattern? Klangvollen Plätzen wie Tahiti ist es natürlich nahezu unmöglich, der hohen Erwartungshaltung gerecht zu werden, selbst wenn der Besucher redlich um eine realistische Sichtweise bemüht ist. Die Bürde des Mythos vom exotischen Paradies mit den edlen Wilden, der Schönheit der polynesischen *Vahine* und der sexuellen Freiheit ist groß. Das Reservat einer unverdorbenen Natur, eines Garten Edens wurde bereits in Paul Gauguins Werken fern der Wirklichkeit vom Künstler idealisiert.

Ja, wir sind ein wenig enttäuscht, gleichzeitig spüren wir auch so etwas wie kindliche Ehrfurcht vor einem Ort, an dem die bedeutendsten Entdecker des 18. Jahrhunderts vor Anker gingen. James Cook, Louis Antoine de Bougainville sowie William Bligh waren hier und vor allen anderen natürlich Samuel Wallis. Ihre Reiseberichte haben in Europa das Bild Polynesiens geprägt und die Sehnsucht nach dem Südseeparadies geweckt – ein Bild mit dem selbst wir heute noch hadern ... dennoch wir sind im „Zentrum der Südsee".

Ehrfurcht in etwas modernerer Form erweckt übrigens auch die im Stadthafen festgemachte 280 Fuss SY *Maltese Falcon,* ihres Zeichens zweitgrößte Segelyacht der Welt (Stand Jänner 2011) mit dem gewöhnungsbedürftigen Dyna-Rigg und den drei 58 Meter hohen Kohlefasermasten. Um die Einklarierungsformalitäten rasch abzuwickeln, gehen wir am berühmten Quay *Bir Hakeim* längsseits. Hier hat Bobby Schenk Wolfgang Hausner getroffen – oder umgekehrt, und Bernard Moitessier hat nach seiner legendären Segelreise (nonstop eineinhalb Mal um den Globus) hier festgemacht, den Klassiker *„Der verschenkte Sieg"* geschrieben und als Protest gegen die Verkehrspolitik der Stadtverwaltung Bananenstauden am Straßenrand gepflanzt.

Im Jahr 2008 ist dieser geschichtsträchtige Platz im Hafen verwaist, und nur wenige Yachten liegen an den Moorings unmittelbar neben der Hauptstraße. Das Ankerfeld befindet sich heute fünf Seemeilen südlich zwischen der *Marina Taina* und dem Außenriff. Treffpunkt der Seglergemeinschaft ist die tägliche *Happy Hour* in der *Dingi-Bar* pünktlich um 17:00 Uhr.

Sleipnir2 am berühmten Kai von Papeete

Offen gestanden genießen wir ein bisschen die Verblüffung und die damit verbundene Anerkennung der anderen Boote, mit dem kleinen, angeschlagenen Katamaran auf diesem Schlag nicht mitgehalten zu haben.

Einzig Bibelautor Rod Heikell zeigte uns mit seiner *Skylax*, einer Warwick Cardinal 46, das Spiegelheck und entschwand bald in der Kimm. Dafür verirrt er sich hoffnungslos im Straßenchaos von Papeete – nach erfolgreich verlaufener Suche durch seine Frau Lu gehen wir mit der Skipperlegende auf ein wohlverdientes Hinano-Bier.

Vier Tage bleiben wir vor Anker, waschen Wäsche, versorgen das Schiff, aber wandeln vor allem – wie alle anderen Segler – mit verklärten Augen durch das Schlaraffenland des Carrefour-Supermarktes, dessen Angebot an Lebensmitteln keine Grenzen zu kennen scheint. Einzig die astronomisch hohen Preise verursachen gelegentlich fast eine Gesichtslähmung und bremsen uns, in einen Kaufrausch zu verfallen.

Unglücklicherweise löst sich am Ankerplatz offenbar ein Paddel aus der Arretierung des Dingis, ohne dass wir es bemerken. Wir lassen das verbleidende Paddel treiben, „begleiten" es mit dem Beiboot und hoffen so, das schwer ersetzbare Stück wiederzufinden. Das Paddel bleibt unauffindbar, dafür lernen wir durch diese eher ungewöhnliche Suchstrategie Kirsten von der SY *Sappho* kennen, deren Yacht genau im anvisierten „Strömungskegel" liegt. Unser Paddel hat sie nicht gesehen, dafür vertiefen wir in den nächsten eineinhalb Jahren die hier beginnende Freundschaft und segeln manche Strecke Boot an Boot.

Nahezu gleichzeitig mit uns läuft übrigens der österreichische Katamaran *Ishani* in Papeete ein. Christoph, Anna und ihre Tochter Leoni sind in den Tuamotus auf ein Riff aufgelaufen, pumpen täglich größere Mengen Wasser aus dem Schiff und müssen – wie wir – aufs Trockene gehoben werden. Kein Renommee für die große Segelnation Österreich, wenn zwei beschädigte Boote unter Rot-Weiß-Roter Flagge am gleichen Tag nach Tahiti zur Reparatur ankommen.

Die *Ishani*-Crew hat vor Jahren beim Ahnherrn (fast) aller österreichischen Blauwassersegler – Wolfgang Hausner – auf der *Taboo III* einen dreiwöchigen Chartertörn gebucht. Wolfgang hat diesbezüglich natürlich Fragen über Fragen, und der arme Christoph muss anlässlich eines gemeinsamen Abends Rede und Antwort stehen.

Montag, der 4. August, ist unser längst vorreservierter Termin in der Technimarine-Werft, und *Sleipnir2* wird erstmals seit der Marina Stella wieder aus dem Wasser gehoben. Evi hat in der Vorbesprechung mit Charme und astreinem Französisch offensichtlich kleine Wunder bewirkt – man möchte die Arbeiten am Ende der Woche abschließen, bis dahin bekommen wir eine Wohnung und ein Firmenauto gratis zur Verfügung gestellt…

So werden wir von einem Tag auf den nächsten aus unserem Bordleben überraschend herausgerissen, leben im Stadtzentrum Papeetes, stauen uns durch den Frühverkehr zur Arbeit in die Technimarine-Werft, versorgen uns abends im Supermarkt „um die Ecke" und verfolgen die Olympischen Spiele vor dem Fernsehschirm.

Mitte der Woche lädt uns Manager Alain Blin in ein exklusives Restaurant zum Abendessen ein. Im Rahmen dieses Dinners zeigt sich deutlich, dass wir die bevorzugte Behandlung seiner besonderen Wertschätzung Evis zu verdanken haben – Wolfgangs Anwesenheit wird quasi in Kauf genommen.

Die Arbeitswoche gestaltet sich ausgesprochen intensiv. Um 5:30 Uhr läutet unser Wecker, und um 7:00 Uhr beginnen auch wir unser Tagwerk in der Werft. Während Alfred und Rodrigo, die für die Reparaturen an unserem Kat zugeteilt sind, wirklich hervorragend arbeiten, versuchen auch wir unseren Beitrag zu leisten, die in den letzten Monaten angefallenen Probleme und Gebrechen am Schiff zu beseitigen.

Unter anderem schleifen wir das Unterwasserschiff und bringen neues Antifouling an, gönnen den Motoren neues Maschinen- und Getriebeöl, installieren neue Decksstecker, einen zusätzlichen Inverter und einen zweiten Tiefenmesser. Auch die teilweise schwer zugänglichen Bilgen werden von uns gereinigt und getrocknet – eine Arbeit vom Feinsten…

Das Aufschleifen der Rümpfe zeigt auf der Steuerbordseite einen etwa 3,5 Meter langen Riss und auf der Backbordseite mehrere Cracks, aber sechs Lagen Glasfasermatten außen sowie fünf Lagen innen (in der Mittelkabine) machen unser Schiff mit Sicherheit solider als je zuvor. Der gebroche-

Der Ausblick von der Werft Richtung Hafen

Die Ishani-Crew aus Tirol

Die Schäden von der Pazifiküberquerung

Sleipnir2 in der Technimarine-Werft von Papeete

ne Befestigungsflansch der Windfahnensteuerung ist irreparabel und muss zur Gänze ersetzt werden. Alfred informiert uns über jeden seiner Arbeitsschritte, ist höflich und zuvorkommend, aber selbst Evi scheitert die ganze Woche hindurch, ihm nur das kleinste Lächeln zu entlocken – eine polynesische Ausgabe des großartigen Skispringers Janne Ahonen.

Das Wochenende gibt uns endlich die Gelegenheit, die Insel mit unserem Firmenauto zu erkunden. Unser erstes Ziel ist der *Pointe Vénus*. In der westlich davon liegenden *Matavai*-Bucht hat James Cook 1769 im Rahmen seiner ersten Entdeckungsreise auf der HMS *Endeavour* den Venusdurchgang beobachtet, und einige Jahre (1788) später lag der unglückliche William Bligh mit der HMS *Bounty* hier vor Anker. Drei malerisch gelegene Wasserfälle, ein weiterer Besuch eines Paul-Gauguin-Museums und natürlich der berühmte Markt in Papeete selbst runden unser Besichtigungsprogramm ab. Die Tour schließt bei der *Happy Hour* in der *Marina Taina*, und der Abend wird sehr lang…

Am Montag der nächsten Woche werden wir wieder ins Wasser gehoben, und der größte Teil der Belegschaft kommt, um uns herzlich zu verabschieden – für viele scheint es eine angenehme Abwechslung gewesen zu sein, die beiden Amateure in den blauen Arbeitshosen in ihren Reihen aufgenommen zu haben. Wir verlegen uns für eine Nacht an den eingangs bereits erwähnten Quay, um die in Auftrag gegebenen Segelreparaturarbeiten abzuwarten, danach setzen wir über nach Moorea, der Nachbarinsel Tahitis.

Die *Cook's Bay* beschert uns ein Wechselbad der Gefühle – einerseits liegen wir wieder in

Blick von Moorea Richtung Tahiti

einer legendären Bucht, und die hoch aufragenden dicht bewachsenen Felsformationen sind eindrucksvoll, andererseits ist das Wasser schlammig braun, und eine kommunale Behörde klärt uns darüber auf, dass unser Ankerplatz – entgegen unseren nautischen Unterlagen – eigentlich in einer gesperrten Zone liegt. Aber Evi leistet wieder einmal Überzeugungsarbeit, und nachdem wir als einziges Schiff noch einen Tag bleiben dürfen, erkundigt sich unsere Nachbaryacht: *'How did you sweet-talk this guy?'*

Mit einem gemieteten Auto umrunden wir die Insel, besuchen unter anderem eine Ananasfarm sowie eine polynesische Tanzshow und segeln ein paar Tage später in die benachbarte *Opunohu Bay.* Der Anker fällt in kristallklarem Wasser hinter dem Außenriff, und die Bordfrau ist rundum zufrieden... Die *Opunohu Bay* ist unser letzter Stopp innerhalb der *„Gesellschaftsinseln über dem Winde“ („Îles du Vent“)* bevor es zur nordwestlichen Gruppe der *„Inseln unter dem Winde“ („Îles sous le Vent“)* weitergeht.

Eine angenehme Nachtfahrt bringt uns zur ersten Gesellschaftsinsel der nordwestlichen Gruppe – nach Huahine. Paul und Anne von der holländischen *Free Spirit* sind mit uns von Moorea aufgebrochen und haben auf diesem Schlag besonderes Glück an der Schleppangel. Am Ankerfeld von Huahine liegen schon die üblichen Verdächtigen, und so ergibt sich zwingend ein groß angelegtes Strandbarbecue.

Der Liegeplatz vor dem kleinem Dorf *Fare* hat Charme, gefällt uns ausnehmend gut, und nahezu alle vor Anker liegenden Boote kennen sich seit Monaten durch ihren mehr oder

In einem Customs Village auf Moorea

weniger gemeinsamen Weg über den Pazifik. Es ist Partytime, und die Weiterfahrt wird von den meisten immer wieder verschoben – auch dadurch bedingt, dass die wenigsten Segler während des Vormittags in guter Verfassung sind…

Endlich kommen wir dazu, mit den beiden ehemaligen Berufstauchern Ike (SY *Rhythm*) und Chris (SY *Zephyranthes*) einen Tauchgang am Außenriff zu unternehmen. *Rhythm* kennen wir bereits seit Curaçao und mit *Zephyranthes* haben wir uns ja ab den Galapagos-Inseln an nahezu jedem Ankerplatz getroffen. Auch wenn sich die Unterwasserwelt überraschend bescheiden präsentiert, ist der Ausflug mit den beiden erfahrenen Tauchern doch ein Erlebnis.

Nach einigen Tagen läuft mit der *Oase III* eine in Österreich weitgehend bekannte Yacht ein – wir verbringen zwei Abende mit der sympathischen österreichischen Crew und genießen im Zuge dessen ein Palatschinkenessen mit frisch geschlagenem Schlagobers! Norbert Sedlacek ist vor einigen Jahren mit diesem Schiff einhand entlang des südlichen Polarkreises um die Welt gesegelt, Ende November 2008 soll die *Oase III* – soweit wir erfahren – von Tahiti über das Kap Hoorn zu den Kanarischen Inseln überstellt werden. Wir mieten Fahrräder und lernen eine teilweise noch relativ ursprüngliche Insel kennen, die eine Ahnung zulässt, wie das Leben in Polynesien abgelaufen sein mag, bevor zuerst Missionare und später der Hochpreistourismus den Inseln ihren Stempel aufgedrückt haben.

Unmittelbar nach diesem Ausflug erfahren wir per Mail vom Tod von Evis Cousin Franz,

Tauchgang mit den Profis von SY Zephyranthes

der ihr wie ein älterer Bruder war, und – bedingt durch Evis ohnehin kleine Familie – verwandtschaftlich besondere Wichtigkeit besaß. Fassungslos sind wir, wie betäubt, und nicht in der Lage, diese Nachricht zu realisieren, die ab jetzt wie ein dunkler Schatten über uns liegt. Wir bleiben noch einige Tage in Huahine, um den guten Internetzugang dafür zu nutzen, mit allen Betroffenen Kontakt halten zu können, was vor allem für Evi fast therapeutische Wirkung hat.

Mit drei anderen Yachten setzen wir nach Raiatea – dem Charterzentrum Französisch Polynesiens – und der Schwesterinsel Tahaa über. Beide Inseln liegen innerhalb eines großen Riffsaums und sind unter anderem auch für ihre besonders tiefen Ankerplätze bekannt. Bedingt durch unsere manuelle Winsch wäre ein Ankermanöver selbst für Wolfgang ein bisschen zu viel unfreiwilligen Trainings, und nachdem wir mit dieser Situation nicht alleine sind, kommt es zur ein oder anderen Wettfahrt um die zur Verfügung stehenden Bojen. Anne und Paul sind immer mit dabei, und es hilft uns bei diesen kleinen „Regatten" ein bisschen, dass die *Free Spirit* – aus Ferrozement gefertigt – mehr als 20 Tonnen wiegt...

Nach einem Tag in Raiatea, das besondere historische Bedeutung als ehemaliges Königreich *Havai'i* hat, reservieren wir über Funk eine Mooring vor dem *Taravana*-Yachtclub im Süden von Tahaa. Der Club liegt in einer malerischen – vor Südseeflair triefenden – Kulisse, und so fällt es uns leicht (aufgrund der schlechten Wetterlage), die Weiterfahrt nach Bora Bora zu verschieben und das etwas überteuerte Buffet des Yachtclubs inklusive Tanzshow zu buchen.

Traditionelle Fischerhütten auf Huahine

Wartezimmer Bora Bora

Die Überfahrt nach Bora Bora entwickelt sich zu einer kleinen Privatregatta zwischen *Sleipnir2* und der sechs Meter längeren *Zephyranthes,* deren Mast exakt die doppelte Höhe misst. Unser kleiner Kat schneidet gar nicht so schlecht ab, und beim obligaten Besuch am Ankerplatz klopft Chris anerkennend auf unser Backbordheck – wie es eben bei Rennpferden üblich ist, wenn sie ein gutes Rennen gelaufen sind (*Sleipnir* = achtbeiniges Pferd Odins in der germanischen Mythologie)…

Am folgenden Tag ergattern wir – dank taktischer Absprache über VHF – eine freie Mooring vor dem Nobelrestaurant *Bloody Mary,* und natürlich nehmen auch wir einen Drink in dem urigen Lokal, dessen zahlreiche prominente Besucher auf Holztafeln neben dem Eingang verewigt sind. An diesem Abend erzählt uns Rob, der mit seiner Frau Ruth seit der Karibik auf der *Zephyranthes* als Crew unterwegs ist, von seinem 18-monatigen Aufenthalt in der Antarktis, im Zuge dessen er in Kriegsgefangenschaft während des Falklandkrieges geriet. Auch wenn Robs schottischer Akzent eine Herausforderung für jeden Zuhörer darstellt, wird klar, dass er kaum in die Kategorie Stubenhocker einzustufen ist.

Wir wechseln den Ankerplatz

Wolfgang plant mit den Crews von *Rhythm* und *Zephyranthes*, eine Wanderung auf die markante Bergspitze Bora Boras, den *Mt. Otemanu,* zu unternehmen. Am Informationsschalter im Hauptort *Vaitape* bekommt er – nebst einiger organisatorischer Umständlichkeiten – die Auskunft, dass dieser alpine Ausflug nur mit einem Bergführer unternommen werden kann. Es folgt eine kurze Auseinandersetzung, an deren Ende man sich zumindest darüber einigt, dass man sich gegenseitig höchst unsympathisch ist.

Etliche Tage später nehmen Chris, Rob, Ike, Daniel und Wolfgang den Berg in Angriff – ohne Guide. Bereits während des Aufstiegs setzt intensiver Regen ein, wodurch sich der letzte ausgesprochen steile Anstieg zu natürlichen Kaskaden entwickelt, der Gipfel präsentiert sich schließlich in Wolken gehüllt. Der Abstieg der ohnedies anspruchsvollen Tour wird zum Abenteuer. Noch im obersten Abschnitt stürzt Chris an einer „Schlüsselstelle“ ca. drei Meter ab und verletzt sich am Brustkorb und an einem Unterarm. Für die nächsten Stunden muss der *Zephyranthes*-Skipper – das Gesicht aschfahl mit leicht grünlichem Farbton unterlegt – die Zähne zusammenbeißen. Jeder Tritt bzw. Griff muss von den „Bergkameraden“ angezeigt und gesichert werden, es gelingt aber, ihn noch vor Einsetzen der Dämmerung zurückzugeleiten. Bedingt durch die Verspätung entwickelt sich ein reger VHF-Funkverkehr zwischen den betroffenen Bordfrauen, wodurch die unglückliche Bergtour keineswegs geheim bleibt – jedenfalls ist bei unserer Rückkehr in den Yachtclub für Spott und Häme gesorgt.

In Bora Bora gibt es ein großes Wiedersehen mit vielen Yachten, mit denen wir seit

Südostseite in der Lagune von Bora Bora

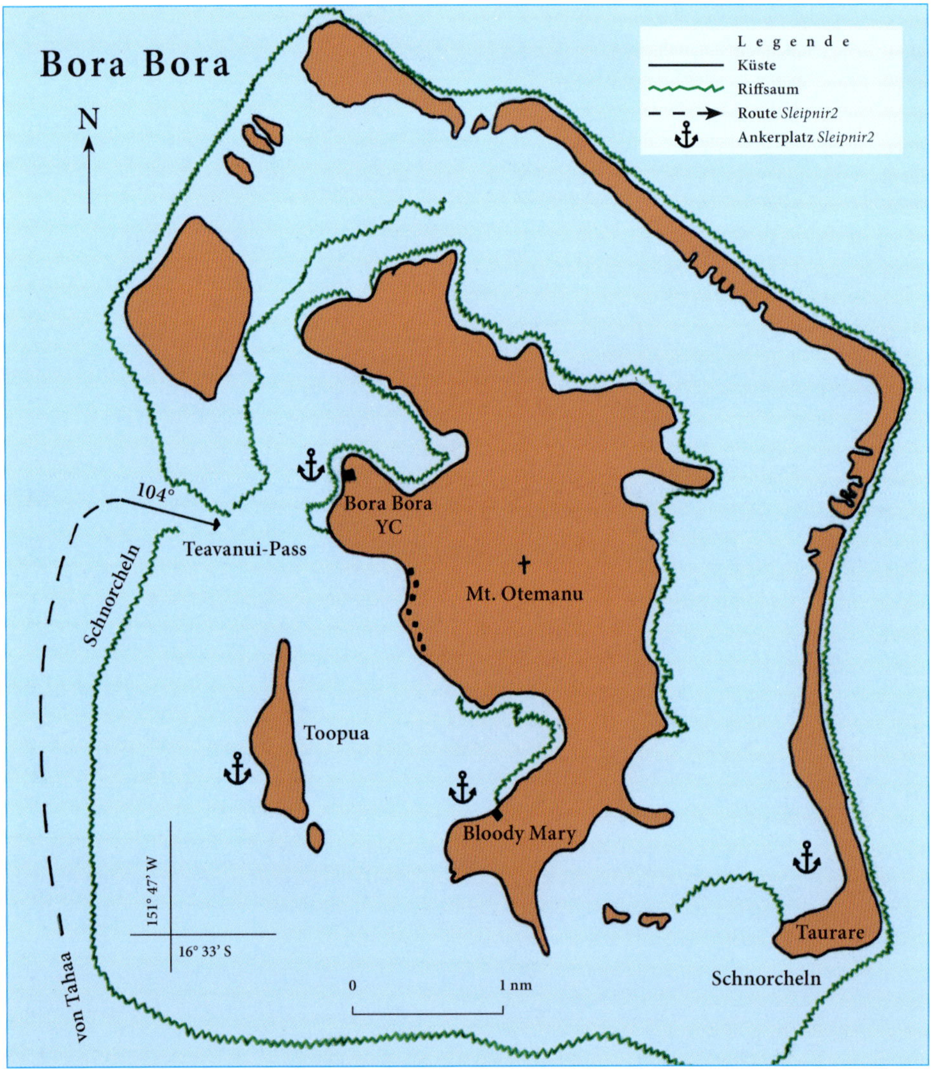

Panama an den verschiedensten Orten zusammengekommen sind, und unser ohnedies (zu) umfangreiches soziales Leben intensiviert sich noch. Die äußerst ungünstige Wetterprognose lässt auch jene Boote im „goldenen Käfig" der Lagune ausharren, die uns schon relativ weit voraus waren. Schon seit Tagen wissen alle, dass sich durch ein weit südlich liegendes Hoch und ein östlich davon befindliches Tief Starkwind und vor allem eine hohe See zwischen den Gesellschaftsinseln und Tonga aufbauen wird. Über Kurzwelle hören wir die – zu Recht – besorgten Yachten, die sich bereits in diesem Gebiet befinden und sind erstmals froh, ein wenig verspätet auf unserem Weg durch den Pazifik zu sein.

Wir segeln bzw. motoren um die gesamte Insel und verlegen uns in den südöstlichen Teil der Lagune an einen der schönsten Ankerplätze unserer bisherigen Reise. Nie zuvor haben

Chris (ganz links) – noch fröhlich am Gipfel des Mt. Otemanu – vor seinem Absturz

Schnorcheln in der Lagune

wir so viele unterschiedliche Blau- und Türkistöne des Wassers gesehen wie vor diesem Palmenstrand. Unmittelbar hinter dem Außenriff kann man beim Schnorcheln Rochen und Haie beobachten – die Sichtweite unter Wasser beträgt wohl an die 40 Meter.

Im Zuge der Haifütterungen, die als Touristenattraktion regelmäßig am Außenriff nahe des Passes stattfinden, kommt es – nicht zum ersten Mal – zu einem Unfall: Ein Taucher gibt seinen Köder ein wenig zu spät frei… Wir schnorcheln tags darauf am Ort des Geschehens, sehen allerdings nur einen *Blacktip Shark,* aber keinen der bulligen *Lemmon Sharks.*

Wenn sich Bora Bora an der Westseite als eine von vielen schönen Inseln präsentiert hat, so zeigt sich an der Ostseite, dass sie ihren einzigartigen Ruf zu Recht genießt. Der Wechsel des Liegeplatzes erweist sich nachträglich als richtig: Tage später reißt eine Mooring vor der *Bloody Mary,* und einige Dingis werden in Böen hochgehoben und kentern.

Aber jedes Paradies hat seine Schattenseiten – hier in Form freilaufender Hunde, die uns selten freundlich gesinnt sind. Wir überstehen eine haarige Situation mit einem Rottweiler, während Mike von der SY *Summer Wine,* der durchaus eine stattliche Erscheinung ist, sogar von einem Hund gebissen wird.

Apropos *Summer Wine*: die nur 8 m lange Slup (einmastiges Segelboot) ist vermutlich die kleinste Yacht, die diese Saison über den Pazifik segelt. Das gewichtige Ehepaar Mike und Ilona, unterwegs mit ihren beiden Söhnen, einer Katze und einem Hamster, ist zudem ausgesprochen gastfreundlich. Es gibt ein witziges Bild, wenn drei Beiboote am Heck der *Summer Wine* festmachen, und sich der Vergleich mit einer Spielzeugeisenbahn aufdrängt.

Noch ärgerlicher als die Hundeplage sind aber die Einbrüche in verschiedene Yachten, die sich hier bemerkenswert häufen. Aus der amerikanischen SY *Adventure* werden Instrumente im Gegenwert von ca. € 7000 gestohlen, und zwei Tage später wird in unserer Bucht in drei Yachten eingebrochen, obwohl man einen Wachrhythmus vereinbart hat.

An unserem Nachbarschiff versucht man sich erfolglos am versperrten Dingi – ausgerechnet in dieser Nacht haben wir unser Beiboot an den Davits hochgezogen… Wir werden an die Gegebenheiten in Venezuela und Panama erinnert und legen wieder die dort praktizierten „Verteidigungstaktiken" an.

Obwohl die meisten der zahlreichen Hotels wie Geisterstädte leer stehen und sich so mancher einsame Gast in seinem Liegestuhl wohl fragen muss, was bei seiner Buchung falsch gelaufen ist, hat der Tourismus hier eine für Französisch Polynesien untypische Insel geprägt. Der Bogen vom ursprünglichen Fatu Hiva (Marquesas) nach Bora Bora spannt sich nicht nur topografisch weit...

Gegen Ende unseres Aufenthaltes legen wir uns an eine Mooring des wiedereröffneten *Bora-Bora*-Yachtclubs. Wir genießen das Clubleben, scharren aber – wie eine ganze Armada

Die einzigartige britsche SY Summer Wine

von anderen Schiffen – in den Startlöchern, um mit dem lange ersehnten Wetterfenster zu den Cook-Inseln oder direkt nach Tonga aufbrechen zu können. Bei den diversen kulinarischen Abendveranstaltungen (Barbecue oder Barbecue bzw. Barbecue) sind die aktuellsten Wetterberichte das vorherrschende Thema, und es zeigt sich deutlich, dass mehr Information nicht zwingend zu klaren Entscheidungen führen muss…

An der Bar – wo sonst – kommt Wolfgang mit der Segellegende Roy von der *Sea Loon* ins Gespräch. Der Einhandsegler ist noch ein „Überlebender" der Generation der Segelpioniere – er quittiert die allgegenwärtigen Diskussionen um die diversen Wetterberichte mit einem Kopfschütteln. Das Wetter beurteilt er nach der eigenen Beobachtung, und eine Weltumsegelung sowie 30 Jahre Cruisen im Zentral- und Westpazifik haben eine markante Gestalt geformt, der man die zahlreichen Storys eines Seglerlebens gerne abnimmt – z.B. aus der Zeit, als er sich mit Schnecken- und Muscheltauchen im wahrsten Sinne des Wortes über Wasser gehalten hat. Mitte der zweiten Septemberwoche verlassen die meisten Yachten Bora Bora, und auch für *Sleipnir2* ist es nach drei Monaten Aufenthalt Zeit, Französisch Polynesien den Rücken zu kehren.

Unsere Abfahrt von den Gesellschaftsinseln verschiebt sich allerdings wetterbedingt um zwei weitere Tage – die wenigen Schiffe, die trotz ungünstiger Prognose auslaufen, klagen abends am Funk über außergewöhnlich hohe Windgeschwindigkeiten. Im Yachtclub feiern die Zurückgebliebenen trotz Mitgefühls ihre weise Entscheidung – es ist Partystimmung.

Partytime im YC von Bora Bora

Cook-Archipel – Inseln der Seligen

Zwischen Bora Bora und dem Königreich Tonga finden sich auf einer Strecke von etwa 1 500 Seemeilen kaum wirklich geschützte Ankerplätze. Ein Umstand, der mehr und mehr Cruiser dazu veranlasst, diesen Teil des Pazifiks nonstop zu segeln. Um aber die auf diesem Abschnitt liegenden Cook-Inseln, ein unabhängiger Pazifikstaat in freier Assoziierung mit Neuseeland, zu besuchen, bieten sich grundsätzlich drei Optionen an:

Eine nördliche Route mit Zwischenstopp am Suwarrow-Atoll – berühmt geworden durch den neuseeländischen Eremiten Tom Neale, der hier 15 Jahre in Abgeschiedenheit lebte und von Weltumseglern „der ersten Stunde" wie Rollo Gebhard oder Bernard Moitessier besucht wurde. Heute ist das abgelegene Atoll teilweise ein Wallfahrtsort für selbsternannte Robinsons. Eine mittlere Route entlang Aitutaki sowie Palmerston, und letztlich eine südliche Route mit Landfall vor Rarotonga, der Hauptinsel des Cook-Archipels.

Nachdem sich die innertropische Konvergenzzone vom Äquator weiter nach Süden verlagert und zu entsprechenden Passatstörungen führt und dem Liegeplatz im engen Hafen von Rarotonga ein zweifelhafter Ruf vorauseilt, entscheiden wir uns für den Weg durch die

Boot an Boot mit der deutschen SY Sappho

mittlere Inselgruppe. Am 13. September laufen endlich mindestens zwölf Boote von Bora Bora mit Westkurs aus. Während der ersten Nacht sichten wir bis zu vier andere Schiffe gleichzeitig, und mit der deutschen *Sappho* fahren wir 36 Stunden exakt auf gleicher Höhe. *Sleipnir2* kommt gut voran, und so erreichen wir Aitutaki, unser erstes Ziel innerhalb der Cook-Inseln, früher als erwartet. Die Nachtansteuerung wirkt leider nur auf den ersten Blick problemlos. Wir werden gewarnt, dass Fischernetze bis zu 400 Meter vor der Nordküste ausliegen, und unsere einzige Karte weist ungefähr diese Distanz als Fehler zur GPS-Position auf – sie stammt aus dem 19. Jahrhundert mit einer Korrektur aus dem Jahr 1906…

Kirsten und Joachim von der *Sappho* dirigieren uns mittels Suchscheinwerfers zu einem möglichen Ankerplatz nahe am Riff, gleiches machen wir anschließend mit später einlaufenden Yachten. Die Stelle erweist sich allerdings schon während der ersten Nachtstunden als ausgesprochen ungünstig, wodurch wir uns mit dem ersten Tageslicht vor die Einfahrt

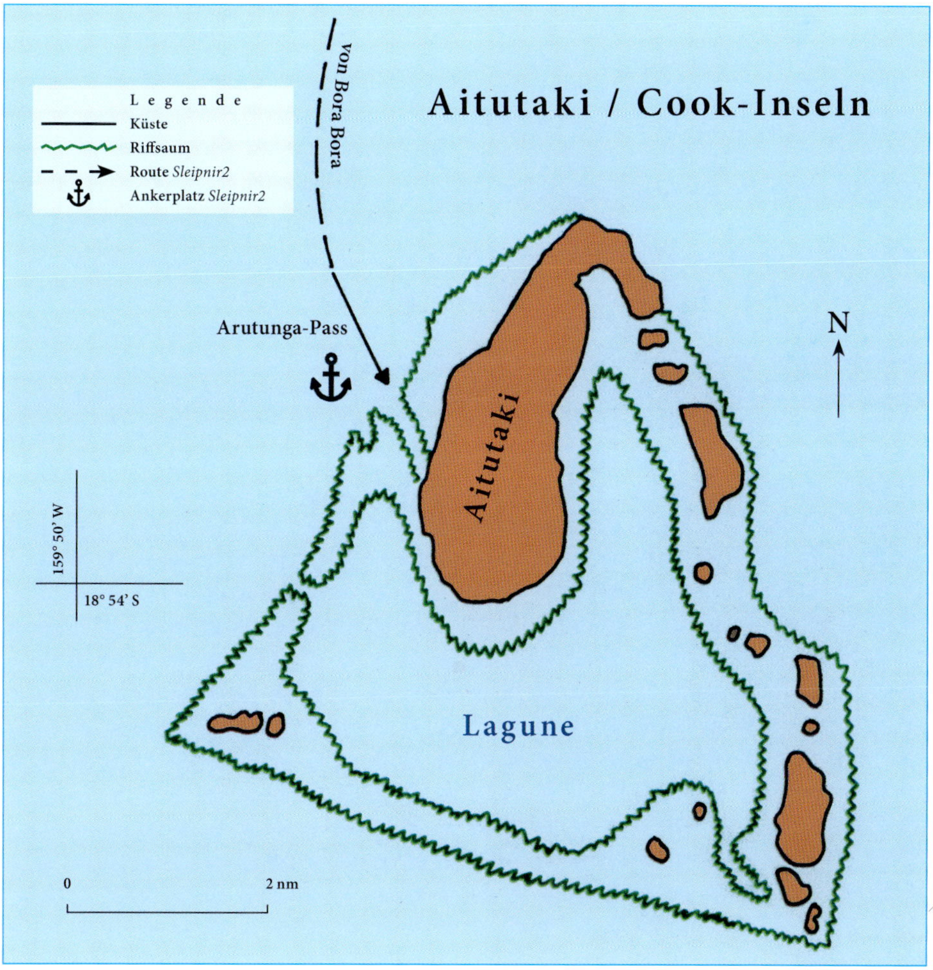

Polynesischer Abend auf Aitutaki

des Passes auf – für uns ungewohnte – 15 Meter Wassertiefe verlegen. Christoph von der *Ishani* hilft uns, den Anker freizubekommen, anschließend frühstücken wir auf seinem geräumigen Kat, klarieren ein, unternehmen am Nachmittag einen Tauchgang am Außenriff und genießen abends das Barbecue im Ort – ein durchaus ausgefüllter Tag, der besonders in Wolfgangs Gesicht Spuren hinterlässt…

Obwohl der polynesische Tanz mit Feuershow der bisher eindrucksvollste unserer Reise ist und wir die Atmosphäre auf der Insel als ausgesprochen sympathisch empfinden, ist unser Aufenthalt bedauerlicherweise trotzdem nur von kurzer Dauer. Durch die Strömung unmittelbar vor dem Arutunga-Pass ist *Sleipnir2* nie zum Wind ausgerichtet und liegt somit meist seitlich zum Schwell, wodurch wir auch diesen Liegeplatz nur als mäßig komfortabel empfinden.

Während die ambitionierten Hobbyfotografinnen Evi und Anna (SY *Ishani*) für den bestmöglichen Bildausschnitt zum höchsten Punkt der Insel pilgern, versucht Wolfgang, die mehrfach in Korallenblöcken verfangene Ankerkette freizulegen. Bei ca. drei Knoten auslaufender Strömung ein nicht ganz ungefährliches Unterfangen – bis Tonga hätte der Luftvorrat der Tauchflasche kaum ausgereicht…

Tags darauf gehen wir dank tatkräftiger Unterstützung Seans von der *Adventure* Anker auf und nehmen Kurs auf das ca. 600 nm im Westen liegende Niue. Über Funk berichten uns andere Segler euphorisch über ihren Aufenthalt auf dem Palmerston-Atoll, welches ein wenig abseits innerhalb des Cook-Archipels liegt, und so entschließen

Die ankernden Yachten vor dem Arutunga-Pass

auch wir uns kurzfristig, Palmerston anzulaufen. Die einzigartige Geschichte der Bewohner dieses Atolls ist uns bekannt und wird schon in Wolfgang Hausners erstem Buch „*Taboo*" beschrieben:

1862 lässt sich der britische Schiffszimmermann William Marsters hier mit drei polynesischen Frauen nieder und annektiert die Insel. Er zeugt 26 Kinder, teilt die Motus des Atolls in verschiedene Lebensbereiche und stellt strenge Regeln hinsichtlich der Heirat zwischen den „Familien" auf. 1954 wird Palmerston von der Regierung als offizielles Eigentum der drei Familien anerkannt.

2008 leben noch 42 Einwohner auf dem westlichsten Motu, Palmerston Island. Sie haben sich gut organisiert und eine für diese Abgeschiedenheit ungewöhnliche Infrastruktur aufgebaut. Auf einem entlegenen, traumhaften Atoll hat man sich von westlichen Lebensstrukturen abhängig gemacht, die nur mit der Unterstützung und Hilfeleistung der vorbeikommenden Yachten aufrechterhalten werden können, nachdem das Versorgungsschiff nur zweimal im Jahr anlegt. Die Erwartungshaltung an die Großzügigkeit der Segler ist hoch und fordernd, „bitte" und „danke" sind im Sprachgebrauch der Marsters leider kaum enthalten, und so bleibt für uns – trotz aller Gastfreundschaft – ein sehr zwiespältiger Eindruck von den Bewohnern Palmerstons.

Wieder einmal verzögert sich unsere Weiterfahrt aufgrund der Wetterlage. Wie schon

Letzte Ruhestätte von William Marsters

erwähnt, liegt die innertropische Konvergenzzone in diesem Jahr ungewöhnlich weit südlich und sollte sich eigentlich als schmaler Gürtel nahe dem Äquator ausbreiten. Von Neuseeland ziehen südlich des 30. Breitengrades regelmäßig Tiefdruckgebiete ostwärts. Die Folge ist, zumindest für den Zentral- und Westpazifik, eine äußerst instabile, schwer vorhersagbare Wettersituation.

Südsee-Paradies Palmerston

Niue – Minimundus Neuseeland

Endlich bekommen wir für den Schlag nach Niue ein etwa 60-stündiges brauchbares Wetterfenster, und so legen mit dem ersten Tageslicht fünf Boote regattaähnlich – nahezu gleichzeitig – ab. Wir beschwören unser Schiff mit den Worten Moitessiers „lauf *Sleipnir*, lauf" und segeln die knapp 400 Seemeilen in 63 Stunden. Kurz vor der Ansteuerung Niues bricht Wolfgangs Kreislauf zusammen. Der Gesundheitszustand verschlechtert sich rapide, und Evi muss den Kat zur Gänze alleine fahren, navigieren und sich dennoch notdürftig um den scheinbar leblos im Cockpit kauernden (Ex) Skipper kümmern. Die Situation – zwei Tage vor Neumond, mit bedecktem Himmel und ohne Anhaltspunkte entlang der Küste – gibt dieser Nachtansteuerung einen besonderen Reiz. Wir wissen bereits, dass man die Ankerlichter vor dem spärlich beleuchteten Hauptort *Alofi* erst spät ausnehmen kann und die Moorings sehr nahe an der Küste liegen. Christoph und Anna von der *Ishani* geben Evi – trotz fortgeschrittener Nachtstunde – Lichtsignale, und Christoph geleitet sie mit dem Dingi zu einer freien Boje.

Evi und Christoph im Landrover

Kirsten hilft Wolfgang beim Anlanden des Beibootes

Drei Stunden später zieht ein Gewittersturm mit Windspitzen bis 59 Knoten und sintflutartigem Regen über Niue, und wir beobachten die Geschehnisse durch unsere kleinen Luken mit großen Augen. Zwei Stunden später ist der Spuk vorbei, und wir fallen in einen ohnmachtsähnlichen Schlaf. Die Anerkennung für Evis Leistung seitens der anderen Schiffe, im Speziellen der Bordfrauen, ist nicht zu übersehen – sie selbst hätte auf ihre „Solofahrt" gerne verzichtet.

Kirsten von der *Sappho*, die im „normalen" Leben als Internistin arbeitet, unterzieht Wolfgang am nächsten Tag einer eingehenden Untersuchung. Ihre Diagnose lautet Dehydration und Stressgastritis, der größte Teil der Organe befindet sich allerdings im Bestzustand. Wolfgang schließt daraus, seinen Bierkonsum erhöhen zu müssen, und er erholt sich innerhalb der nächsten Tage zusehends.

Bei einer Fahrt um die Insel ist das Auswanderungsproblem des ca. 1400 Einwohner zählenden Kleinstaates unübersehbar. Wir kommen in vollkommen verlassene Geisterdörfer, und die Gräber, die über die gesamte Strecke entlang der Küstenstraße verteilt liegen, unterstreichen den morbiden Charakter dieses entlegenen Ortes. Mit der *Ishani*-Crew besichtigen wir einige der Höhlen, die für Niue typisch sind – die Landschaft erinnert uns ein wenig an Malta.

Unter Tauchern ist dieses größte angehobene Korallenatoll der Welt bekannt für seine außergewöhnliche Unterwassersicht. Mit Christoph unternehmen wir einen Tauchgang, dessen Höhepunkte eine „Fahrt" von Evi und Christoph in einem gesunkenen Landrover und die Begegnung mit einigen hochgiftigen Wasserschlangen darstellen. Obwohl die Tiere wegen ihres kleinen Mauls für den Menschen normalerweise keine Gefahr bedeuten, ist es doch ein – sagen wir – interessantes Gefühl, von so einer giftigen Schlange angeschwommen zu werden. Weitaus imposanter ist allerdings das regelmäßige Auftauchen von Buckelwalen in unmittelbarer Nähe der Yachten. Die Meeressäuger ziehen langsam vorbei und können gut beobachtet werden, einige Segler folgen ihnen mit ihren Beibooten.

Apropos Beiboot: Bedingt durch den Schwell und das Fehlen jedweden Strandes ist es notwendig, die Dingis mit Hilfe eines Krans aus dem Wasser zu heben. Mit einem ausgeklügelten System werden sie dann am Pier „geparkt". Vor allem das Kranen der Beiboote der Neuankömmlinge sorgt immer wieder für Unterhaltung…

Die Bewohner Niues sind ausgesprochen freundlich und hilfsbereit, vielleicht auch deshalb, weil Tourismus im herkömmlichen Sinn kaum existiert. Äußerlich unterscheiden sie sich ein wenig von den Polynesiern der Gesellschaftsinseln, und wir glauben, den Einfluss der neuseeländischen Maoris zu erkennen. Die Währung ist der Neuseeland-Dollar, und wir haben das Gefühl, uns langsam unserem großen Ziel zu nähern.

Die letzten vier Tage liegen wir in Niue unter bedecktem Himmel zwischen Nieselregen oder Wolkenbrüchen, und es ist feucht und kalt. Wir kämpfen an Bord gegen deutlich zunehmenden Schimmel, der auch vor Wolfgangs – Gott sei Dank – wenig benützter Geldbörse nicht haltmacht. Raue Seen lassen uns die Weiterfahrt immer wieder verschieben, aber schließlich brechen auch wir auf und fahren in den grauen Schleier, der wenig einladend westlich vor uns liegt.

Polynesisches Königreich Tonga

Bereits während des ersten Nachmittags müssen wir Geschwindigkeit aus dem Boot nehmen, um eine Nachtansteuerung in Tonga zu vermeiden. Regenfronten bleiben während der gesamten Fahrt unsere Begleiter, und wir sind gezwungen, im Cockpit auszuharren, um die Windfahnensteuerung für die ständig wechselnden Bedingungen zu justieren.

In den Morgenstunden des zweiten Tages passieren wir die Datumsgrenze auf 171° 58,5' West – eine andere Karte zieht die Linie auf 172° 50' West. Wie und wo auch immer – sie ist politischen Ursprungs, läutet Tongazeit ein und lässt uns einen Tag verlieren. Auch wenn die Zeit relativ ist, ist sie doch durch den Lauf der Sonne – eigentlich der Erde – definiert.

Da die Überquerung der Datumsgrenze auch unter Fahrtenseglern öfter für Verwirrung sorgt, wollen wir versuchen, sie für Interessierte kurz und nachvollziehbar darzustellen: Während sich *Sleipnir2* am 6. 10. um 06.00 Uhr morgens Bordzeit kurz vor der Datumsgrenze befindet, ist es in London am gleichen Tag, dem 6. 10., 17.00 Uhr nachmittags UTC – wir sind 11 Stunden hinter UTC. Wenn *Sleipnir2* die Linie überquert, ist in London natürlich noch immer der 6. 10., 17.00 Uhr nachmittags UTC. Auf unserem Schiff springen wir

Das Buchtsystem von Neiafu

allerdings auf den 7. 10., 06.00 Uhr morgens Bordzeit – wir sind dann 13 Stunden vor UTC. Merksatz: *„Ost auf West – halt Datum fest, West auf Ost – spring getrost!"*

Wenig später an diesem „neuen" Tag segeln wir über den Tongagraben, der an mehreren Stellen Wassertiefen von über 10 000 Metern aufweist. Auf den Seegang sollte dies keinen Einfluss haben, da die Orbitalbewegung der Wasserteilchen nur der halben Wellenlänge entspricht, zumindest aber sollte diese Kreisbewegung bis zu Wassertiefen von 200 Metern nicht unterbrochen werden. Die Realität straft die Wissenschaft allerdings immer wieder Lügen, bzw. wird der Seegang des Ozeans offensichtlich durch viel mehr Parameter bestimmt, und so ist dieses interessante Thema immer wieder Anlass zu emotional geführten Diskussionen unter den Seglern.

Unter achterlichem Schwell steuern wir jedenfalls in den frühen Morgenstunden des 8. Oktobers die Inselwelt der Vava'u-Gruppe mit dem Hauptort *Neiafu* an – wir befinden uns im Königreich Tonga. Während der Ansteuerung an eine Boje in der rundum geschützten Bucht von *Neiafu* streikt der Backbordmotor des Kats, und unsere erste Vermutung hinsichtlich eines verschmutzten Vergasers wird sich später leider nur allzu deutlich bestätigen.

Zunächst geht es aber darum, eine kleine Party anlässlich Evis 40. Geburtstags vorzubereiten. Bedingt durch unsere etwas verspätete Ankunft im ältesten Königreich Polynesiens ist die Zeit knapp bemessen, aber Wolfgang bekommt Unterstützung durch Anna und Kirsten, und der *Vava'u*-Yachtclub bietet den passenden Rahmen für das Fest.

Vor allem Anna ist offensichtlich mit der Ausrichtung von Partys sehr vertraut, und so feiern wir mit knapp 30 anderen Seglern ein – wie wir glauben – gelungenes Geburtstagsfest, bei dem es an nichts zu fehlen scheint. Evi strahlt zumindest den ganzen Abend von einem Ohr zum anderen, und Isabel von der *Camissa* leistet ihren Beitrag als Profifotografin.

Am folgenden Tag unternimmt Wolfgang mit Christoph, Tim und Isabel einen Tauchgang zu einem 400 Fuß langen Wrack im Süden der Bucht. Das Schiff liegt auf etwa 40 Meter, das Deck auf knapp 30 Meter Tiefe, es ist aufgrund vergangener Erdbeben leicht einsturzgefährdet, und die Sicht beträgt meist weniger als fünf Meter. Da wir eine Deko-Zeit von 22 Minuten einhalten müssen, zieht sich der Tauchgang ein wenig in die Länge, und so steigen nach mehr als 70 Minuten vier leicht unterkühlte Taucher wieder in ihre Dingis. Trotzdem empfindet selbst Isabel, die als Unterwasserfotografin auf mehr als 4 000 Tauchgänge zurückblicken kann, den Ausflug als ausgesprochen interessant und herausfordernd.

Nach ein paar erholsamen Tagen können wir die vielen kleinen Arbeiten, die an unserem Schiff anstehen, nicht mehr hinausschieben. Nachdem wir in den Gesellschaftsinseln offenbar unsauberes Benzin gebunkert haben, müssen jetzt beide Vergaser ausgebaut, darüber hinaus alle Filter getauscht und der Backbordtank gereinigt werden. Zwei Tage lang umgibt *Sleipnir2* das Odeur einer Tankstelle, dann wenden wir uns anderem Zeitvertreib zu. Die Düsen des Gasherdes werden gesäubert, Wasserpumpen und Schalter getauscht, der Windpilot gewartet, die Pinnen geschliffen und gestrichen, und der Kampf gegen den allgegenwärtigen Schimmel wird mit Vehemenz geführt.

Bedingt durch zahlreiche Besucher in *Sleipnirs cosy* Zeltcockpit beanspruchen diese Ser-

Evis Geburtstagsparty in Tonga

vicearbeiten unüblich viel Zeit. In einem nie da gewesenen Ausmaß stürzen wir uns in Tonga ins seglerische Gesellschaftsleben. Es entsteht ein Prozess, den wir später – als uns „alles zu viel wird" – nicht mehr aufhalten können, und so fühlen wir uns ein bisschen wie Goethes Zauberlehrling.

Ein Boot scheint uns allerdings besonders erwähnenswert: Das Schweizer Paar Hans-Jörg und Tina mit ihren beiden Söhnen von der SY *Chenoa*, einer 11-Meter-Reinke aus Aluminium. Wir kennen die *Chenoa*-Crew seit Tahiti, ihre Hilfsbereitschaft, ungekünstelte Freundlichkeit und ihr Optimismus sind verblüffend; auch die immer wiederkehrenden gesundheitlichen Probleme der Söhne Marvin und Noah bringt sie nie aus der Ruhe. Wolfgang bezeichnet Hans-Jörg gerne als „Heiligen", und tatsächlich steht dieser mit seiner unglaublichen Vielseitigkeit bei Problemen aller Art mit Rat und Tat zur Seite. Hans-Jörg, der die *Chenoa* selbst gebaut hat, ist schon einmal ausgestiegen und hat einige Zeit als Senner auf einer Alm gelebt – das liegt aber doch einige Jahre zurück.

In *Neiafu* angekommen, zeigen einige Yachten – sowie deren Besatzungen – deutliche „Verschleißerscheinungen"; vermut-

Überlange Dekozeit nach dem Wracktauchgang

Die Chenoa-Crew

lich bedingt durch die langen Strecken über den Pazifik und die damit verbundenen zahlreichen Wetterkapriolen. Innerhalb weniger Wochen laufen in Fiji und Tonga sechs Schiffe auf Riffe auf. Drei dieser Boote kennen wir und wissen allzu gut, dass es sich um ausgesprochen erfahrene Segler handelt, zwei weitere Yachten sinken, wobei die Crews jeweils unverletzt abgeborgen werden können.

Der allgemein bekannte Einhandsegler Sam auf seinem Ferrozementschiff *Ramprasad* wird während der Ansteuerung auf Neiafu vermutlich von seinem Großbaum k. o. geschlagen. Das britische Boot *Oddity* schleppt ihn ins Bojenfeld, und Sam ist noch Stunden später völlig ahnungslos, wo er sich befindet. Zum Zeitpunkt des Unfalls trug er zwar eine Rettungsweste, war aber nicht in die Sicherheitsleine eingepickt und hatte somit wirklich großes Glück. Etliche Schiffe haben nennenswerte Schäden an Rigg, Ruderanlagen, Motoren oder Probleme mit den Autopiloten.

Krankheitsfälle häufen sich in ungewohntem Ausmaß, und die Haus-/Yachtbesuche von Kirsten mit ihrem Dingi durchs abendliche Ankerfeld, wenn sie ihrem hippokratischen Eid Folge leistet, werden ein vertrautes Bild.

Kirstens bessere Hälfte Joachim ist wohl der engagierteste Fischer unter den Seglern. Nachdem er zweimal „mit ansehen muss“, wie Hochseefischer einen stattlichen Sailfish und tags darauf einen ca. 150 kg Blue Marlin anlanden, ist er für zwei Tage verschwunden. Von der *Sappho* kann man aber deutlich Säge- und Bohrgeräusche wahrnehmen, und bald präsentiert er mit Stolz seine neue, sehr massive Spule mit 1 000 m Angelleine.

Obwohl *Neiafu,* die zweitgrößte Stadt Tongas, ein wenig kosmopolitisches Flair besitzt, wird die Armut des Landes hier deutlich sichtbar. Die Lebensmittelläden, meist in chinesischer Hand, bieten sehr wenig Auswahl, und lange Reihen von Konservendosen ein und desselben Produktes sollen offensichtlich den Anblick halb leerer Regale verhindern. Durch das Ausbleiben des Versorgungsschiffes werden viele Grundnahrungsmittel, so auch Bier, knapp – hingegen am Markt, jetzt ganz langsam: „*Utukalongalu*“, gibt es ausreichend preiswertes Obst und Gemüse. Apropos Grundnahrungsmittel: Ein besonderes „Schmankerl“ stellt die *Austrian Bakery* dar. Nicht nur Evi und Wolfgang erfreuen sich beim Frühstück an duftenden Mohnweckerln, Zimtschnecken und dunklem Roggenbrot.

Am Sonntag besucht Evi die hl. Messe, deren Höhepunkt der Gesang des Chores darstellt, den man weit über die Bucht hören kann. Ohne modische Überlegungen anzustellen, trägt man beim Kirchgang das beste Kleidungsstück mit penibel gewickelter Bastmatte – je kleiner der „*Ta'ovala*“, umso höher das gesellschaftliche Ansehen des Trägers.

Nach knapp zwei Wochen verlegen wir uns in die Buchten der Inselwelt von Vava'u, um dem Trubel von *Neiafu* zu entkommen und mehr Ruhe zu finden. Die Übung misslingt völlig, und wir bezahlen unseren Einsatz, einige Freunde, allen voran unsere „Pazifikschutzengel“ Eva und Horst von der *Albatros,* in die Raffinessen des Kartenspiels „Schwarze Dame“ einzuführen, mit massivem Schlafmangel.

Einmal mehr liegt die englische Yacht *Zephyranthes* neben uns – es ist unser 14. gemeinsamer Ankerplatz seit Panama. Wie üblich kommt Chris mit dem Dingi vorbei, spricht seine

Besuch der heiligen Messe in Neiafu

Auf einer Wellenlänge mit Eva und Horst von der SY Albatros

Ungeliebtes Kava-Trinken

Tongaisches Feast

Jason von der SY Trenelly kämpft um sein Picknick

gängige Begrüßungsformel *'Do you want to come over for a beer – or two?'* und macht dabei die für ihn typische Handbewegung.

Am Strand eines unserer Ankerplätze findet ein Feast statt, ein typisches tongaisches Mahl, das man mit den Fingern isst und in dessen Rahmen ein traditioneller Tanz geboten wird. Wir rüsten uns heimlich mit Gabeln aus und haben bei den knapp bemessenen Speisen Vorteile, die besonders von unseren Sitznachbarn nicht goutiert werden. Beim abschließenden *Kava*-Trinken der Männer aus halbierten Kokosschalen hält sich Wolfgang zurück. Der Geschmack der „flüssigen Erde" mit leicht betäubender Wirkung für Zunge und Lippen macht es schwer, vor den Gastgebern nicht unhöflich zu erscheinen.

Walbegegnungen über und unter Wasser

Eine Insel weiter müssen die Besatzungen von *Trenelly*, *Summer Wine* und *Sea Bright* die Erkenntnis gewinnen, dass die Gefahren beim Fahrtensegeln aus völlig unerwarteter Richtung kommen können. Sie werden bei einem Strandpicknick von einer Ziege attackiert, und Jason setzt sich offenbar mutig zur Wehr, wobei seine Körperhaltung allerdings doch Defensivtaktik erkennen lässt…

Wir segeln weiter zur Ha'apai-Gruppe, die aus vielen kleinen und kleinsten Inseln und Riffen besteht. Noch während der Dämmerung kreuzt ein Wal unmittelbar vor *Sleipnirs* Bügen unseren Weg, die Nachtfahrt verläuft aber in weiterer Folge sehr angenehm und völlig problemlos. Am nächsten Morgen ankern wir vor der Hauptinsel Lifuka, *Zephyranthes* ist schon da, Chris kommt mit dem Beiboot, und die Dinge nehmen ihren Lauf…

In den dünnbesiedelten Ha'apai-Inseln findet man auch Kontakt zu einer sehr ursprünglichen und entspannten Bevölkerung, die selten aufdringlich erscheint und sich eher in vorsichtiger Zurückhaltung übt – mit wenigen Ausnahmen: Auf die Gefängnisinsel Kelefesia wurde jener Tongaer auf Lebenszeit verbannt, der einst aus Liebe versucht hat, die Königstochter zu entführen – *Yachties* dürfen ihn durchaus besuchen… Wir sind auf pazifisches *Easy going* eingestellt, verbringen eine sehr entspannte Zeit vor Lifuka und gehen u.a. mit Isabel und Tim auf Lobsterjagd, die allerdings durch die Revieransprüche eines erstaunlich großen *Whitetip Sharks* erfolglos abgebrochen werden muss. Viel zu bald brechen wir nach Nukualofa auf, der Hauptstadt Tongas, die in der Inselgruppe Tongatapu liegt.

Lobsterjagd

Navigation durch die Riffpassagen

Bevor man aus der Ha'apai-Gruppe in freies Wasser gelangt, gilt es zahlreiche Riffe und Felsen durch sorgfältiges Navigieren zu umfahren. Seezeichen sucht man meist vergebens, und sowohl elektronische als auch Papierkarten weisen gravierende Abweichungen zur GPS-Position auf, also macht es sich Wolfgang auf der Saling bequem, um Evi von oben den jeweils richtigen Kurs anzusagen. Mittags fangen wir dann einen beachtlichen Mahi Mahi, der Evi hinsichtlich der Zubereitung verschiedener Fischgerichte fordern wird.

Die Nachtfahrt gestaltet sich leider sehr mühsam, und so kommen wir reichlich übermüdet am Ankerfeld vor der Insel Pangaimotu, 1,5 nm nördlich des Hafens an, wo bereits ca. 40 Boote auf die Überfahrt nach Neuseeland warten. Für die abendliche Halloween-Party im *Big-Mama*-Yachtclub hätte sich Wolfgang nach diesem Törn nicht verkleiden müssen, aber ein Gewittersturm zwingt uns zur Ankerwache, und so findet das Fest ohne uns statt. Bereits am nächsten Abend feiert der Besitzer des Clubs seinen 60. Geburtstag, lädt das ganze Ankerfeld zur Party ein, und diesmal ist auch die *Sleipnir2*-Crew dabei.

In die Unkenrufe über Nukualofa/Tongatapu als unangenehmen Platz, um auf das Wetterfenster für den Schlag nach Neuseeland zu warten, können wir nicht einstimmen. Die Strandbar *Big Mama* hat viel Flair, organisiert wesentliche Dinge für die Segler, und eine Fähre gewährleistet die Verbindung zur Stadt. Wir bereiten uns auf unsere letzte Etappe vor der „Zyklonpause" vor, reinigen wieder Benzintank und Filter, servicen Ersatzteile, bunkern Benzin, Wasser und Gas und hören vor allem auf das Wetter…

Das Ausharren in Nukualofa auf das passende Wetterfenster nach Neuseeland geht weiter, doch regelmäßig ziehen Regenfronten über das Ankerfeld der wartenden Yachten, und die Wetterfrösche sehen die diesjährige Zyklonsaison aufgrund der niedrigen Wassertemperatur ohnehin verspätet. Die *Happy Hour* im *Big-Mama*-Yachtclub wird zum abendlichen Jour Fixe, und den Rhetorikpreis bekommen jene, denen es gelingt, nicht über die aktuelle Wetterprognose zu diskutieren. Die deutschsprachige Seglergemeinschaft hängt jeden Morgen auf 10 090 kHz an den Lippen von Wetterguru Winfried, während die englischsprachige Community auf die Prognosen der Wetterinstitution Bob McDavitt vertraut.

Warten auf ein Wetterfenster im Big-Mama-YC

Alle freuen sich über den Entschluss der *Sappho*-Crew Kirsten und Joachim, auch nach Neuseeland zu segeln und nicht, wie ursprünglich geplant, die Zyklonsaison in Tonga zu verbringen. Joachim bleibt der ungekrönte König der Fischer unter den diesjährigen Pazifikcruisern. In den Vava'u-Inseln fängt er eine 22 kg schwere Stachelmakrele – ein beachtliches Exemplar dieses Raubfisches.

men. Nachts reißt unter dem Druck der Wellen das Netz des Steuerbordtrampolins, später werden die Frühstücksvorbereitungen durch einen lauten Knall unterbrochen: Der Träger der Davits bricht an einer Stelle durch, die andere Seite reißt „nur" ein. Als Folge hängt unser Beiboot halb im Wasser und schaukelt im hohen Seegang bedrohlich knapp vor der Windsteueranlage. Wir nehmen Fahrt aus dem Schiff, sichern das Dingi mit einer Leine, machen die Taljen frei, um Abstand zum Pendelruder des Windpiloten zu bekommen und um das Beiboot längs am Backbordrumpf zu fixieren. Das Unterfangen wird durch den Umstand erschwert, dass wir bei längeren Fahrten die Abflussöffnung am Dingiboden aufmachen, damit eventuelle Welleneinsteiger oder Regenwasser besser ablaufen können. Jetzt ist diese Maßnahme kontraproduktiv, weil das Beiboot natürlich sofort vollläuft. Die Mastwinsch ist schon seit Monaten nicht voll funktionsfähig, dadurch fällt eine Bergung über die Fallen aus. Schließlich können wir mit fantasievoll geführten Leinen das Dingi an Bord bringen und am Vorschiff verzurren – dass beim anschließenden Frühstück der Kaffee kalt ist, tut dem Genuss keinen Abbruch...

An der Vorderseite eines nach Nordosten ziehenden Hochs müssen wir Süd- und Südsüdwestwinde in Kauf nehmen und segeln nicht nur optimal, sondern oft maximal, am Wind Richtung Westen. Die Rückseite des Hochs bringt uns dann die sehnlichst erwarteten Nordost- und Nordwinde, wodurch wir zum Abschluss des Törns herrliches Raumschotsegeln genießen können.

Unser privates Funknetz (bestehend aus acht deutschsprachigen Booten) taufen wir bald nach Auftauchen der ersten majestätischen Seevögel: *„Albatrosnetz"*. Offensichtlich sind wir allesamt keine Ornithologen, denn später erfahren wir, dass es sich keineswegs, wie angenommen, um Königsalbatrosse gehandelt hat, sondern vielmehr um stattliche Möwen – möglicherweise Mantelmöwen, immerhin die Größten ihrer Gattung. Vorherrschendes Thema – abgesehen von den Windprognosen – sind die umfangreichen und restriktiven Zollauflagen für die Einreise nach Neuseeland. Bereits in Tonga haben wir uns durch Stapel von Formularen durchgearbeitet, detaillierte Daten per Email versendet und unterwegs über Funk unsere ETA *(Estimated Time of Arrival)* durchgegeben.

Schon seit Monaten stimmt Evi, in der ihr eigenen Konsequenz, den Menüplan auf *Sleipnir2* hinsichtlich der strengen Lebensmitteleinfuhrbestimmungen in Neuseeland ab. Tatsächlich werden später die Zollformalitäten auf unserem vorbildlichen österreichischen Boot friktionslos und rasch ablaufen. Nur einige Zwiebeln, Knoblauchzehen und rote Pfefferkörner wandern in den großen Müllsack der neuseeländischen Customs-Beamten.

Bei unserer Ankunft in der außergewöhnlich malerischen *Bay of Islands,* in der an diesem Samstag reger Schiffsverkehr herrscht, frischt der Wind auf ca. 25 Knoten von achtern auf. Unmittelbar vor dem Quarantänesteg laufen wir auch ohne Segel drei Knoten über Grund; plötzlich quittiert der Steuerbordmotor den Dienst, und das Anlegen am – Gott sei Dank – überlangen Pier wird zur Herausforderung. Nur unter Backbordmotor kann der Kat kaum abgebremst werden, außerdem wird das Boot durch den Rückwärtsschub seitlich versetzt. Nach zwei missglückten Versuchen, *Sleipnir2* längs an den verwaisten Steg, an dem wir keine Fremdhilfe erwarten können, zu bringen, entschließen wir uns zu einem Notmanöver. Durch vollen Schub rückwärts verharrt das Schiff mit dem Backbordbug kurz in einem Winkel von etwa 30° zum Pier – Evi fendert ab, und Wolfgang springt mit einer Festmacherleine über und bremst den Kat über eine Klampe ab. Das Boot schwingt ca. 120° mit dem Wind herum, wir wechseln die Fender auf die andere Seite, der Rest ist routinemäßiges Leinenhandling.

Nach 1 130 Seemeilen haben wir mit Riesenglück und wohl auch ein bisschen Erfahrung im Mekka des Segelsports ohne Schramme festgemacht. Die teilnahmslose geistlos grinsende amerikanische Crew, der gegenüber an einem Schwimmsteg liegenden Yacht wird von Wolfgang in freier englischer Übersetzung mit dem Zitat von Goethes „*Götz von Berlichingen*" bedacht – vorgetragen mit dem Brustton der Überzeugung.

Die Behörden gestehen uns zwar zu, am Quarantänepier bleiben zu können, bis der Motor wieder in Gang gesetzt ist – wir dürfen aber weder an Land gehen, noch Besuch empfangen, nicht einmal mit etwaigen anderen Booten am Steg Kontakt halten. Ein Wochenende in Isolation vor Augen rufen wir über VHF Chris von der *Zephyranthes*. Eine Viertelstunde später ist unser britischer Helfer mit Werkzeug bereit und bekommt – nach einem weiteren Funkspruch mit Customs Neuseeland – die Genehmigung, zur *Sleipnir2* überzusetzen. „Trotz" Wolfgangs Assistenz gelingt es Chris, die Maschine innerhalb einer halben Stunde zu reparieren, und wir dürfen endlich unseren reservierten Liegeplatz in der *Opua Marina* ansteuern.

Abends feiern wir in illustrer Runde unsere Ankunft, belohnen uns mit dem größten Steak der Speisekarte und genießen das eine oder andere Bier. Den besonderen Geschmack des ersten Bieres nach so einer Überfahrt kann man nicht kaufen...

Die neuseeländischen Einklarierungsbeamten auf dem Weg zur Sleipnir2

III.
Neuseeland – Aotearoa „Land der langen, weißen Wolke“

Partytime

Unser Landfall in Opua gelingt, wie erhofft, knapp einen Tag vor dem angekündigten Sturm, der mit Spitzen von über 50 Knoten Windgeschwindigkeiten einige Segler – kurz bevor sie ihr lang ersehntes Ziel erreichen – noch einmal auf eine harte Probe stellt. *Sleipnir2* liegt rechtzeitig in der vorreservierten Box der *Opua Marina* unter knarrenden, aber soliden, Festmacherleinen mit dem Heck zum Wind, an ein Setzen des Sonnensegels ist nicht im Traum zu denken, und jeder Ein- oder Ausstieg bei einem der Schotten bedeutet eine Volldusche für das Interieur.

Der Wind legt sich nach zwei Tagen, aber Regen bleibt unser ständiger Begleiter während unseres gesamten Opua-Aufenthalts; trotzdem fühlen wir uns in Neuseeland vom ersten Moment an sehr wohl. Jeden Abend ist entweder der *Cruising Club* oder das *Blue Water Café* Schauplatz wein- und bierseliger Willkommensfeiern für die täglich einlaufenden Neuankömmlinge. Das *Beach House* im nahen Touristenort Paihia bietet jeden Sonntag sehr stimmungsvolle Live Musik und ausgesprochen entspannte Atmosphäre – auch Akteure aus dem Publikum sind jederzeit willkommen, die Band zu unterstützen, und die Darbietungen werden ungeachtet des musikalisch-künstlerischen Wertes begeistert akklamiert.

Anzahl, Dauer und Intensität der gesellschaftlichen Events überfordert ein bisschen unsere „Kondition“ und manchmal auch unsere Toleranz, aber ab Anfang Dezember verteilt sich die Seglergemeinschaft ohnehin auf verschiedene Marinas entlang der Nordinsel, und bis dahin ist das Motto: Kopfüber ins Vergnügen.

Nur wenige Segler verbringen die gesamte Saison in der *Opua Marina,* noch weniger segeln weiter nach Tauranga, einige fahren nach Auckland, die meisten aber beziehen, so wie die *Sleipnir2*-Crew, ihre Liegeplätze in Whangarei. Mit Chris und Lyn von der *Zephyranthes* unternehmen wir in ihrem neuerstandenen Toyotabus den seit langem geplanten Ausflug

Fröhliche Willkommensfeiern in Opua – v.l.n.r.: Isabel, Tim, Beate und Kirsten

Die Wettermacher im Westpazifik auf 10090 kHz: Ute und Winfried

nach Wellington, der in einem Sheryl-Crow-Konzert gipfeln soll. Nach einem dreitägigen 1 000 km Trip endlich in der Hauptstadt angekommen, geben uns die beiden eine Führung durch das neu gestaltete Hafenbecken inklusive jenes Piers, an dem üblicherweise die Rennyachten des *Volvo Ocean Races* (ehemals *Whitbread Round the World Race*) festmachen. Nördlich von Wellington sind wir dann gemeinsam mit neun Neuseeländern in ein traumhaftes Haus eingemietet, von wo wir mit einem Shuttlebus zum Konzert abgeholt werden. Einige der Gäste sind eingewanderte Schotten, deren Sprache angeblich englische Wurzeln aufweist – während sich Evi sehr wohl fühlt, erhebt Wolfgang ernsthafte Zweifel, ob die Grunzlaute in irgendeinem Zusammenhang mit Englisch stehen...

Im Zuge des Konzertes versuchen einige der Kiwis Trinkfestigkeit unter Beweis zu stellen – die Übung misslingt leider kläglich. Vielerorts entledigen sich mehr Frauen als Männer in Bankstellung mit gekrümmten Rücken ihres Mageninhalts, etliche Konzertbesucher müssen auf der Suche nach dem richtigen Shuttelbus gestützt werden – angeblich endet nicht jede Suche erfolgreich...

Unsere Heimfahrt wird durch ein halbnacktes Hinterteil „bereichert", das vor Wolfgangs Gesicht bedrohlich um Gleichgewicht bemüht ist, während die halbvolle Weinflasche der Besitzerin wie ein Damoklesschwert über unseren Köpfen schwingt. Wir beenden den Ausflug unbeschadet und belohnen uns mit Sekt im Whirlpool unter sternenklarem Himmel.

Nach sechs Tagen fliegen wir über Auckland in zwei Etappen zurück, und in der ruhigen

Kurzweiliges Warten auf den Konzertbus

Opua Marina angekommen, fühlen wir uns wie zu Hause: Es ist wieder einmal *'beer o'clock'*, und so treffen wir alte Freunde. Um alle Segler willkommen zu heißen, findet im *Cruising Club* eine Veranstaltung statt, in deren Rahmen Schüler Maori-Tänze darbieten. Schon früher haben wir registriert, dass die Tänze der neuseeländischen Polynesier kriegerischen, teilweise aggressiven Charakter haben, und die jungen Darsteller tun diesbezüglich ihr Bestes.

Wir warten einen weiteren Tag mit Sturm und Regen ab, kehren dann aber Opua den Rücken und brechen bei trockenem Wetter mit Kurs Whangarei auf. Für die lange Anfahrt durch den Hafen von Whangarei und den nördlich anschließenden Flusslauf des *Hatea Rivers* zur Stadtmarina *Town Basin* müssen die Tiden sorgfältig berechnet werden – der Revierführer warnt lakonisch, dass es auf dieser Strecke unwahrscheinlich ist, nicht steckenzubleiben.

Wir nehmen auf die Schadenfreude anderer keine Rücksicht und lösen unser Gezeitenbeispiel mit Bezugsort *Marsden Point.* Am reservierten Liegeplatz warten bereits unsere schwäbischen Freunde Doris und Kurt von der *Kurtisane*, um die Leinen zu übernehmen.

Unser Stellplatz in der *Town Basin Marina* in Whangarei, geschützt durch Mangroven, fünf Minuten Fußweg vom Stadtzentrum, könnte nicht besser sein – als lägen wir an der Alten Donau in Wien – allerdings mit zwei Meter Gezeitenunterschied.

Unsere Heimat für fünf Monate – die Town Basin Marina

Segelpause

Ohne es wirklich zu wollen, ziehen wir Bilanz: Nach knapp 15 000 Seemeilen, 111 Nachtfahrten und mehr als 100 Anker-, Marina-, Bojen- oder Hafenplätzen haben wir unser erklärtes Ziel erreicht. Oft haben wir über Neuseeland als einen möglichen Endpunkt dieser Segelreise philosophiert, eine etwaige Weiterfahrt hängt von den verschiedensten Gegebenheiten, letztlich aber vor allem von der aktuellen Piratensituation im Golf von Aden ab. Obwohl die Aktivitäten der Freibeuter in besagter Krisenregion allerdings kaum abnehmen, Aggressivität und Häufigkeit der Übergriffe sogar eher zunehmen, steht dennoch schon bald fest, dass wir ab Ende April/Anfang Mai 2009 die melanesischen Inselstaaten Fiji, Vanuatu, die Salomonen und schließlich Papua Neuguinea erkunden werden.

Zunächst stehen wir aber vor einer langen Segelpause. Langsam finden wir uns in das Kleinstadtleben in Whangarei ein, erkunden die Möglichkeiten, die uns der neue Wohnort bietet, und vereinbaren Termine über Termine. Der Großraum Whangarei präsentiert sich mit seinen Werften, zahlreichen maritimen Shops und den segelbegeisterten Kiwis als Schlaraffenland für Nautiker. Ein Statement scheint sich zu bewahrheiten: Was dem Österreicher der Skisport, ist dem Neuseeländer der Segelsport – und wohl auch das Fischen.

Nach 17 Monaten auf See nehmen wir die Gelegenheit wahr, uns von den verschiedensten Ärzten durchchecken zu lassen. Ein Bluttest und die Konsultierung der wesentlichsten Fachärzte zeigen unsere Organe in absolut zufriedenstellendem Zustand, nur die Bordkassa erleidet eine besorgniserregende Abmagerung, da Vorsorgeuntersuchungen natürlich nicht durch unsere private Reisekrankenversicherung abgedeckt sind.

Nach wenigen Tagen kaufen wir ein gebrauchtes Auto – nähere Beschreibung: schwarz und unauffällig – ein Pkw, wie ihn ein Kind zeichnen würde… Wir machen uns auf die Suche nach der für uns passenden Werft, legen mit den verschiedensten Workshops einen ungefähren Zeitplan für die notwendigen Arbeiten auf *Sleipnir2* fest und verproviantieren uns im nahen *Pak'nSave* – dem neuseeländischen *Hofer/Aldi*. Bereits zwei Tage nach dem Autokauf bekommen wir unser erstes Strafmandat und sind nun endgültig ins hiesige Alltagsleben integriert… Die Unkenrufe jener, die vor dem Regenloch Whangarei (oder besser: „Whanga**rain**") warnen, bewahrheiten sich leider – vorläufig zumindest. Von einigen Dauerliegern – am Steg herrscht ein bisschen Kleingartenatmosphäre – hören wir von einem strengen letzten Winter, und der Sommer zieht offensichtlich nur sehr zögerlich ins Land. Durchschnittlich regnet es an drei von vier Tagen, besonders die Nachttemperaturen machen den Eiskasten zur unwichtigsten Einrichtung an Bord, und das Leben auf dem Kat schränkt sich wesentlich ein.

Es dauert einige Zeit, bis Wolfgang die malerischen Laufstrecken entlang des Flusses bis hin zum Wasserfall ausgekundschaftet hat. Eine alte Holzplattform unmittelbar vor den an

Dalben liegenden Booten, diverse Pfahlkonstruktionen und ein Baum mit starken, waagrechten Ästen werden als Freiluftkraftkammer für den längst überfälligen Wiederaufbau seines Körpers zweckentfremdet. Lediglich die teilweise unglücklichen, aufmunternden Kommentare der – in unmittelbarer Nähe der Trainingsstätte wohnenden – *Boatpeople* sind entbehrlich.

Am Christtag holen wir unsere österreichischen Freunde Ernst, Dagmar und ihre Schwester Sandra vom Flughafen in Whangarei ab. Der eigentliche Grund für Ernsts Neuseelandtrip ist die Suche nach einem geeigneten Schiff für sein nächstes Segelprojekt – einen längeren Törn in den Nordpazifik. Während Ernst, Dagmar und Wolfgang Yachten verschiedenster Bauart, Größe und Ausstattung näher unter die Lupe nehmen, sind Sandra und Evi bei den diversen Besichtigungstouren in der näheren Umgebung auf der Suche nach den besten Bildmotiven.

In Sachen Bootskauf auf Besuch in Neuseeland – v.l.n.r.: Sandra, Dagmar und Ernst

Zwischen der Sondierung des Bootsmarktes besuchen wir unter anderem die Kauriwälder mit den größten Bäumen Neuseelands und bestaunen (bzw. benützen) natürlich die – von Friedensreich Hundert-

Hundertwasser-WC in Kawakawa

wasser gestaltete – öffentliche Toilette in *Kawakawa* – wohl eine der ganz wenigen ihrer Art, die auch eine Touristenattraktion darstellt… Der Wahlneuseeländer Hundertwasser (eigentlich Friedrich Stowasser), der in unmittelbarer Nähe von *Kawakawa* begraben ist, kreierte auch die Koruflagge – jene inoffizielle Flagge Neuseelands, die einen sich entrollenden Farnwedel – ein Maori-Symbol – darstellt.

Die auf *Sleipnir2* abgelaufenen Signalkörper, die wir anlässlich des Silvesterabends gleichermaßen als Funktionsüberprüfung abfeuern, sind die erste Enttäuschung des neuen Jahres. Nachdem beim Einsatz der Leuchtraketen die Verletzungsgefahr zweifelsfrei höher ist als die Chance, im Seenotfall auf sich aufmerksam zu machen, werden die restlichen Lagerbestände am nächsten Tag entsorgt.

Bald nach Abreise unserer Freunde kehrt wieder Alltag auf der *Sleipnir2* ein. In Zusammenhang mit der für Mitte März erfolgten Reservierung in der Norsand-Werft legen wir die Termine mit Segelmacher, Schiffselektroniker, Yamaha-Dealer, Tankreiniger, Rigg-Checker und noch einigen anderen Workshops endgültig fest. Wir werden Stammkunden beim Bootsausrüster *Stanley Marine,* einem Eldorado für Gebrauchtteile. Nur drei Minuten Fußweg vom Liegeplatz entfernt entdecken wir bei Jack und Graeme unter anderem eine Mastwinsch und einen Spinnaker zu Preisen, die die angeschlagene Bordkassa ein wenig schonen.

Der Jahresanfang ist auch Anlass, den unvermeidlichen Papierkrieg für die Verlängerung des Aufenthaltsvisums in Angriff zu nehmen. Nachdem sie die mangelhafte Geduld ihres Skippers gut einschätzen kann, übernimmt Evi diese undankbare Aufgabe und arbeitet sich durch mindestens 16 Seiten Antragsformulare, die oftmals rätselhafte Fragestellungen beinhalten. Von vielen Seiten, meist von erfahrenen Pazifikseglern, die seit Jahren zwischen den melanesischen Inseln und Neuseeland saisonbedingt „pendeln", bekommt sie gut gemeinte Ratschläge – vorrangig jenen, die Angelegenheit nicht zu ernst zu nehmen. Evi ignoriert letzteren geflissentlich und entdeckt bald, dass sowohl sie als auch ihre „Berater" die falschen Formulare ausgefüllt haben und wird somit selbst bald zur Informationsquelle für das leidige Prozedere der Visumsverlängerung.

Nach dem Dreikönigstag findet nahe Opua eine große Geburtstagsfeier für Wetterlegende Winfried von der *Anna Maria* statt. Man spricht deutsch: Unter den mehr als 40 Gästen zählt man nur einen Schweizer und – inklusive Evi und Wolfgang – vier Österreicher, wobei einige Crews unter Schwarz-Rot-Goldener Flagge aus verschiedenen Gründen gar nicht kommen konnten…

Der Darts-Wettbewerb (Wurfpfeilspiel aus England) im Rahmen des Festes sieht die *Sleipnir2*-Crew auf dem zweiten und dritten Platz. Während Wolfgang mit dem Resultat hadert, strahlt Evi den weiteren Abend über ihre ungeahnte Treffsicherheit.

Bevor wir die lange geplante Erkundungstour, die uns um beide Inseln bis zum 46. südlichen Breitengrad führen soll, antreten können, wird an unserem Fahrzeug eine Reparatur des Automatikgetriebes notwendig. Der Autohändler stellt uns kurzfristig einen 200 PS Nissan gratis zur Verfügung, Mitte Jänner sind wir aber endlich bereit, als Touristen unsere neue „Wahlheimat" zu bereisen.

Durch das Land der Maoris

Sämtliche Termine für die geplanten Arbeiten an *Sleipnir2* sind unter Dach und Fach, das Automatikgetriebe unseres Fords schaltet wieder einwandfrei, und das Fahrzeug ist voll gepackt für die Tour um beide großen Inseln Neuseelands. Die Warnungen über etwaige Engpässe bei Quartieren während der Ferienzeit (Weihnachten bis Ende Jänner) überhören wir und bekommen bereits am ersten Abend im Badegebiet um Goat Island Probleme, eine passende, preisgünstige Unterkunft zu finden.

Wenige Autostunden südlicher stellt die kosmopolitische Großstadt Auckland den ersten Höhepunkt unserer Fahrt dar. Ein Drittel aller Kiwis wohnen in diesem Ballungszentrum, und nur allzu schnell sind wir von der Hektik einer Metropole gefangen, lassen uns von Hochhäusern, *Sky Tower* und neu gestalteter Wasserfront beeindrucken. Eine Hafenrundfahrt führt uns dann auch innerhalb des *Viaduct Harbours* durch das *America's Cup Village,* wo die superteuren Rennyachten dieser prestigeträchtigsten und ältesten Segelregatta in eigenen Hangars direkt vor speziell konzipierten Slipbecken stehen. Zweimal war die *City of Sails,* die mehr Yachten pro Einwohner aufweist als jede andere Stadt weltweit, Schauplatz

America's Cupper im Hafen von Auckland

des *America's Cup* und hat damit den Skipper Sir Peter Blake endgültig zum Nationalhelden erkoren – auf einer Stufe mit dem im Jänner 2008 verstorbenen Mount-Everest-Erstbesteiger Sir Edmund Hillary.

In den verschiedenen Bereichen des Hafens sichten wir darüber hinaus eine Reihe von Ausnahmeyachten innerhalb weniger Gehminuten: die *Steinlager 2* (gewinnt 1989/90 mit Blake das *Whitbread Round the World Race*), die 36 Meter lange *KZ1* (unterliegt 1988 im *America's Cup* gegen die Vereinigten Staaten) und wohl eines der elegantesten Segelschiffe, das je gebaut wurde, die J-Yacht *Endeavour* (britischer *America's Cupper* der Zwischenkriegszeit). Das Herzstück des *Maritime Museums* innerhalb des Hafengeländes sind polynesische Auslegerkanus – quasi die Vorläufer und Urahnen unserer *Sleipnir2* – mit Exponaten aus

nahezu dem gesamten pazifischen Raum in unterschiedlichsten Dimensionen und Bauarten. Einer etwas weniger an Regattabooten interessierten – aber ausgesprochen geduldigen – Evi gelingt es letztendlich, ihren Wolfgang von der Wasserfront weg zum höchsten Gebäude der südlichen Hemisphäre, dem *Sky Tower,* zu führen. Von einer Plattform der ersten Aussichtsebene kann man in einer etwas entschärften Form des Bungee-Jumps mehr als 190 Meter in die Tiefe springen – mangelnder Mut spart uns ein wenig Geld…

Ein Gratisbus bringt uns vom Tower zur außerhalb der Stadt liegenden *Antarctic Encounter & Underwater World,* wo wir erstmals einen ausgestellten Riesenkalmar bewundern können. Von der Lebensform dieser in der Tiefsee lebenden, bis zu 13 Meter langen Kopffüßer ist nur sehr wenig durch angeschwemmte Totfunde bekannt. Im Jahr 2003 werden zwei Exemplare lebend gefangen, und erst 2005 gelingt es japanischen Forschern, die Tiere in ihrem eigentlichen Lebensraum zu filmen.

Wir setzen unsere Reise Richtung Tauranga fort und kommen gerade rechtzeitig zu einem Lauf der Championship Series für Modified Hydroplanes. Obwohl diese bis zu 200 km/h schnellen Speedboote nicht unseren Vorstellungen von Fortbewegung auf dem Wasser entsprechen, sind der Spaziergang zwischen den Rennbooten und das hektische Treiben rund um den Wettkampf sehr beeindruckend.

Im Pub – wo sonst – treffen wir zufällig Fred und Peg von der *Ogopogo* (kanadisches Seeungeheuer im Okanagansee) und freuen uns über die Einladung auf der amerikanischen

Auckland aus der Vogelperspektive

Yacht, mit der wir zwischen Bora Bora und Tonga zahlreiche Ankerplätze geteilt haben. Nachdem wir letztlich noch den *Mount Maunganui* besteigen und die traumhafte Aussicht auf die touristische Halbinsel genießen, kehren wir Tauranga den Rücken.

Auf unserer nächsten Station im Thermalgebiet um Rotorua fühlen wir uns besonders wohl, obwohl es hier durch geothermische Aktivitäten allerorts aus der Erde dampft, Schlammbecken brodeln, kleinere und größere Geysire kochend heißes Wasser zeitweise meterhoch in die Luft katapultieren und sich unausweichlich der Schwefelgeruch weit über die Kleinstadt verbreitet. Der Besuch des Thermalbades *Polynesian Spa* mit Blick auf den See, der uns allerdings temperaturbedingt nur knöcheltief locken kann, entspricht uns eher als die geradezu aufdringlichen Angebote für Bungee-Jumping oder Fallschirmspringen jedweder Spielart. Eigentlich der ideale Ort für unseren südsteirischen Freund Ramon, passionierter Privatpilot und Fallschirmspringer, der gelegentlich auch die Möglichkeit wahrnimmt, in einem eiskalten Gebirgssee zu baden.

Der Kurort ist auch die spirituelle Heimat der Maoris, und wir erfahren Neues über die Geschichte und Gebräuche der polynesischen Ureinwohner Neuseelands, die vor etwas mehr als 1 000 Jahren den Inselstaat „Aotearoa" („Land der langen, weißen Wolke") erstmals besiedelten. Im Rahmen einer Begrüßungszeremonie und verschiedener Tänze zeigt sich wieder der kriegerische Charakter der Maori-Darbietungen, wobei ihnen das Präsentieren der Zunge offensichtlich sehr am Herzen liegt.

Geysire in Rotorua

Auf einer nahe gelegenen Schaffarm wird unterhaltsam demonstriert, dass ein Schaf wettkampfmäßig in weniger als einer Minute geschoren werden kann. Der Unterhaltungswert für das Tier dürfte sich in Grenzen halten. Über Taupo fahren wir weiter südlich und erreichen bereits zum zweiten Mal die Hauptstadt Wellington.

Mit den Unterkünften in den BBH (Budget Backpacker Hostels), einer neuseeländischen Organisation mit mehr als 300 Herbergen, deren Mitgliedschaft uns verschiedene Vorteile bietet, sind wir sehr zufrieden. Im Geiste jung, sind wir an Jahren meist die bei Weitem ältesten Gäste in den gut strukturierten, sauberen Lodges. Ob die fragenden Blicke einiger (besonders) junger Backpacker uns als Lehrer entlarven, oder ob wir uns das nur einbilden, bleibt offen – ab und zu wird der Generationensprung gemeistert, und man spricht mit uns…

Die Wahl der einzelnen Quartiere hat jedenfalls eine eindeutige Präferenz: Sie richtet sich nach sicheren Abstellmöglichkeiten für das Auto. Schlüssigerweise ist diese Vorgabe in Wellington schwer zu erfüllen, und so landen wir in einem heruntergekommenen viktorianischen Haus – eher ein Heim für Obdachlose und Transvestiten als ein Guesthouse, das scheinbar nur diesen einen Vorteil des sicheren Parkplatzes aufweist.

Wir überstehen die Nacht schadlos und übersiedeln am folgenden Tag zu Lyn, Chris und deren Tochter Gail (SY *Zephyranthes*), die bereits ein dichtes Wochenendprogramm in Aussicht stellen. Gemeinsam besuchen wir das wichtigste Pferderennen Neuseelands, den *Wellington Cup* in Trentham. Man zieht gerne den Vergleich mit dem Royal-Ascot-Pferde-

Maoris in Rotorua

rennen, wobei modische Auftritte – insbesondere auf dem Gebiet des Kopfschmucks – und entsprechender Alkoholkonsum wichtiger zu sein scheinen als das Rennen selbst. Um dem *Dresscode* gerecht zu werden, staffieren uns Lyn und Chris dem Anlass entsprechend aus, wobei Evis Wandlung von Bordfrau zur Gesellschaftsdame nicht nur ihren Skipper verblüfft.

Die mit Campervan auf Neuseelandtour befindliche ehemalige *Zephyranthes*-Crew Ruth und Rob stellen sich rechtzeitig zum Barbecue am folgenden Tag ein, und alle schwelgen in Erinnerungen an die Pazifikerlebnisse der letzten Monate.

Für Montag, den 26. Jänner haben wir die Fähre über die *Cook Strait* nach Picton auf die Südinsel gebucht, womit der nächste Abschnitt unserer Inselerkundung beginnt. Im besten Einverständnis mit dem Wetter queren wir mit der *Bluebridge*-Fähre die berühmte *Cook Strait,* in der man statistisch jeden zweiten Tag mit mehr als 30 Knoten Wind rechnen muss. Die beeindruckende Fahrt durch den *Queen Charlotte Sound* (Fjord) gibt uns einen ersten Eindruck von der üppigen und doch rauen Natur der Südinsel, bevor wir nach dreieinhalb Stunden im malerischen Hafenstädtchen Picton ankommen. Wir registrieren – unabhängig von einander – ein ungewohntes Gefühl, als Passagiere der Fähre uns nicht um das Anlegemanöver kümmern zu müssen…

In Picton besuchen wir Drago, Felicity und ihre Tochter Stephie, die wir mit ihrer Yacht *Capella* im Rahmen unserer ersten Segelreise auf Lanzarote kennengelernt und einige Monate später wieder vor Martinique getroffen haben. Die sehr erfahrenen Segler können von der

Picton – Ausgangspunkt für unsere Tour über die Südinsel

Die Capella-Crew Drago, Felicity und Stephie

Typische, kleine Verzögerungen am Weg durch Neuseeland

Terrasse ihres Hauses auf die in der Bucht an einer Mooring liegende *Capella* blicken, eine für uns Binnenländer besonders ungewohnte, aber beneidenswerte Aussicht.

Leider ist bereits vor Wellington unser Automatikgetriebe wieder defekt geworden, und wir haben schon vor Tagen einen Termin bei einem Getriebespezialisten in Nelson vereinbart. Die erste Diagnose stellt uns eine absolut inakzeptable 3000 NZL $-Reparatur in Aussicht, und nach Überwindung des ersten Schocks setzen wir alle Hebel in Bewegung, um unsere Situation zu verbessern. Trotz erfolgloser Suche nach einem passenden, gebrauchten Ersatzgetriebe, die sogar über einen Radiosender läuft, gelingt es uns innerhalb von zwei organisatorisch intensiven Tagen mittels Wechsel der Werkstatt, die Kosten wesentlich zu senken und unseren Autohändler in Whangarei von der moralischen Notwendigkeit einer Kostenbeteiligung zu überzeugen.

Für die einwöchige Wartezeit auf die Reparatur des Wagens dürfen wir uns bei Drago und Felicity einquartieren, während uns die Werkstatt einen – sagen wir – fahrtüchtigen Mazda zur Verfügung stellt. Zwischendurch treffen wir in Nelson den hier lebenden, ehemaligen Hochseefischer Kelly, mit dem wir erstmals auf den Kapverden und nach der Atlantiküberquerung wieder in Tobago die Ankerplätze geteilt haben. Noch in der Karibik haben sich Kelly und seine Freundin Glennys, die er wohl zu oft als *Crew* bezeichnet hat, getrennt – man ist aber übereingekommen, die Weltumsegelung quasi nebeneinanderlebend gemeinsam zu beschließen. In Nelson finden wir den offensichtlich jung gebliebenen Fischer mit neuer – noch jüngerer – Freundin.

Wir stimmen mit den vielen Reiseführern überein, die Nelson als eine der lebenswertesten Städte in Neuseeland einschätzen, sind schließlich aber dennoch froh, von der Stadt an der *Tasman Bay* weiterzuziehen, bevor wir hier endgültig Wurzeln schlagen. Über Hokitika und dem Franz-Josefs-Gletscher (tatsächlich nach unserem völkerverbindenden Monarchen benannt) kommen wir in den Skiort Queenstown, der in der Nebensaison das Zentrum des Abenteuertourismus darstellt. Wir begnügen uns via Sessellift mit Gokart-Fahrten, treffen Kurt und Doris von der *Kurtisane* und gestalten eine noble Weinverkostung so sparsam, dass dies der verblüfften Kassiererin ein: „*So eine Rechnung ist wirklich selten*“ abringt.

Langsam gelangen wir in kältere Gefilde, haben wirklich kein Kleidungsstück zu viel

Der Franz-Josefs-Gletscher

Stewart Island – der südlichste Punkt unserer Reise

im Gepäck und tragen Anorak, Wollhaube und Skisocken. Invercargill, das uns im Februar doch noch mit Weihnachtsdekoration überrascht, und sein Hafen Bluff – in dem wir uns am Ende der Welt wähnen – sind für uns der Absprung über die Foveaux-Strait nach Stewart Island. Der Hauptort Oban ist die südlichste Siedlung Neuseelands und gleichzeitig die einzige auf der Insel, wo 0,2 Einwohner/km^2 knapp 4 800 km vom Südpol entfernt leben und der 6-Loch-Golfplatz doch ein wenig grotesk anmutet. Am Pier beobachten wir die Fischer: wettergegerbte, aber offensichtlich freundliche Menschen, deren Sprache nur mehr andeutungsweise an Englisch erinnert. Wolfgang beginnt fallweise in englischer Sprache zu träumen, wobei es sich möglicherweise nur um Träume über das Trauma von diversen Konversationen auf der Südinsel handelt…

Entlang der Südküste fahren wir ostwärts weiter, durch die sogenannten *Catlins,* nach Dunedin, das keinen Zweifel an seiner schottischen Gründung und Verbundenheit lässt. Abgesehen von der *Baldwin Street,* der laut Guinness-Buch mit 35% Steigung steilsten Straße der Welt, weist die Stadt aus unserer Sicht kaum Attraktionen auf und ist ohnehin weniger der Grund unseres Aufenthaltes. Wesentlich mehr interessiert uns die außergewöhnliche Fauna der vorgelagerten Halbinsel Otago, mit den einzigen Brutplätzen von Königsalbatrossen auf dem Festland – sofern man Neuseeland als Festland bezeichnen möchte. Wir sehen diesen größten flugfähigen Vogel tatsächlich mehrfach in der Luft über das Kap gleiten, die Eintrittspreise zu den hermetisch abgeriegelten Nistplätzen sind schwindelerregend.

Bucht auf Stewart Island nahe der Foveaux-Strait

Entlang der Ostküste der Südinsel

Yellow-eyed Penguin

Wenige Kilometer südlich der Albatroskolonie können wir die seltenen Gelbaugenpinguine bestaunen, und zwei Autostunden weiter bekommen wir den Beweis, dass jene Verkehrsschilder, die seit einiger Zeit auf unserer Route vor querenden Pinguinen warnen, durchaus ihre Berechtigung haben. An einem Parkplatz nahe Oamaru wird uns angeraten, vor dem Losfahren sicherheitshalber einen Blick unter das Fahrzeug zu werfen, und tatsächlich halten sich drei Zwergpinguine wenige Meter von unserem Auto entfernt auf – wer wen verblüffter anstarrt, bleibt offen… Für die kleinen, flugunfähigen Seevögel ist es eine Überlebensfrage, zwischen den hier weit verbreiteten Seehunden und Seelöwen unterscheiden zu können, da sie bei letzteren auf dem Menüplan stehen.

Seehund oder Seelöwe?

Das Reva's – Hafenkneipe in Whangarei

Christchurch, bei Weitem die größte Stadt der Südinsel, mit unübersehbarem britischen Charakter, ist für uns die schönste Stadt, die wir während der Tour besichtigen. Der nahe gelegene Hafen *Lyttelton* war Ausgangspunkt einiger Antarktisexpeditionen und hat noch eine – für den Tourismus in Funktion stehende – *Timeball Station*. Ein weithin sichtbarer Signalball wird um 1.00 Uhr pm *Greenwich Mean Time* (in den USA 12.00 Uhr) fallengelassen und erlaubt(e) somit den Seeleuten im Hafen ihre Schiffschronometer exakt zu stellen. Die korrekte Zeitmessung an Bord eines Schiffes ist für die Bestimmung der Längenkoordinaten unerlässlich und hat bis Ende des 18. Jahrhunderts das komplizierteste nautische Problem dargestellt (wie die Maoris konnte auch Christoph Kolumbus nur den Breitengraden entlang segeln). In Picton, wo wir wieder bei Drago, Felicity und Stephie aufgenommen werden, schließt sich der Kreis unserer Südinseltour. Wir setzen mit der Fähre über eine ungewöhnlich ruhige *Cook Strait*, verbringen drei Tage in Wellington bei der *Zephyrantes*-Tochter Gail und besichtigen das einzigartige interaktive Nationalmuseum *Te Papa* sowie die derzeit in der Hauptstadt ausgestellte Terrakotta-Armee aus China.

In großen Etappen fahren wir über Rotorua und Coromandel nach Norden und kommen nach mehr als 5000 gefahrenen Kilometern wieder „nach Hause“ in die *Town Basin Marina* von Whangarei zu unserem Schiff. Gleich am ersten Abend treffen wir Axel und Marja von der *Tuulivei* und den vom „Heimaturlaub“ zurückgekehrten Horst von der *Albatros* – der spontane Erfahrungsaustausch im Stammlokal „*Reva's*“ gestaltet sich entsprechend lang.

Wahlheimat Whangarei

Für den 5. März werden Windspitzen bis 120 km/h Offshore mit ergiebigen Regenfällen prognostiziert, und Mittwochabends scheint tatsächlich die Welt unterzugehen. Donnerstagmorgens verabschiedet sich in einer Windbö unser Sonnensegel innerhalb von Sekunden, und sintflutartiger Regen zwingt uns den ganzen Tag in die Kabine. Der Regen prasselt so laut gegen das Kabinendach, dass wir die DVD-Filme nur per Untertitel verfolgen können...

Freitag ist der Spuk vorbei, und im lehmig braunen *Hatea River* schwimmen regelrechte Inseln aus Ästen sowie kleine Bäume. Ein mächtiger Ast verfängt sich im Heck unseres unbewohnten Nachbarschiffes, einer *Catana* (hochpreisiger südwestfranzösischer Katamaran), die wohl mehr als den zehnfachen Wert von *Sleipnir2* darstellt. Evi befreit mit einer kleinen artistischen Einlage den Nobelkat mit dem Ergebnis, dass das „Gestrüpp" wenige Stunden später mit der nächsten Flut in unsere Ruderanlage treibt...

An einem der wenigen regenfreien Tage begleiten wir den passionierten Sportschützen Horst in den hiesigen Schützenverein und bekommen eine Einschulung im Umgang mit Pistolen. Sowohl Evi als auch Wolfgang erweisen sich als überraschend treffsicher, bis Evi nach ca. 50 Schuss die Arme schwer werden und sie sukzessive beginnt, den hinter den Zielscheiben liegenden Berghang abzutragen... Frauen tauchen angeblich selten am Schießplatz auf, und so hat sie ihre liebe Not mit dem Engagement ihres Instructors.

Scharfschützin Evi

Horst von der *Albatros* steht kurz vor der Entscheidung, eine Marine-Schrotflinte zu erstehen, und Wolfgang begleitet ihn aus purer Neugier ins Waffengeschäft, was zur Folge hat, dass auch er von der Notwendigkeit eines Waffenkaufes überzeugt ist. Obwohl er seine Entscheidung sehr fantasievoll begründet (Abwehr allfälliger aggressiver Orcas), erntet er – am Schiff zurück – ein unmissverständliches „*Njet*" der Bordfrau, das jede Argumentation nutzlos macht. Die geplante Aufrüstung auf *Sleipnir2* bleibt also aus, über eine Jagd-Armbrust kann man reden...

Beim üblichen abendlichen *Guinness* diskutieren wir über die für uns sonderbar anmutenden Waffengesetze Neuseelands. Mit einer *Visitor Licence* um 25 NZL-Dollar und zwei Passbildern stünde auch dem Zivildiener Wolfgang eine große Auswahl verschiedenster Waffen zur Verfügung. Zur nahezu zwingenden Auseinandersetzung mit dem Thema „Waffen an Bord“ beziehen wir eine klare Position, eine Stellungnahme dazu erfolgt ein wenig später.

Mitte März werden wir in der Norsand-Werft aus dem Wasser gehoben, und somit stehen zwei ausgesprochen arbeitsreiche Wochen an unserem Boot an. Dank der gründlichen, intensiven Vereinbarungen und Vorbereitungen mit den verschiedenen Workshops herrscht während der ersten Arbeitswoche ein besonders geschäftiges Kommen und Gehen diverser Yachtspezialisten auf *Sleipnir2*. Die Nachbarn registrieren mit etwas Neid und leichter Bewunderung, wie – für Neuseeland untypisch – Termine eingehalten werden; aber unsere „europäische“ Art des Nachhakens und wiederholten Anrufens scheint die Kiwis zu motivieren, die penetranten, österreichischen Auftraggeber bald wieder loszuwerden…

Unsere unmittelbare Nachbarschaft besteht größtenteils aus Einhandseglern unterschiedlichsten Charakters: Franzose Bernard war bei der Fremdenlegion und segelt seit elf Jahren durch den Pazifik, elf weitere Jahre könnten es ohne weiteres werden…

Der Walliser Mark hadert mit den Roststellen seiner riesigen Stahlyacht, mit der er auf den Philippinen Tauchausbildungen anbieten möchte – sollte das Schiff jemals fertig werden… Wenn sich der Australier Doug als guter Koch bezeichnet, erhebt aufgrund seiner Statur niemand auch nur den geringsten Zweifel.

Der Schweizer Ernst, der von hier entlang der Westwindzone direkt nach Kap Hoorn

Am Slip in der Norsand-Werft

segeln will, löst die weit verbreitete Unsicherheit des hiesigen Linksverkehrs, indem ein nicht zu übersehender roter Pfeil auf der Windschutzscheibe seines Autos nach links weist… Die bunte Truppe wechselt sich täglich bei der Zubereitung des Dinners ab, und es ist geradezu rührend, wenn sie nachmittags ihre Abmachungen treffen.

Die Zeit unseres Aufenthaltes in der *Norsand Boatyard* fällt auch mit dem zweiten Neuseelandbesuch unseres Freundes Ernst zusammen, der wieder in Sachen Yachtkauf eingeflogen ist. Im Rahmen der diversen Seglertreffen, wie beispielsweise beim *Sundowner* auf dem gerade fertiggestellten Katamaran von Schelmi und Isabel, bekommt er mehr Ratschläge bezüglich Schiffskauf, als er verkraften kann (die beiden haben innerhalb von nur zweieinhalb Jahren ihren *Narai-Wharram* in der *Norsand Boadyard* gebaut). Aber nach wenigen Tagen ersteht Ernst eine ausgezeichnet renovierte *Mason 44*, und auch wir leisten einen kleinen Beitrag zum erfolgreichen Abschluss seiner Mission. Eine Woche später fliegt Ernst mit Kaufvertrag und jeder Menge Aufgaben und Sorgen eines frischgebackenen Schiffseigners im Gepäck wieder nach Wien.

Nach dem Abschleifen werden die Pinnen sechsmal gestrichen

Arbeitspause auf Schelmis Kat mit Ernst und Edmund, der im Mai 2010 im Roten Meer von Piraten überfallen wird

Obwohl wir etwa ein Drittel der Werftlieger kennen, gelingt es uns, diverse Plaudereien – die üblicherweise als getarnte Arbeitspausen eingelegt werden – zu vermeiden. Wir arbeiten im Akkord, verbrauchen fast einen Liter Aceton für die abendliche Hautreinigung, aber nach zwei Wochen wird eine nahezu in Bestform befindliche *Sleipnir2* tatsächlich in ihr eigentliches Element geslippt.

Zurück in der *Town Basin Marina* holt vor allem Wolfgang die – in der Boatyard verpasste – Unterhaltung nach und braucht gelegentlich eine halbe Stunde für den etwa 100 Meter langen Pier bis zum Schiff… Evi bezeichnet ihren Skipper gerne als „Quassler“, was bei den Engländern mit *'talkative guy'* etwas besser klingt, aber vermutlich aufs Gleiche hinauskommt. Mitverantwortlich dafür ist die mittlerweile eingeflogene Crew des an unserem Steg festgemachten österreichischen Katamarans *Tahaa*, der die letzten Monate von Eignerstochter Claudia bewohnt war. Mit Erich und Hans wird Wiener Dialekt und Schmäh gepflegt – eine „Sprachkultur“, die besonders Wolfgang ein wenig abgegangen ist, die er aber zweifelsfrei nicht verlernt hat.

Die Österreicher-Präsenz innerhalb der Seglergemeinde in Whangarei ist ohnehin bemerkenswert – gleich vier Schiffe (drei Katamarane) unter Rot-Weiß-Roter Flagge warten hier die Taifunsaison im tropischen Pazifik ab. Im Cockpit von *Sleipnir2* drängen sich an einem Nachmittag gleich drei österreichische Crews mit Vertretern von Vorarlberg über Oberösterreich bis Wien und beratschlagen sich im heimischen Jargon bezüglich der Anforderungen der nächsten Segelreviere.

Das Konzept des österreichischen Katamarans *Ahu* spricht uns besonders an – ein Schiff, das wir uns ohne Weiteres für eine spätere Segelreise (steht allerdings in den Sternen) vorstellen könnten. Die Vorarlberger Jacqueline und Peter sind mit ihrer bescheidenen Art eher die Ausnahme innerhalb der Seglergilde, dafür kann ihre Erfahrung wirklich jedem Vergleich mit anderen Cruisern standhalten. Ende der 60er-Jahre haben sie in Italien eine Segelschule geführt, Anfang der 70er-Jahre eine Charterbasis gegründet, und die Zahl ihrer Atlantiküberquerungen ist längst beachtlich. Beim Erzählen eher unter- als übertreibend, muss man sie länger kennen, um nach und nach ihre Geschichte zu erfahren – im Vergleich dazu ist Wolfgang mit Schilderungen seiner wesentlich kürzeren Segelhistorie deutlich „freigiebiger“…

Am Steg werden wir von unseren Wiener Freunden Hans (kocht immer authentisch mit Schürze) und Erich mit Leberkäse, Speck und „Fleischlaberln“ versorgt. Die deftige Kost bringt Turbulenz in Evis gesunde Küche, aber die lange entbehrte heimische Küche ist ein paar Ausnahmen wert. Evi erteilt am Pier gelegentlich Nachhilfestunden für Englisch und wird mit Rum „bezahlt“, wodurch es hinsichtlich des notwendigen „Absackers“ (abschließendes hochprozentiges Getränk) an Bord zu keinen Engpässen kommt.

Die staubigen und unangenehmsten Arbeiten am Schiff sollten Anfang April vorbei sein, und die To-do-Listen beginnen wirklich kürzer zu werden. Wir besorgen und ordnen Seekarten sowie Revierführer, kümmern uns um Visa, decken uns mit Medikamenten für die Malariagebiete ein und beginnen mit der Verproviantierung, solange wir noch Autobesitzer sind – wobei Evi einmal mehr ihr Talent beweist, ungeahnte Mengen von Dosen und Wasserflaschen im Boot zu verstauen.

In Neuseeland zieht unverkennbar der Herbst ein, und langsam aber sicher macht sich unter den Seglern Aufbruchsstimmung breit. Wir bleiben aber in jedem Fall bis zum 20. April vor Ort, um Ernstis Freundin Dagmar nicht ganz uneigennützig willkommen zu heißen – sie wird schwer an Ersatzteilen für *Sleipnir2* tragen… Auch in der Zeit nach dem Werftaufenthalt ist unser Arbeitspensum also immer noch hoch, und jeder Tag ist mit kleineren Arbeiten am Schiff und Besorgungen ausgefüllt: Winschen reinigen und fetten, Fallen und Schäkel tauschen, Luken neu einglasen, Benzin, Gas und Wasser bunkern, Auto verkaufen und vieles mehr – jedenfalls erweist sich die (vor dem Neuseeland-Aufenthalt aufgekommene) Angst vor Langeweile wirklich als äußerst unbegründet.

In den folgenden Tagen treffen in der *Town Basin Marina* vermehrt Segler ein, mit denen wir über die meiste Zeit in Neuseeland kaum Kontakt hatten – einer von ihnen ist unser „alter" Freund *Galateia*-Wolfgang. Offen gesagt, wir baden regelrecht in der Gesellschaft von Freunden aus dem Pazifik. Es herrscht leicht nervöse Aufbruchsstimmung, und die Diskussionen, wer, wann, wohin mit welcher Taktik ablegt – oder eben nicht, sind längst im Gange. Wetterguru Winfried steht diese Saison nicht zur Verfügung, weil er mit seiner Frau Ute einen Heimaturlaub in Planung hat, und aus Fiji werden innenpolitische Unruhen gemeldet, wodurch die Unterhaltungen noch etwas Würze bekommen.

Mitte April werden alle Segler zu einer *Farewell Party* geladen, aber die Meteorologen sehen bis Anfang Mai kein Wetterfenster: es regnet häufig, phasenweise mit stürmischen Winden, aber alles kein Vergleich zu jenem Tief, das gleich einer riesigen Zwiebel südlich des Polarkreises mit 950 hPa Luftdruck nach Osten zieht – ein Wert, den wir nie zuvor gehört oder gelesen haben.

Während des Wartens nimmt der Alltag der Segler in Whangarei bzw. an unserem Pier seinen geregelten Lauf. Die Arbeiten werden naturgemäß weniger oder verlagern sich. Wolfgang spult sein Trainingsprogramm regelmäßig ab und widmet sich wieder konsequent der – etwas vernachlässigten – akribischen Zahnpflege, die ihm von „seiner" Zahnärztin Gerlinde vor Abfahrt verordnet wurde.

Im Gym am Fluss

Evi entlockt dem Laptop mehr und mehr

Evi und Jacqueline feiern ihre Erfolge am Laptop

Geheimnisse und wird als Autodidakt (Wolfgang ist noch immer „Computeranalphabet“) zu einer wahrhaften Spezialistin im Installieren verschiedenster Programme. Ein wenig Hilfe bekommt sie durch Weltumsegler Wolfgang von der *Moony*, aber vor allem durch Jacqueline von der *Ahu*. Die beiden Bordfrauen verstehen sich besonders gut und lösen gemeinsam hoch motiviert die Rätsel unterschiedlichster Installationsprogramme – vor allem das Airmail-Programm und das Einrichten der GPS-Maus auf dem schwierigen Betriebssystem Windows Vista.

Thema Nummer eins unter den Seglern wird das kaum durchschaubare und widersprüchliche Prozedere um das Einreichen des indonesischen *Cruising Permits,* das sinnvollerweise schon jetzt eingeleitet werden sollte. Für Verwirrung sorgen eine Reihe differierender Gerüchte, die nur einen gemeinsamen Nenner haben: Unangenehme und teilweise saftig teure Auflagen der indonesischen Behörden. Evi hat sich als eine der Ersten durch den Dschungel von Anforderungen, Formularen und Überweisungen gekämpft und wird Anlaufstelle für diesbezügliche Anfragen teilweise ziemlich verzweifelter Skipper.

Ihren eigenen Skipper beschäftigen Probleme anderer Art. Nachdem schon vor Wochen ein Blutgefäß am linken Auge geplatzt ist, hat Wolfgang einen hier nicht näher erläuterten „Unfall“ mit einem Abfallcontainer, wodurch sein rechtes Auge in sensationell kurzer Zeit purpurfarben anschwillt – jedenfalls gleicht er einige Tage einem rekonvaleszenten Boxer.

Evi und Dagmar auf der SY Eclipse

Für Hohn und Spott am Pier ist gesorgt, und auch die mit Wortwitz weniger veranlagten Segler bemühen sich – entbehrlicherweise – um einen unterhaltsamen Kommentar.

Das Warten auf einen günstigen Zeitpunkt, um nach Fiji ablegen zu können, geht auf jeden Fall weiter – Gefahr für Langeweile besteht aber nicht…

Ende April kommt Ernst wieder nach Neuseeland zu seinem Schiff, an dessen Heck seit wenigen Tagen der neue Name *Eclipse* prangt. Von den eifrig geführten Wetterdiskussionen für den Törn nach Fiji bleibt er vorerst verschont, aber der erwartete Aufbruch zurück in die Tropen scheint Gestalt anzunehmen.

Es gilt ein rasch von der Tasman-See nach Osten ziehendes Tief, das sich am Wochenende über der Nordinsel intensivieren wird, abzuwarten. An seiner Rückseite könnte sich, im Zusammenhang mit einem aus Australien folgenden Hoch, das erste Wetterfenster dieser Saison öffnen. Unter den Seglern herrscht darüber allerdings alles andere als Einigkeit, und es ist tatsächlich verblüffend, wie rasch sich hier im Südpazifik die Szenarien der Druckgebilde ändern.

Zurück in die Tropen

Wir wettern die Kaltfront in der neuen, noch im Aufbau befindlichen *Marsden Cove Marina,* am Ausgang des *Whangarei Harbours* nahe *Bream Head* ab. Wir ziehen uns mit Heizstrahler und Laptop zwei Tage in den Steuerbordrumpf zurück und haben so Waschgelegenheit, Klo und Bett in einem Raum. *Sleipnir2* liegt im Regen unter 30 bis 45 Knoten Wind unruhig an den Festmacherleinen, die nach den abgelaufenen Monaten in der Marina von Whangarei langsam Auflösungserscheinungen zeigen.

Wenn man bedenkt, dass bei Windgeschwindigkeiten im Bereich von acht Beaufort der Auskühlungseffekt der Lufttemperatur mindestens 13° C beträgt, relativieren sich die angegebenen 12° C bis 14° C Tageshöchstwert... (dieser Effekt lässt sich nicht linear berechnen, sondern hängt von den jeweiligen Windstärken und Lufttemperaturen ab).

Am nächsten Morgen ist der Spuk vorbei, und wir laufen am 3. Mai 2009 nach unkompliziert abgewickelten Zollformalitäten an einem strahlend schönen Sonntag mit Kurs Fiji, genauer gesagt Savusavu auf Vanua Levu, aus. Bei leichten Winden aus SSW schiebt uns der Spinnaker entlang der neuseeländischen Ostküste nach Norden – der Sonne entgegen. Wir segeln drei Tage mit angenehmer Backstagsbrise, bis uns die nördlichsten Ausläufer jenes Tiefs, vor dem wir seit Neuseeland „flüchten“, doch noch erreichen. Die *Squalls* der Regenfronten bescheren uns die höchsten Windgeschwindigkeiten der gesamten Reise – zweimal laufen wir vor Topp und Takel ab, trotzdem befördern Überläufer erstaunliche Wassermengen in das Cockpit und sogar in unsere Rümpfe. Evi bekommt zwei Vollduschen ab, wobei die zweite unter Deck in der Pantry ihr sonniges Gemüt doch auf eine harte Probe stellt...

Letzte Vorbereitungen vor dem Schlag nach Fiji

Am selben Tag bricht wieder das Pendelruder des Windpiloten durch Kollision mit einem treibenden Gegenstand/Tier (?), und während Evi von Hand steuert, gelingt es Wolfgang, das Reserveruder bei acht bis neun Knoten Fahrt über Grund anzubolzen. In Savusavu werden wir wohl wieder einen Tischler aufsuchen, um weitere Reserveruder anfertigen zu lassen. Die anschließenden wolkenklaren, warmen Leichtwindtage dienen zum Verschnaufen und Trocknen des Kats, dürfen aber nicht darüber hinwegtäuschen, dass uns ein weiteres Tief mit einer Ausdehnung, die etwa der Strecke Sizilien nach Friesland entspricht, „auf den Fersen" ist. Mit entsprechender Motorenunterstützung versuchen wir, rasch nach Norden zu gelangen und fahren durch eine unglaublich mystische, windstille Vollmondnacht auf einem ruhigen, „ölig" glatten Pazifik.

Schneller als erhofft finden wir zur gewohnten Bordroutine; Evi weiß bald genau, welche Pactorstationen zu welcher Zeit die besten Ausbreitungsbedingungen aufweisen und sendet bzw. empfängt Emails mit Rekordübertragungswerten (mehr als 9 200 Bit/sec bei Empfang). Zweimal am Tag holen wir Wetterkarten ein, gleichen sie am Funk mit den anderen Schiffen ab und haben das Gefühl, über die Wind- und Wellenverhältnisse in diesem Teil des Pazifiks im Bilde zu sein.

Mit jedem Tag wird es wärmer, und wir schälen uns schichtweise aus unserer Zwiebelkleidung. Wir sind – der europäischen Jahreszeit entsprechend – zu „Allerseelen" mit fünf Kleidungsschichten ausgelaufen und finden uns eine Woche später nördlich des tropischen Wendekreises in kurzer Hose und T-Shirt wieder.

Unter ausgezeichneten Segelbedingungen nähern wir uns nach zehn Tagen und knapp 1 200 Seemeilen am 13. Mai der Riffeinfahrt von *Point Passage.* Evi laboriert leider an einer schmerzhaften Augenentzündung und deckt ihr linkes Auge im „Piratenlook" ab, trotzdem – oder gerade deshalb – treiben wir unser Schiff voran und setzen zum Spinnaker etwas unkonventionell eine Arbeitsfock in Luv.

Bei der Ansteuerung des Mooringfeldes von Savusavu heißen uns Joachim und Kirsten von der *Sappho* mit dem Nebelhorn seemännisch willkommen.

Einlaufen in Savusavu nach zehn Tagen

YARA WOMENS
SINGSING GROUP
96

IV. Melanesien

Pontianak
Samarinda
Balikpapan
Palu
Luwuk
Gorontalo
Yansoribo
Ransiki
Serui
Jayapura
Kilifas
Darapap
Negara
Taripa
Wahai
Fakfak
Banjarmasin
Parepare
Ambon
Amanab
Ujungpandang
Maros
Amamapare
Mount Hagen
Semarang
Indonesia
Kiunga
Goroka
Lae
Surabaja
Lake Murray
Kiriwo
Malang
Dili
Kerema
Vila Salazar
Morehead
Soe
Suai
Timor Leste (East Timor)
Port Moresby
Nembrala
Kupang
Paru
Darwin
Weipa
Portland Roads
Woolianna
Port Warrender
Maranboy
Roper Bar
Musgrave
Wyndham
Willeroo
Rossville
Dunmara
Walsh
Gibb River
Tolga
Derby
Wave Hill
Northern Territory
Karumba
Tumoulin
Lagrange Mission
Renner Springs
Trebonne
Yabulu
Pardoo Roadhouse
Tennant Creek
Cossack
Sandfire
Wauchope
Whitewood
Pannawonnica
Wycliffe Well
Tangorin
Tom Price
Minjoo
Yuendumu
Boulia
Winton
Paraburdoo
Newman
Alice Springs
Alice
Queensland
Brickhouse
Docker Creek
Yaraka
Yalleroi
Western Australia
Wooramel
Erldunda
Adavale
Denham
Wiluna
Australia
Cheepie
Cue
Oodnadatta
South Australia
Yalgoo
Sandstone
Thargomindah
Bollon
Wongoondy
Laverton
Coober Pedy
Yandanooka
Yantabulla
Hergott Springs
Comet Vale
Wubin
Tarcoola
White Cliffs
Darling
Wedge Island
Perth
Widgiemooltha
Yanco Glen
Cobar
Ceduna
Whyalla
Yunta
New South Wales
Mandurah
Williams
Norseman
Great Australian Bight
Appila
Wagin
Yeelanna
Yacka
Mildura
Nannup
Strachan
Esperance
Stirling
Leeton
Walpole
Adelaide
Werai
Echuca
Victoria
Kingston
Melbourne
Southend
Mount Gambier
Geelong
Marrawah
Burnie
Port Sorell
Southport Lagoon

Kiribati
Nauru
Wang
Rabaul
Gagan
Arawa
Gasmata
New
Aku
Soloman
Islands
Buala
Tuvalu
Sehulea
Honiara
Mwanibwaghosu
Tagula
Samoa
Islands
Labasa
Vanuatu
Tarua
Port-Vila
Fiji
Suva
Niue
New
Caledonia
Tonga
Yeppoon
Avondale
Bauple
Miles
Brisbane
City Of Gold Coast
Yamba
Woolgoolga
Wootton
Sydney
Wollongong
Tasman Sea
Te Paki
Kaitaia
Dargaville
Auckland
Manukau
Tauranga
Hamilton
Gisborne
New Plymouth
Napier
Palmerston North
Nelson
Blenheim
Wellington
Greymouth
Whataroa
Christchurch
New
Haast
Zealand
Waimate
Winchester
Balfour
Hampden
Dunedin
Invercargill

Fiji – *Easy going*

Die etwas gefürchteten Einklarierungsformalitäten in Fiji laufen auf *Sleipnir2* völlig friktionsfrei in kürzester Zeit ab. In altbewährter Manier führt Evi in ihrer verbindlichsten Art die Gespräche, übt sich im Smalltalk mit den Offiziellen und kredenzt Coca Cola – man schätzt dieses Zeug hier sehr. Wolfgang hält sich im Hintergrund und leistet ab und dann seine *Master Signature.*

Jedenfalls gesellen wir uns pünktlich um 5.00 pm *(Happy Hour)* zur illustren Runde der anderen Neuankömmlinge im *Copra-Shed*-Yachtclub. Leider wird das Fiji-Bier auch geringen Erwartungshaltungen nicht gerecht – man wird eine Lösung finden…

Erstmals seit der Ankunft in der Karibik haben wir wieder das Gefühl, gut in unserem Zeitplan zu liegen, der leider viel zu starr in unseren Hinterköpfen festsitzt. Wir wollen von nun an wieder vermehrt Reisende ohne Zeitdruck sein. Die Aufenthalte richten sich zwar nach dem Wetter, wir bleiben aber länger da und kürzer dort, sind immer nur Gast, solange es uns eben gefällt. Der Reisende oder Gast hat den Vorteil, sich nur bedingt an die lokalen Umstände in den verschiedenen Regionen und Kulturen anpassen zu müssen. Ein freies Leben von Vagabunden, dem letztlich möglicherweise doch eine Zuordnung fehlt, ein Platz, an dem man zu Hause ist? Wir könnten nicht über die Weltmeere ziehen, ohne uns auch heimisch zu fühlen – in unserer traumhaften Wohnung am Stadtrand von Wien, rundum umgeben vom Grün des Wienerwaldes.

In mancherlei Hinsicht müssen wir uns nach den fünfeinhalb Monaten in Neuseeland auf den – aus mehr als 300 Inseln vulkanischen Ursprungs bestehenden – Südpazifikstaat erst umstellen. Kreditkarten sind weitgehend unbekannt, der Internetzugang äußerst „launisch“ und Nerven strapazierend, dafür sind Luft und Wasser tropisch warm, leider regnet es täglich, genauer gesagt es schüttet wie aus Kübeln. Für einen Tag macht ein Kreuzfahrt-

Durchs Bligh Water mit anderen Yachten

schiff Station, und Savusavu verwandelt sich in einen pulsierenden Ort mit Souvenirständen entlang der Straße, Live-Musik in allen Bars und Restaurants und einem Großaufgebot an Ausflugsbussen. Am folgenden Tag fällt die Stadt wieder in ihren Dornröschenschlaf, und die Dinge nehmen ihren gewohnt ruhigen Gang.

In Fiji leben die melanesischen Fijianer und die ab dem 19. Jahrhundert von den Briten auf den Inselstaat gebrachten Inder etwa zu gleichen Teilen auf einem Drittel der Inseln. Der Kampf um den politischen Einfluss im Land schafft eine permanent latente Bürgerkriegsgefahr, von der der Segeltourismus allerdings verschont ist – die Bevölkerung Fijis ist ausnehmend freundlich und unaufdringlich. Im Vergleich zu den Polynesiern sind die Melanesier – wie schon der Name vermuten lässt – dunkelhäutiger, oft mit Kraushaar erinnern sie eher an Schwarzafrikaner, bei manchen glauben wir Ähnlichkeiten mit Aborigines zu erkennen. Viele Mischlinge legen Zeugnis davon ab, dass die zwei Bevölkerungsgruppen nicht nur – wie oft betont – nebeneinander, sondern durchaus auch miteinander leben… Dienstag, den 19. Mai, laufen wir mit drei anderen Schiffen von Savusavu aus, um Lautoka im Westen von Viti Levu noch vor dem – für Samstag angekündigten – Tief zu erreichen. Seit dieser Saison müssen alle Yachten, welche in den westlichen *Mamanuca*- und *Yasawa*-Gruppen segeln wollen, nochmals in Lautoka einklarieren und dort ein gesondertes Permit beantragen.

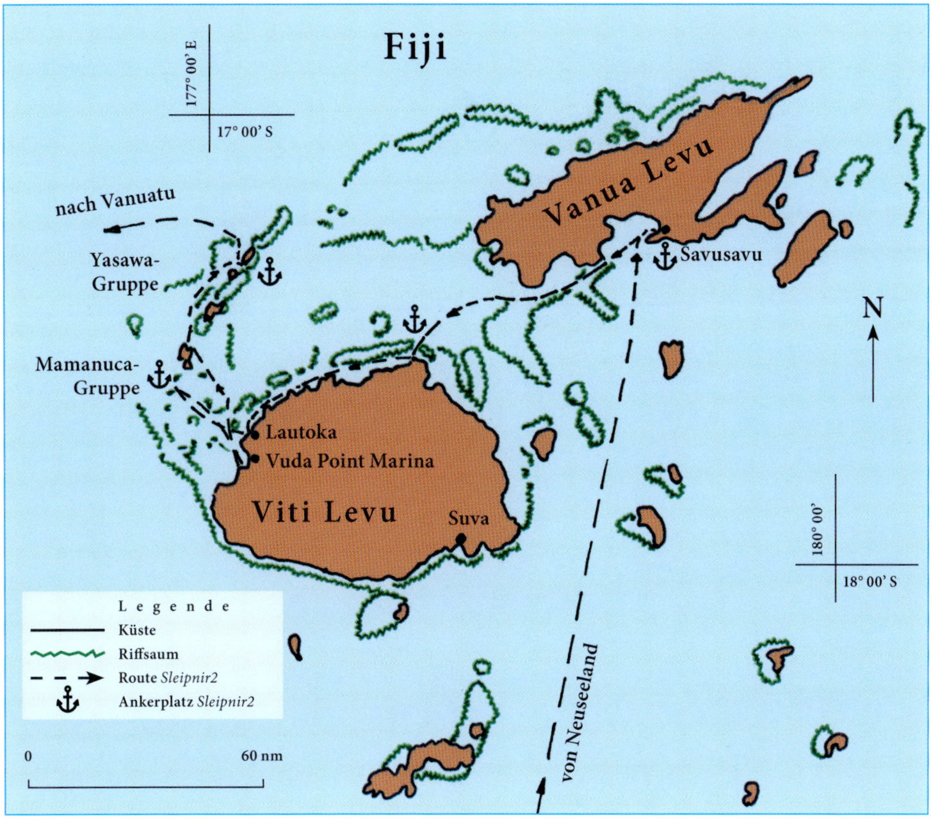

Das Segeln innerhalb des Fiji-Archipels ist äußerst anspruchsvoll und eigentlich nur unter Tageslicht verantwortbar. Zahllose Riffe, teilweise ungenau oder sogar falsch in den Karten verzeichnet, nicht kartografierte Gebiete und kaum ausreichend Seezeichen (Fiji hat ein eigenes Kardinalsystem) lassen zur *'Eyeball Navigation'* von Bug oder Saling aus keine Alternative. Bei Etappen nach Norden können trotzdem über den größten Teil des Tages Untiefen und Riffe nur schlecht ausgemacht werden, da die Sonne hier, zumindest in der taifunfreien Hauptsaison, von Ost über Nord nach West dreht (unrichtige, geozentrische Sichtweise – erleichtert allerdings das Verständnis für astronomische Navigation).

Kardinalsystem:

- weißes Dreieck mit Spitze nach oben – Untiefe seeseitig passieren
- schwarzes Dreieck mit Spitze nach unten – Untiefe landseitig passieren
- weißes Quadrat auf Spitze stehend – Einzelgefahrenzeichen
- Dreiecke mit Spitzen zueinander markieren befahrbaren Kanal

Darüber hinaus führt Fiji das IALA-Betonnungssystem A, auf in Betrieb befindliche Leuchtfeuer sollte man besser nicht bauen.

Nach der *Nasonisoni*-Passage fahren wir im *Namena Barrier Reef*, dann durch das südöstliche *Bligh Water* mit Kurs *Nanuni*-Passage und danach entlang eines schiffbaren Kanals zwischen den außenliegenden Riffen und der Nordküste Viti Levus. Die österreichische *Golden Tilla* mit Wolfgang und Uli, die deutsche *Sappho* mit Kirsten und Joachim und die holländische *Libertijn* mit Hans segeln bzw. motorsegeln mit *Sleipnir2* vier Tage mehr oder weniger Boot an Boot. Es entsteht eine Vielzahl an Fotos, und trotz großer Aufmerksamkeit für die Navigation bleibt für die ein oder andere Blödelei doch noch Zeit – obwohl den „Fünfziger" vor Augen, immer noch eine Spezialität von *Sleipnir2*-Wolfgang.

Evi fängt noch am ersten Tag den größten Mahi Mahi unserer gesamten Reise und kann den Fang alleine gar nicht mehr ins Boot bringen. Schnell sind über VHF-Funk entsprechende Beilagen organisiert, und am ersten Ankerplatz in der *Nandi Bay* findet auf *Sleipnir2* ein großes Fischdinner statt.

Zeit zum Blödeln

Am Freitag kommen wir in Lautoka, der größten Zuckermetropole der Südhalbkugel, an, und man könnte fast den Eindruck gewinnen, dass die Zollbeamten sehr bemüht sind, ihrem schlechten Ruf gerecht zu werden. Obwohl ja bereits seit Savusavu einklariert, beginnt der Wust an Papierarbeit von Neuem, der Umgangston ist eher arrogant bzw. unfreundlich als förmlich, und ein sehr beleibter Beamter lässt es sich nicht nehmen, die Boote genau zu inspizieren. Wir können richtiggehend beobachten, wie sein Gehirn arbeitet, um einen Grund für etwaige Sondergebühren zu finden, aber nachdem auf *Sleipnir2* unglücklicherweise alles in Ordnung zu sein scheint, hebt er zumindest für die Entsorgung eines Mistsackes 15 Fiji-Dollar (€ 5,50) ein.

Nach einem Kurzbesuch in der Stadt selbst, um die Verproviantierungsmöglichkeiten zu checken, reihen wir Lautoka weit oben in die Liste der unattraktivsten Städte, die wir je bereist haben. So fällt die Entscheidung leicht, uns noch am Samstag, kurz vor dem bereits aufziehenden Tief, in die *Mamanuca*-Gruppe nach *Malolo Lailai* vor den *Musket Cove*-Yachtclub zu verholen. Endlich liegen wir an einem Platz, der dem Klischee Fijis wohl sehr nahe kommt.

Einzig die Tauch- und Schnorchelausflüge bleiben weit hinter den Erwartungen zurück. Das Wasser ist sehr planktonhältig, und in Zusammenhang mit dem weichen Schlammgrund beträgt die Unterwassersicht kaum mehr als vier Meter. Wir würden uns stellenweise im Attersee wähnen, wäre da nicht die Wassertemperatur von ca. 27° C. Auch das regelmäßige Auftauchen der hochgiftigen schwarz-weiß-gestreiften Seeschlangen trübt ein wenig das Badevergnügen…

Ein kapitaler Mahi Mahi

Romantisches Malolo Lailai – *'I do!'*

Aus gutem Grund beschließen wir jedenfalls, einige Zeit zu bleiben, erwerben mit der Investition von einem Fiji-Dollar eine lebenslange Mitgliedschaft im Yachtclub und dürfen so die Einrichtungen des *Musket Cove Resorts* inklusive Pool und Cocktailbar benützen. Noch am Tag des Eintreffens in *Malolo Lailai* schlendern wir durch die Hotelanlage auf der Suche nach der Hochzeitskoordinatorin Gloria.

Der Plan, im Rahmen dieser Reise an einem Palmenstrand barfuß und ohne jegliches Modediktat im kleinsten Kreis zu heiraten, bestand schon lange. In Savusavu reichen wir endlich die Lizenz für eine Hochzeit auf Fiji ein, wobei der Behördengang ein Ämtererlebnis vom Feinsten bietet – das pubertäre Gekicher des Beamten, für einen 49-jährigen Junggesellen die Formulare auszufüllen, fordert ein wenig Selbstbewusstsein vom zukünftigen Bräutigam…

Tatsächlich bieten uns Gloria bzw. das *Musket Cove Marina Resort* überraschend schnell die Chance, eine Heirat unkompliziert zu organisieren; und dies sogar am 2. Juni, unserem 17. Jahrestag (auf den Wochentag genau!). Zunächst halten wir unser Vorhaben noch geheim und bereiten uns ruhig und ohne jede Hektik darauf vor, unser „schlampiges Verhältnis" zu legitimieren. Aus Rücksicht auf die an Magersucht leidende Bordkasse wählen wir aus einer Hochzeitsliste von schier zahllosen *Specials* die Standardvariante, lediglich mit einer Tiara für Evi.

Nach und nach weihen wir die anderen vor Anker liegenden Freunde und Bekannten in unser Vorhaben ein. Wir genießen die völlig ungläubigen und erstaunten Gesichter, wenn wir nach der Aufforderung, sich am Dienstag nichts vorzunehmen, und der resultierenden Frage nach dem Warum lapidar antworten, dass wir an diesem Tag heiraten werden. Kirsten von der *Sappho* ist durch unsere Bitte, als Trauzeugin zu fungieren, sprachlos (kommt so gut wie nie vor) und gerührt, leider hat ihr Mann Joachim kurzfristig einen Heimaturlaub in Planung. Von *Galateia*-Wolfgang (er hat uns schon als Linehandler durch den Panamakanal geholfen) wissen wir, dass er sich unweit in den Gewässern Fijis mit Crew aufhält, und zwei Funkgespräche später haben wir unseren zweiten Trauzeugen.

Am Tag der Hochzeit macht uns zunächst die instabile Wetterlage Sorgen, später unser Trauzeuge, der gegen Starkwind aufkreuzen muss und mit seiner *Galateia* erst drei Stunden vor der Zeremonie in die *Musket Cove* einsegelt. Während und nach dem Vorbereitungsgespräch mit dem Priester spürt auch Wolfgang eine gewisse Nervosität in sich aufkommen. Schließlich läuft aber alles nach Wunsch, auch wenn der Bräutigam das Gefühl hat, während seiner Textpassagen *('Wedding Vows')* in die kontrollierenden Augen einer Englisch-Professorin zu blicken…

Wolfgang und Uli von der *Golden Tilla*, Hans von der *Libertijn*, Massimo mit Crew

Julia und Vincenzo von der *Frasimada* sowie Andrea und Gabriela von der *Point Zero* bilden den intimen Rahmen unserer Hochzeitskongregation unter Palmen mit anschließendem Sektumtrunk.

Nach einem nicht enden wollenden Fotoshooting am Strand bei mittlerweile Bilderbuchwetter lädt Kirsten am späten Nachmittag zu Kaffee und Torte auf die *Sappho* ein. Das Candlelight-Dinner mit Kirsten und *Galateia*-Wolfgang am nächtlichen Strand ist schließlich der passende Rahmen für den Abschluss dieses besonderen Tages.

Wolfgangs Mutter Gudrun, die als einzige über die Nachricht nicht überrascht scheint, kann die lange Anreise nicht antreten, und auch darüber hinaus müssen wir wohl oder übel auf Gäste aus der Heimat verzichten.

Evi bringt Wolfgang „auf die Palme"

Unsere Hochzeit auf Malolo Lailai

In den folgenden Tagen ist Evi damit beschäftigt, mehr als 600 Bilder und 40 Minuten Film zu sichten, zu ordnen und für die Website auszuwählen. Wegen Schlechtwetters verlegen wir uns in die *Vuda Point Marina* und können dank stabilen Internetzugangs einen großen Teil der Glückwunschmails bereits beantworten.

Um die Wettersituation zu überbrücken, fahren wir mit öffentlichen Bussen nach Nadi, das abgesehen von gut sortierten Souvenirgeschäften wohl wenig zu bieten hat. Wir erwerben – wie wir glauben günstig – Holzschnitzereien im großen Stil und lassen diese per Schiffsfracht nach Hause schicken.

In der *Vuda Point Marina* treffen wir auch Jürgen und Ingrid, die sich mit ihrer Motiva *Josi* bereits auf ihrer zweiten Weltumsegelung befinden. Jürgen war tatsächlich der Letzte, der mit der im März 2003 am Kap Hoorn spurlos verschwundenen Yacht *Ole Hoop* Funkkontakt hatte. Die beiden populären deutschen Segler Klaus und Johanna haben in den Neunzigerjahren mit ihrem Buch „*Der erfüllbare Traum*" vielen einen Anstoß zum Blauwassersegeln gegeben, und diese letzten Funkgespräche vor der Tragödie werden unter deutschsprachigen Seglern immer wieder zitiert – wir verbringen einen nachdenklichen Abend auf der *Josi*.

Unsere Hochzeitskongregation

Blue Lagoon

Am folgenden Tag motorsegeln wir die sieben Meilen nach Lautoka, um von Fiji – überraschend unkompliziert – auszuklarieren. Wir bleiben allerdings illegal noch einige Tage in den Inseln und segeln in die *Yasawa*-Gruppe zur sogenannten *„Blue Lagoon"*, Schauplatz und Drehort des gleichnamigen Filmes mit Brooke Shields und Christopher Atkins. Für Evi geht ein Jugendtraum in Erfüllung, nachdem sie den Film als Teenager Anfang der Achtzigerjahre gesehen hat.

Dieser Ankerplatz reiht sich ohne Frage in die malerischsten Buchten unserer gesamten Reise ein. Bei den eigentlichen Eigentümern der Insel, einer Familie, die nahe der Tauchbasis in einer einfachen Hütte lebt, absolvieren wir die obligate Begrüßungszeremonie *„Sevusevu"*, anschließend schlendern wir über den endlos langen, einsamen Palmenstrand. Das Ritual des *„Sevusevu"* besteht im Wesentlich darin, dem Häuptling des jeweiligen Dorfes Kava-Wurzeln als Gastgeschenk zu überreichen. Im Gegenzug werden unverständliche Formeln gemurmelt und die trockenen Wurzeln gesegnet, anschließend erhält man üblicherweise vom Chief die Erlaubnis, sich im Dorf und auf der Insel frei bewegen zu dürfen bzw. ist

In der blauen Lagune

Blue Lagoon – Drehort zum gleichnamigen Film

Mit dem Dingi durch die Lagune

Kava-Wurzeln

Ein köstliches Mahl aus dem Erdofen

man als Besucher willkommen. Für die geplanten Besuche auf den verschiedenen Fiji-Inseln haben wir uns schon kurz nach der Ankunft auf Vanua Levu mit ausreichend Kava, Wurzelstöcken des sogenannten Rauschpfeffers, eingedeckt.

Bereits am ersten Abend werden wir zu einem Erdofenessen, der weltweit ältesten Kochtechnik überhaupt (existierte schon vor der Erfindung der Töpferei) und anschließender Kava-Zeremonie eingeladen. Während das Fleisch, das in einer Erdgrube einige Stunden auf im Feuer erhitzten Steinen, mit Bananenblättern überdeckt, schonend gart, köstlich schmeckt, ist der Kava-Genuss ein eher unvermeidbarer Akt der Höflichkeit. Das Pulver der zerstampften Wurzeln wird in einem Stoffbeutel oder Tuch im Wasser gespült und gewrungen, ähnlich wie man einen Putzlappen im Wasser auswindet, und genauso erscheint dann auch die fertige Flüssigkeit. Das Zeremonialgetränk wird in halbierten Kokosnussschalen gereicht und soll anxiolytische und analgetische Wirkung haben. Nach einigen Kokosnussschalen des erdigen Gebräus fühlen wir uns allerdings weder besonders entspannt noch in leicht euphorischer Stimmung, dafür sind Zunge und Lippen taub, und es kommt auf einen Trunk mehr oder weniger nicht mehr an…

Am folgenden Morgen nehmen wir an einem Tauchgang mit einer Haifischfütterung teil, deren Höhepunkt allerdings eine riesige, vermutlich steinalte Stachelmakrele ist, die fast stoisch in das hektische Treiben der Haie schwimmt und, scheinbar alles um sich ignorierend, die größten Futterstücke an sich reißt.

Ein Weißspitzen-Riffhai

Fischjagd mit Massimo

Am Nachmittag gehen wir mit Massimo von der *Frasimada* im Riffpass harpunieren, für Wolfgang eine Lehrstunde im Freitauchen. Der charismatische, kettenrauchende Römer ist vielmehr Genießer als ein Verfechter gesunder Lebensphilosophien, umso mehr ist es beschämend, wie oft es Wolfgang an die Wasseroberfläche zum Luftschnappen zwingt, während Massimo minutenlang hinter einem Riffblock wie ein Barsch auf der Lauer liegt („*piano, piano, amico mio*" – haha).

In der Zwischenzeit haben nahezu alle Yachten von Neuseeland kommend Fiji erreicht. Viele hatten mit schwerem Wetter zu kämpfen und eine Reihe von Riggschäden davongetragen. Ein britisches Schiff driftet tagelang mit Steuerungsproblemen, und eine amerikanische Superyacht sinkt – die Besatzung kann allerdings unverletzt abgeborgen werden.

Für uns wird es leider Zeit abzulegen und Kurs Vanuatu zu nehmen. Wir sind erleichtert, unsere *Sleipnir2* unbeschadet durch die vielen Riffe manövriert zu haben, außerdem wollen wir den Behörden nicht unnötig lange vor der Nase tanzen, schließlich sind wir seit Tagen ausklariert und sollten das Hoheitsgebiet längst verlassen haben.

Vanuatu – Inseln jenseits der Zeit

Mit durchaus unsicherer Wetterprognose gehen wir, den traditionellen Regeln der Seefahrt trotzend, an einem Freitag Anker auf und segeln am zweiten Tag prompt in ein ausgedehntes Regentief. In kurzer Zeit baut sich eine hohe See auf, die uns zwar regelmäßig mit elf Knoten Fahrt die Wellenberge absurfen lässt, dem kleinen Kat aber auch ein wenig Grenzen aufzeigt. Glücklicherweise pendelt sich der Wind bald wieder auf „normale" Passatstärke ein, doch der Seegang, der für harte Schiffsbewegungen sorgt, bleibt uns bis zum letzten Tag erhalten.

Wir müssen östlich des Vanuatu-Archipels mit Westwinden rechnen, was etwa im umgekehrten Sinn einem Lottosechser entspricht, und so bleiben wir nördlich der direkten Linie, um gegebenenfalls mit dem Westwind nach Süden zu segeln. Ein Tief über den südlichen Inseln macht es schließlich unmöglich, die Vulkaninsel Tanna – wie ursprünglich geplant – anzulaufen. Wir disponieren um und nehmen Kurs direkt auf die Hauptstadt Port Vila auf der Insel Éfaté.

Während Wolfgang ein Nachmittagsschläfchen hält, fängt Evi einen kleinen Thunfisch, der ihr für ein opulentes Dinner noch nicht ausreichend erscheint. Sie bringt die Angel wieder aus mit dem Ergebnis, dass zehn Minuten später an beiden Leinen je ein Tuna hängt – das Cockpit der *Sleipnir2* gleicht einem Fischmarkt. Zum Abendessen gibt es *Sashimi*, und für die verbleibende Zeit bis Vanuatu werden die verschiedensten Fischrezepte ausprobiert.

In Betrieb befindliche Richt- und Sektorenfeuer sowie mit der MaxSea-Karte übereinstimmende Bojen machen die Nachtansteuerung in den Hafen von Port Vila stressfrei. Einige unserer Freunde, einschließlich des Trauzeugens *Galateia*-Wolfgang, liegen hier bereits vor Mooring. Schon bald nach unserem Landfall wird für uns klar, dass die Inseln von Vanuatu – den ehemaligen Neuen Hebriden – mit ihrer entwicklungsgeschichtlich ursprünglichen Bevölkerung und der üppigen tropischen Vegetation ein besonderes Highlight unserer gesamten Reise darstellen werden.

Bis 1980 war der Staat als Neue Hebriden in den Landkarten vermerkt und wurde von Großbritannien und Frankreich als britisch-französisches Kondominium (bitte nicht verwechseln) verwaltet. Den Franzosen verdanken wir das Baguette, den inzwischen ungewohnten Rechtsverkehr, aber auch das unverschämt hohe Preisniveau, das sehr an Französisch Polynesien erinnert.

Mehr als hundert verschiedene einheimische Sprachen haben die Verständigung zwischen den Dörfern und einzelnen Inseln vielfach erschwert und auch – bedingt durch den Kannibalismus (bis in die Sechzigerjahre des 20. Jahrhunderts praktiziert) – etliche Leben angeblich vorzeitig beendet. Um Missverständnissen vorzubeugen, wurden strenge Regeln mit klaren Symbolen für das Betreten eines fremden Dorfes eingeführt. Als Nationalsprache gilt *Bislama,* eine Art *Pidgin English,* das eher auf englischer Phonetik basiert und teilweise schwer verständlich ist. Wir mieten in Port Vila eine Mooring von *Yachting World,* die mit ihrem freundlichen Service alle Grundbedürfnisse der Segler abdecken.

Mit einem geliehenen Kleinbus fahren wir in einer kleinen Gruppe um die Insel Éfaté. In einem Dorf südöstlich von Port Vila werden uns die vielfältigsten Nutzungen der natürlichen Ressourcen und Überlebenstechniken im Zusammenhang mit Taifunen (Vanuatu gehört zu den meistbetroffenen Gebieten) demonstriert. Wir sind beeindruckt, mit welcher Geschicklichkeit und Selbstverständlichkeit kleine Bäume entrindet, Kokosnüsse für verschiedenste Zwecke bearbeitet oder einfache und wirkungsvolle Tierfallen aufgestellt wer-

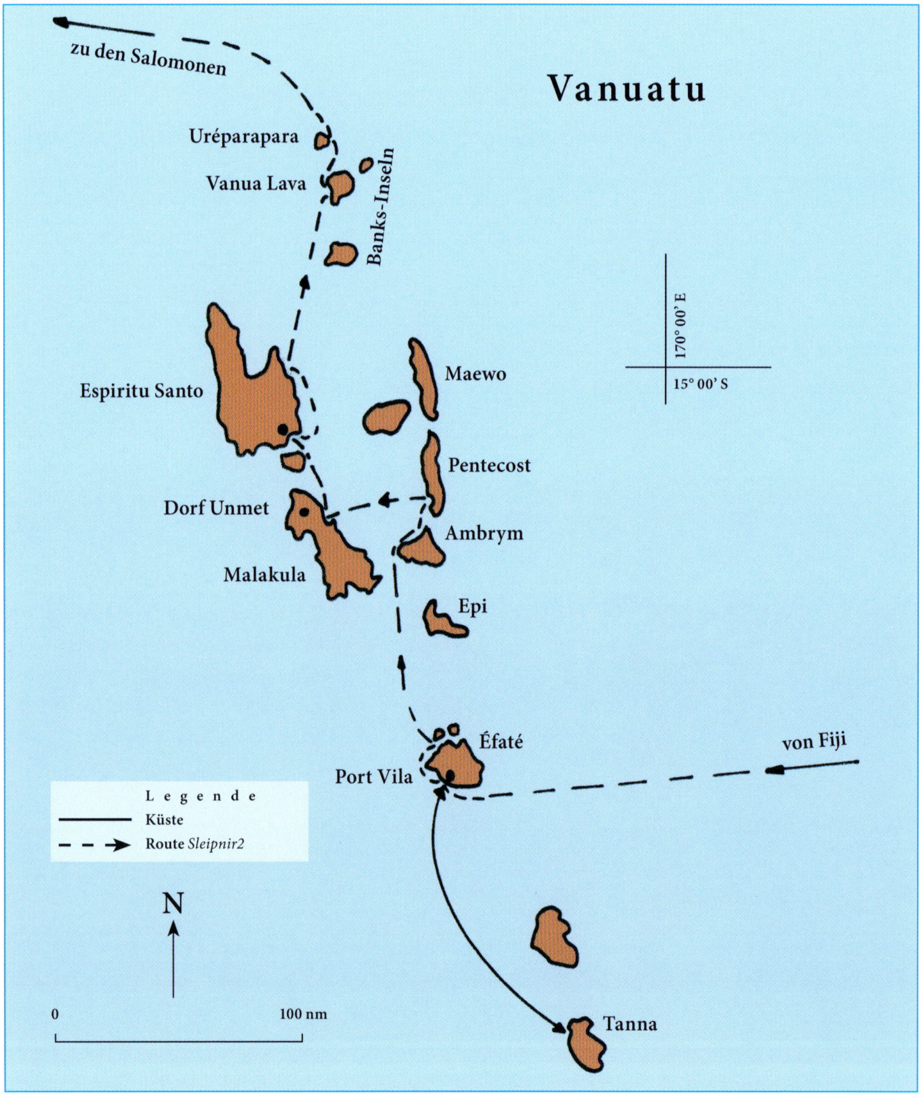

In einem Customs Village auf Éfaté

Kokosnüsse werden geschält

den. Der abschließende Gang über glühende Steine, den man zur Auswahl von Kriegern angewendet hat, ist für europäische Fußsohlen sicher eine Nummer zu „heiß"…

Im Zuge dieses Ausfluges messen sich *Galateia-* und *Sleipnir2*-Wolfgang am Strand im Einsiedlerkrebs-Rennen, wobei offensichtlich auch hier die größere Erfahrung mit dem Leben auf dem Wasser zum Tragen kommt – jedenfalls hat *Galateia*-Wolfgang einen guten Griff bei der Wahl seiner Rennkrebse, während *Sleipnir2*-Wolfgang bestenfalls ein Unentschieden erreicht.

Nachdem wir die 120 Seemeilen südlich liegende Insel Tanna mit dem Boot wetterbedingt nicht anlaufen können, buchen wir in unsportlicher Manier einen Flug dorthin. Unser

Das Mooringfeld von Port Vila

Ziel ist einer der aktivsten Vulkane dieses Planeten, der *Mount Yasur,* und bedingt durch entsprechende Vorinformation von anderen Seglern reservieren wir das günstigste Bungalow-Resort und bekommen sogar – fast noch passend – die *Honeymoon Suite.*

Asphaltierte Straßen existieren in Vanuatu nur um Port Vila und Luganville, für die den Dschungel durchschneidenden Schlammpfade hat die deutsche Sprache keine passende Bezeichnung, und so werden die 90 Minuten Anfahrt zum Vulkan ein Erlebnis für sich – in jedem Fall kein Trip für locker sitzende Bandscheiben.

Jeder Mountainbiker hätte auf dieser Strecke eine spannende Herausforderung, und ein hängen gebliebenes Fahrzeug, das

Fische als Gastgeschenk

Am Krater des Mount Yasur

ca. 15 Dorfbewohner gut gelaunt im Regen wieder frei bekommen wollen, scheint unserem Ausflug fast ein Ende zu setzen.

Im Zuge einer Flussdurchfahrt am Fuße des Vulkans setzen wir noch einmal volles Vertrauen in den Geländewagen, aber kurz vor Dämmerung stehen wir dann doch am Kraterrand. Am Berg fehlen jegliche Sicherheitseinrichtungen, wir stehen unmittelbar am Abbruch und haben als lästige Begleiterscheinung Sturm und Regen im Rücken. Mutter Natur heizt hier wirklich kräftig ein, die Lava brodelt, und beeindruckend hohe Fontänen erhellen regelmäßig die feuchte Nacht.

Unser Guide drängt zur Rückfahrt. Wenn der Fluss durch den strömenden Regen weiter ansteigt, müssen wir unterhalb des Vulkans übernachten – eine Vorstellung, welche die Trennung vom Naturschauspiel doch erheblich erleichtert. Die nächtliche Rückfahrt zur Lodge und der Flug nach Port Vila relativieren für uns wieder einmal die oft zitierten Gefahren des Hochseesegelns – immerhin überfliegen wir bei guter Sicht unsere Ankerbucht.

Zurück „zu Hause" am Schiff gehen wir zwei Tage später Anker auf, segeln zunächst nach *Havannah Harbor*, im Norden von Éfaté, und anschließend über Nacht zur Insel Pentecost. 20 bis 30 Knoten Wind und hoher Schwell von dwars bescheren uns eine harte Überfahrt, aber auch viel Anglerglück. Ein Mahi Mahi und ein Wahoo beißen fast gleichzeitig an den beiden Schleppleinen, die Dorade bringen wir dem Chief in Pentecost als Gastgeschenk, der Wahoo deckt für vier Tage unseren Speiseplan.

Tanzgruppe auf Pentecost

Die lang gestreckte Insel Pentecost ist Schauplatz der einzigartigen „Land Divers", einer Art Vorläufer des Bungee-Jumpings. Meist junge Männer stürzen sich mit an den Fußgelenken fixierten Lianen von einem hölzernen Gerüstturm kopfüber in die Tiefe. Für den Bau des Turms werden Baumstämme des umliegenden Waldes zusammengebunden und mit armdicken Lianen seitlich abgespreizt.

Für die Mutprobe wählt jeder Springer seine exakt vermessenen Lianen und lässt sich, nach einigen gegen den Himmel beschwörenden Gesten, von seiner individuellen Plattform fallen. Die Plattformen, an verschiedenen Höhen am Gerüst angebracht, knicken – kurz bevor der Boden erreicht wird – um und dämpfen auf diese Weise wesentlich die Energie des Sprunges. Die Landung erfolgt auf einem steilen Abhang mit weicher, aufgelockerter Erde – ähnlich dem Aufsprunghügel der Skispringer.

Die durchwegs athletisch gebauten Männer tragen einzig eine Bastwickelung um den Penis, die an einem aus Baumrinden gefertigten Hüftgurt hochgebunden ist. Frauen (lediglich in Grasröcken) und alle nicht aktiven Männer bilden tanzend und singend den Hintergrund der außergewöhnlichen Veranstaltung. Ursprünglich wurde nach der Ernte der Yamswurzeln während der Monate April und Mai gesprungen, heute ist es wohl eher eine Show für Touristen, wobei im Zweifelsfall besonders die Frauen auf ihre Rechnung kommen – bei manch harter Landung kann die Bastwickelung schon mal aufgehen…

Wir werden mit einem Pick-up vom Ankerplatz zur Veranstaltung gefahren, und die Trails entlang der Küste stehen jenen in Tanna um nichts nach – einmal mehr denken wir sorgenvoll an unsere Wirbelsäulen. Während einer der vielen Flussdurchfahrten reicht das Wasser bis auf die Ladefläche des Fahrzeuges, wo es sich Roger, Lorenzo und Wolfgang mit einigen *Locals* „bequem" gemacht haben. Strömender Regen gibt der Fahrt zusätzlich Würze. Auf der Rückfahrt machen wir noch bei einer in Fels gemeißelten Inschrift von James Cook Halt. Kaum zu entziffern, wollen wir dennoch glauben, dass der große Entdecker 235 Jahre vor uns hier geankert hat.

Nur wenige Yachten segeln in den nördlichen Vanuatu-Inseln, und wenn in den – meist einsamen – Buchten mehr als ein Boot vor Anker liegt, dann rückt die Seglergemeinschaft zusammen. Bedingt durch das Springen liegen in der Homo Bay, im Süden von Pentecost, gleich vier Schiffe vor Anker, und beim gemeinsamen Sundowner wird es im Cockpit von *Sleipnir2* entsprechend eng – der Stimmung tut dies allerdings keinen Abbruch.

Die Crews der Schweizer *Miami*, der italienischen *Mandovai* und der britischen *Waipiti* haben natürlich alle ihre eigene Geschichte. Der Schweizer Georg hat in Neapel, Hongkong, Angola und Südamerika gearbeitet, bevor er die Aluminiumslup *Miami* erworben hat und mit Partnerin Ute ohne festen Zeitplan um die Welt segelt. Wir können uns überzeugen, dass er fünf Fremdsprachen fließend spricht, während Ute es (durch deutsche Staatsbürgerschaft) als Verpflichtung sieht, das eigene Bier an Bord zu brauen.

Lorenzo ist Profiskipper und arbeitet mit seiner Freundin Candia auf verschiedenen Yachten, um das Leben auf der eigenen *Mandovai* zu finanzieren; eine Rückkehr in die Heimat, wo immer sie bei dem italienisch-deutschen Paar sein mag, steht nicht in Planung.

Bei den Land Divers auf Pentecost

Lorenzo ist ebenfalls ausgesprochen polyglott, kann Georg durchaus das Wasser reichen, und Evi genießt mit breitem Grinsen, während ihr Sprachenherz Luftsprünge vollführt.

Roger und Sue haben die Welt bereits vor 30 Jahren umsegelt und sind wirklich *'very British'*, obwohl sie schon seit vielen Jahren in Australien leben. Auf ihrer zweiten Weltumsegelung wollen sie jetzt abseits der gängigen Routen cruisen; aus dieser Sicht für uns ein gutes Zeichen, mit ihnen bereits den zweiten Ankerplatz zu teilen.

Am folgenden Tag löst sich das für Vanuatu-Verhältnisse dichte Ankerfeld auf: Jeder zieht seiner Wege – für *Sleipnir2* bedeutet dies die ca. 50 Seemeilen westlich liegende Insel Malekula, wo wir nach einer ruhigen Nachtfahrt mit dem ersten Tageslicht in der weitläufigen *Norsup Bay* als einziges Schiff vor Anker gehen. Während des Ankermanövers taucht ein mächtiger brauner Rücken an der Wasseroberfläche zu kurz auf, um ihn identifizieren zu können, auf das Baden in der Bucht verzichten wir jedenfalls. Südlich entlang der Küste leben die Stämme der *Small Nambas,* in den Bergen weiter im Inneren der Insel liegen die Dörfer der *Big Nambas,* von denen behauptet wird, dass sie isoliert, entwicklungsgeschichtlich noch auf Steinzeitniveau leben – der Besuch eine dieser Siedlungen ist unser eigentliches Ziel auf Malekula.

Wir benötigen eineinhalb Tage, viel Energie und noch mehr Geduld, um einen Führer zu finden. Der knorrige, wortkarge Noël Escartes, unser erster Kontakt, lässt uns zwar im Stich, aber schließlich werden wir doch zu einem der Villages über die langsam zur Gewohnheit werdenden Pfade Vanuatus gekarrt. Von Steinzeitniveau kann nicht mehr wirklich die Rede sein, aber der Nachmittag in diesem ursprünglichen Dorf ist ein Erlebnis der besonderen Art. „Die weißen Affen" werden durch die Siedlung Unmet geführt, Männer und Kinder laufen mit uns mit, und es ist nicht ganz klar, wer hier wen mehr bestaunt.

In einem Buch über Melanesien wird bezeichnend von einem Leben jenseits der Zeit geschrieben – erst vier Touristen waren in diesem Jahr vor uns hier, und ins Österreichische übersetzt wandeln wir durch ein zum Leben erwecktes Freilichtmuseum Asparn an der Zaya.

Dem Häuptling überreichen wir unsere letzten Kava-Wurzeln aus Fiji, einen besseren Griff hätten wir nicht tun können. Der Chief trägt das Bündel den ganzen Tag mit sich, und jeder – ob er will oder nicht – muss daran riechen. Apropos Häuptling – bei seiner Amtsübernahme wird auf ausgehöhlten Baumstämmen getrommelt, nach diesem Anlass müssen sie – gemäß althergebrachter Riten – vom Urwald überwachsen werden. Nachdem „unser" Stammesführer erst kurz im Amt ist, haben wir noch Zugang zu den Trommeln, die wenig überraschend als *„Tamtams"* bezeichnet werden. Anschließend lässt es sich unser Guide nicht nehmen, sich in seiner traditionellen Kleidung zu präsentieren – es wird uns Geduld abverlangt, und wir sind überrascht, wie lange es dauern kann, um sich zu entkleiden…

Etwas später wird eine Tanzvorführung junger Männer dargeboten. Ein wenig spärlicher als bei unserem „Model" ist der Penis in bunt fasrigen Bast gebunden, wird aber auch an einem breiten Rindenhüftgurt fixiert. Obwohl sehr zurückhaltend, fast schüchtern, haben die Tänzer Spaß, uns – insbesondere Evi – mit manchen Bewegungen ein wenig zu provozieren. Wolfgangs diesbezügliche Blödelei sorgt für allgemeine Begeisterung. Frauen treten

Bei den Big Nambas in Unmet

Tänzer vor dem Nakamal

wenig in Erscheinung, sie halten sich die meiste Zeit in den Häusern auf. Evi wird in ein Küchenhaus geladen und darf bei der Zubereitung von Speisen auch fotografieren, das Betreten des Versammlungshauses der Männer, dem sogenannten *Nakamal,* wird nur Wolfgang zugestanden.

Das Ende des Besuches bildet natürlich eine Kava-Zeremonie, erst nach Dämmerung sind wir wieder beim Schiff und legen tags darauf ab – Kurs Luganville auf Espiritu Santo. Nach einem wirklich schönen Segeltag nähern wir uns der zweitgrößten Stadt und gleichzeitig dem wichtigsten Handelshafen Vanuatus – in Europa würde man eher von einem Straßendorf sprechen. Evi fährt den Anker so gründlich in den gut haltenden Schlamm, dass Wolfgang am Bug stehend das Gleichgewicht verliert, *Sleipnir2* liegt sicher vor Anker – Wolfgang fast auch.

Am folgenden Tag tauchen wir zur *SS President Coolidge,* dem weltweit größten derart leicht zugänglichen Schiffswrack. Die *Coolidge* war ein Luxus-Oceanliner der Zwischenkriegszeit, der während des Zweiten Weltkrieges als Truppentransporter eingesetzt wurde und jetzt vom Strand aus betauchbar ist – allerdings aus Sicherheits-, wohl aber auch aus Geschäftsgründen nur über eine Tauchbasis. Wird eine größere Zahl von Tauchgängen gebucht, darf man auch bis zu 60 Meter tief abgesunkene Wrackteile betauchen – Tiefen, die an sich deutlich außerhalb des Sporttauchens liegen. Nie zuvor haben wir Tauchschulen besucht, die Taucher, mit in diesem Fall unverzichtbaren Doppelflaschen ausgerüstet, in derart große Tiefen führen.

Entlang der Ostküste von Espiritu Santo machen wir noch am *Champagne Beach,* dem angeblich schönsten Strand Vanuatus, Station und ankern mutterseelenallein in einer weiten Bucht, deren Wasser so klar ist, dass die Tiefe der Riffblöcke selbst vom Mast aus nicht einschätzbar ist. Während Evi mit dem Kat Kreise dreht, erkundet Wolfgang mit dem Dingi das Terrain, schließlich ankern wir ca. 500 Meter vom Strand entfernt.

Einsame Ankerplätze auf Espiritu Santo

Österreich-Bezug in den Banks-Inseln

Unser letztes Ziel in Vanuatu sind die nördlich liegenden Banks-Inseln, die noch zum Staatsgebiet gehören und die Grenze zu den Gewässern der Salomonen bilden. In der *Waterfall Bay* von Vanua Lava sorgt ein Zwillingswasserfall mit „Pool" für eine malerische Kulisse. Einige Insulaner paddeln mit jenen Auslegerkanus zu uns, die außerhalb der Hauptinsel Éfaté den üblichen und wohl auch traditionellen Bootstyp darstellen – Außenbordmotoren besitzt hier niemand.

Wir besuchen den Chief, der mit seiner Familie unmittelbar neben den Wasserfällen lebt, die Dingi-Zufahrt ist im Revierführer als tidenabhängig und *'tricky'* beschrieben – stimmt! Für die Begrüßung werden wir an eine bestimmte Stelle im Haupthaus gewiesen, dann hält das Oberhaupt eine (sehr) lange Rede, deren Kernaussage darin besteht, dass wir sehr willkommen sind und er sich für uns verantwortlich fühlt. Anschließend bekommen wir von der ganzen Familie zur Melodie von *„God save the Queen"* ein Lied vorgetragen und Blumen ins Haar gesteckt – was auch bei Wolfgang erstaunlicherweise gelingt…

Das Haupthaus ist quasi als Yachtclub dekoriert, und wir entdecken tatsächlich eine Flag-

Der Zwillingswasserfall auf Vanua Lava

Auch die Seenomaden waren hier

Wassermusik

ge des Österreichischen Hochsee-Yachtclubs, beschriftet von unseren Freunden Doris und Wolf, bekannt als die *Seenomaden*. Doris hat vor Kurzem gemailt, dass die Banks-Inseln vor zwei Jahren der Höhepunkt ihres Vanuatu-Aufenthaltes waren – auch wir kramen natürlich nach unserer alten Nationalen und bemalen sie mit unseren Namen, um uns im „Yachtclub" zu verewigen.

Die Frau und eine Tochter des Häuptlings demonstrieren uns die für diese Inseln berühmte *Water Music*, wobei die im knietiefen Wasser stehenden Frauen mittels bestimmter Arm- und Handbewegungen rhythmische Unterwassertöne erzeugen. Durch das Tosen der Wasserfälle im Hintergrund braucht es einiges an guten Willen, um verschiedene Töne oder gar Melodien wahrzunehmen; ein Schauspiel der besonderen Art ist es auf alle Fälle.

Eine großräumige Passatstörung verzögert die Abfahrt zu den Salomonen, so segeln wir zur nördlichsten Insel der Banks-Gruppe nach Uréparapara. Ein im Osten durchbrochener Vulkankegel bildet eine einmalige Ankerbucht, und die permanent am Kraterrand hängenden Wolken sorgen für eine mystische Stimmung.

Bei Ankunft sind wir von den Auslegerkanus der Dorfbewohner umringt, man zeigt uns den besten Ankerplatz zwischen den Riffen, und wir vertrauen auf *local knowledge*. Der im Netz liegende Riesenwahoo, den wir während der Ansteuerung an Bord gezogen haben, wird bestaunt, Wolfgang schneidet die besten Rückenfilets heraus, der Rest geht an unsere „Platzeinweiser" – zwei Stücke reservieren wir für den Antrittsbesuch beim Chief. Wie in Vanua Lava fehlt es den Leuten am Notwendigsten, man möchte handeln, und für eine Streichholzschachtel bekommen wir gerne einen Lobster.

Hier in Uréparapara sind die Menschen von der Außenwelt völlig abgeschnitten und von der Regierung scheinbar vergessen. Das Versorgungsschiff kommt einmal im Jahr in den Hauptort von Vanua Lava, wann, weiß niemand genau. Über Frederik, der sich als „quasi Sekretär des Häuptlings" für unser Wohlergehen verantwortlich fühlt, versuchen wir ein wenig durch Angelausrüstung, T-Shirts, Waschpulver, Corned Beef, Medikamente und vor allem durch Funkkontakt nach Vanua Lava zu helfen.

Wir sind gefangen von der Abgeschiedenheit des Ortes, dem „Bilderbuchdorf" mit seinen strohbedeckten Bambushütten und von der Freundlichkeit der Bewohner, aber auch von den hier offensichtlichen, desillusionierenden Schattenseiten sogenannter Paradiese – ganz bestimmt kein Platz, um krank zu werden, sich zu verletzen oder aufs Riff zu rutschen.

Dennoch – das Bild eines Insulaners, der während der Dämmerung mit seinem Einbaum die Bucht quert und scheinbar mit sich und der Welt eins fröhlich ein Lied singt, gräbt sich tief ein. Es steht allegorisch für die weit verbreitete Vorstellung von der Südsee und der Lebensform ihrer Menschen. Wenn wir ehrlich sein wollen, dürften wir aber doch zu sehr und viel zu lange schon von den Götzen unserer westlichen Zivilisation gefangen sein. Ein Eintauchen in die Geisteshaltung der Völker des Pazifiks gelingt eigentlich nur wenig – drei Jahre fern der Heimat ist bei Weitem zu kurz, um dieses Leben einer anderen Wahrnehmung von Raum und Zeit zu verstehen. Als Frederik vor unserer Abfahrt spät abends zum Kat

Sehr weit weg von zu Hause in Uréparapara

Traditionelles Haus

Kinder in Einbäumen und Auslegerbooten

gepaddelt kommt, um uns noch mit dem Nationalgericht *Laplap* – als kleines Dankeschön – zu versorgen, sind wir wirklich gerührt.

Am Sonntag, quasi nach dem Kirchgang, öffnet sich endlich das Wetterfenster, und wir gehen mit stabil prognostizierten Passatbedingungen Anker auf, mit Kurs auf unseren nächsten melanesischen Inselstaat: die Salomonen. Am Nachmittag begleitet uns für kurze Zeit eine Schule Pilotwale, die nicht nur unmittelbar neben *Sleipnir2*, sondern manchmal auch zwischen den Rümpfen des Kats schwimmen. Wir sind einerseits vom Schauspiel der Meeressäuger fasziniert und andererseits in Sorge um das Pendelruder des Windpiloten, aber die Tiere dürften über ausreichend Sensoren verfügen und berühren weder das sensible Steueraggregat noch das Schiff selbst.

Kurz vor Dämmerung des gleichen Tages zieht ein Tölpel immer engere Kreise um unser Boot, um schließlich vermehrt Landeversuche am Masttop anzustrengen. Wolfgang sieht die filigrane UKW-Antenne bzw. den Windanzeiger durch den offensichtlich übermüdeten, um günstige Mitfahrgelegenheit bemühten Seevogel in Gefahr und aktiviert die Steinschleuder.

Schließlich findet das wenig scheue Tier auf der Segeltasche des Großsegels, nahe der Baumnock (wir fahren unter Spinnaker), einen „passenden" Platz, und auch wir sind mit dem schadensbegrenzenden Kompromiss zunächst zufrieden – weit gefehlt: Unseren gefiederten Freund dürften schwere Verdauungsprobleme plagen, jedenfalls scheißt er während der Nacht mit einem anatomisch kaum nachzuvollziehenden Streueffekt den achterlichen Bereich des Kats flächendeckend zu. Evi hat während ihrer Nachtwachen größte Hemmungen, die Windfahne zu justieren, da sie zu diesem Zweck unmittelbar unter dem Anus unseres „Schwarzfahrers" agieren muss, der folgende Morgen steht jedenfalls im Zeichen umfangreicher Reinigungsarbeiten…

Obwohl durch unsere Erfolge an der Schleppangel von Fischgerichten einigermaßen übersättigt, entschließen wir uns trotzdem wieder zum Angeln. Nach fünf Minuten beißt auf Backbord ein Thunfisch an, und während Evi den Fang an Bord zieht, holt Wolfgang den Steuerbordköder ein – zu spät: Auch die zweite Angel beschert uns bereits Erfolg, und wir beginnen, vom saftigen Steak nach dem Landfall zu träumen; bis dahin gibt es allerdings – mit *Sashimi* beginnend – die verschiedensten Tuna-Gerichte.

Pilotwale begleiten uns auf dem Weg zu den Salomonen

Kurz vor Landfall unter Spinnaker

Ein Lichtblick unseres Aufenthaltes ist das Einlaufen der *Galateia* mit Wolfgang, Freund Christian und herzerfrischender bayrischer Crew Bärbel und Klaus. Selbst Frohnatur Wolfgang, der jeweilige Umstände stets aus dem bestmöglichen Blickwinkel zu sehen pflegt, kann sich ein paar sarkastische Bonmots hinsichtlich der Gegebenheiten in Honiara nicht verkneifen. Den launigen Abend auf der *Galateia* wollen wir wegen unseres, für den nächsten Morgen geplanten Auslaufens zu den Louisiaden kürzer gestalten. Bei jedem Versuch, aufs eigene Schiff zurückzugehen, schallt uns ein bayrisches: „*Ja – hot's euch nicht g'fallen hier bei uns?*" entgegen, und so verpassen wir den zeitgerechten Aufbruch.

Ausgerechnet diese nächste Etappe zu den – zu Papua Neuguinea gehörenden – Inseln der Louisiaden wird eine der härtesten unserer gesamten bisherigen Reise. Nach angenehmem Start sehen wir uns am Nachmittag von einer Minute auf die nächste von 25 Knoten Passat mit Windstille konfrontiert – als hätte jemand einen Schalter betätigt. Wir suchen, finden aber keine vernünftige Erklärung für das Phänomen und beginnen durch die Restdünung zu motoren. Erst in den Abendstunden stellt sich langsam wieder Südostpassat ein. Ab dem zweiten Tag segeln wir mit 20 bis 25 Knoten Passat, aber leider mit einem unverhältnismäßig hohen, steilen Schwell von querab. Kaum zuvor wurde *Sleipnir2* so oft von Wellenbrechern überspült, zweimal läuft das Cockpit voll, und alles, was nicht rechtzeitig fest verzurrt wurde, wird weggespült. Die Mahlzeiten beschränken sich auf das Notwendigste, Geschirr stapelt sich bzw. verteilt sich im gesamten Backbordrumpf, und Körperhygiene fällt größtenteils aus. Später als erhofft wirkt sich die Abdeckung von Rossel Island beruhigend auf den Seegang aus, aber wir sind deutlich schneller als ursprünglich kalkuliert.

Eine Ankermöglichkeit im Norden von Renard Island war im Hinterkopf immer eine gute Option, sollten wir den Pass durch das Barriereriff zu der *Calvados-Chain*-Gruppe nicht rechtzeitig während des Tages erreichen – eine Variante, die Evi immer noch bevorzugt. Wolfgang sieht genug Zeitpuffer, um direkt durch die Passage zu unserem eigentlichen Ankerziel zu fahren – Fehlentscheidung oder nicht, der Skipper muss einige Kritik von seinem Admiral einstecken. Im *Wuri-Wuri*-Pass – heißt tatsächlich so – sehen wir uns mit ca. drei Knoten Gegenstrom und typischem Strömungsseegang konfrontiert, in der Lagune selbst baut sich durch die verhältnismäßig großen Distanzen entsprechender Schwell auf, und wir motoren unter Höchstdrehzahl gegen 25 Knoten Wind. Es wird spannend, aber wir steigern uns von anfänglichen eineinhalb Knoten über Grund auf sagenhafte fünf Knoten (Strom zu unseren Gunsten) und erreichen die Nordbucht von Bagaman Island rechtzeitig vor der Dämmerung, um ohne Zeitdruck einen passenden Ankerplatz zu suchen. Zeit, die wir – wie angenommen – auch tatsächlich brauchen. Zweimal muss Wolfgang tauchen, um den Bügelanker aus Korallenblöcken freizulegen, erst das dritte Manöver stellt uns zumindest für die erste Nacht zufrieden. Wir bereiten gleich am nächsten Morgen eine Erkundungsfahrt mit dem Dingi vor, um unsere Situation zu verbessern und bekommen Unterstützung und *'local knowledge'* von den Dorfbewohnern, die schon früh mit ihren Einbäumen unseren Kat „belagern". Um die Ankerkette von den Korallenköpfen freizuhalten, heben wir sie dosiert durch den Auftrieb eines Kugelfenders an – der Erfolg ist eher bescheiden, aber wir verbessern das Verfahren im Laufe der Tage.

Papua Neuguinea – Segeln im Neolithikum

Es ist der 26. Juli 2009, und wir sind endlich in einem Land angekommen, das schon so viele Jahre auf der Wunschliste unserer Reiseziele steht… Der Südseearchipel Papua Neuguinea: zweitgrößte Insel der Welt mit weiteren mehr als 600 Inseln, dem größten unberührten Regenwaldgebiet außerhalb des Amazonas und mit beispielloser Sprachen- und Kulturenvielfalt einer teilweise sehr ursprünglichen Bevölkerung.

West-Neuguinea (Irian Jaya) ist politischer Bestandteil von Indonesien, das östliche Papua Neuguinea kann, aufgrund der etwa 700 hier lebenden Volksstämme mit noch mehr Sprachen und Dialekten, wohl auch kaum als politisch einheitlicher Staat bezeichnet werden.

Im Regenwald unmittelbar hinter dem schmalen Strand sorgen Kakadus und grell rotgrün gefärbte Papageien für eine lebhafte, lautstarke Kulisse. Auf unseren Erkundungstouren sichten wir Schlangen, riesige Schmetterlinge, verschiedenste Vögel, aber glücklicherweise keine Krokodile. Wolfgang erkundigt sich nach den Echsen und erfährt, dass Sam aus dem Nachbardorf das Letzte erlegt hätte – wie? – komische Frage, mit einem Strick natürlich...

Hier in der *Calvados-Chain*-Gruppe innerhalb der Louisiaden lebt die Bevölkerung

Als einziges Schiff in der Calvados Chain

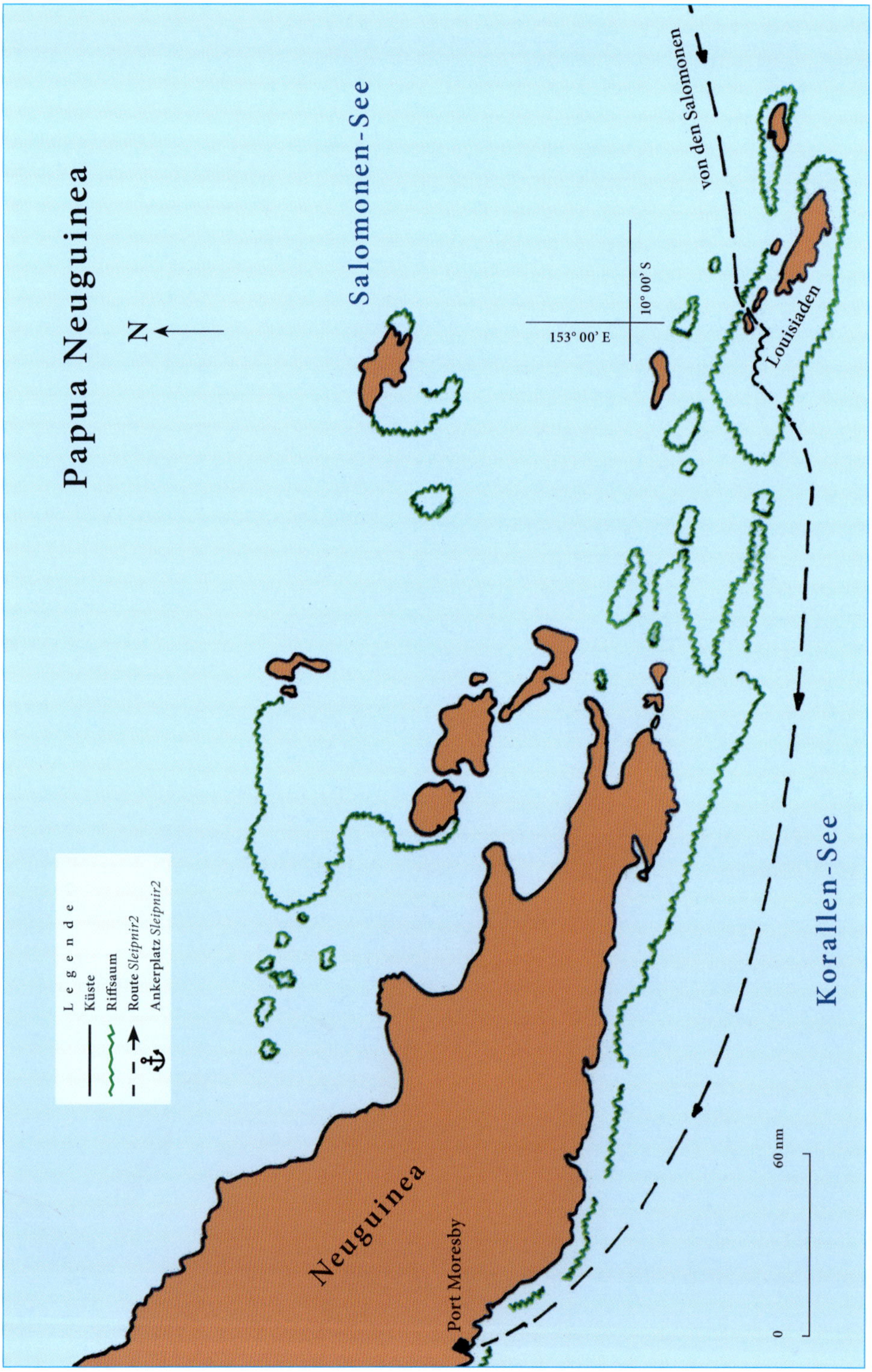
Papua Neuguinea
Salomonen-See
N
10° 00' S
153° 00' E
von den Salomonen
Louisiaden
Legende
Küste
Riffsaum
Route *Sleipnir2*
Ankerplatz *Sleipnir2*
Korallen-See
Neuguinea
Port Moresby
0
60 nm

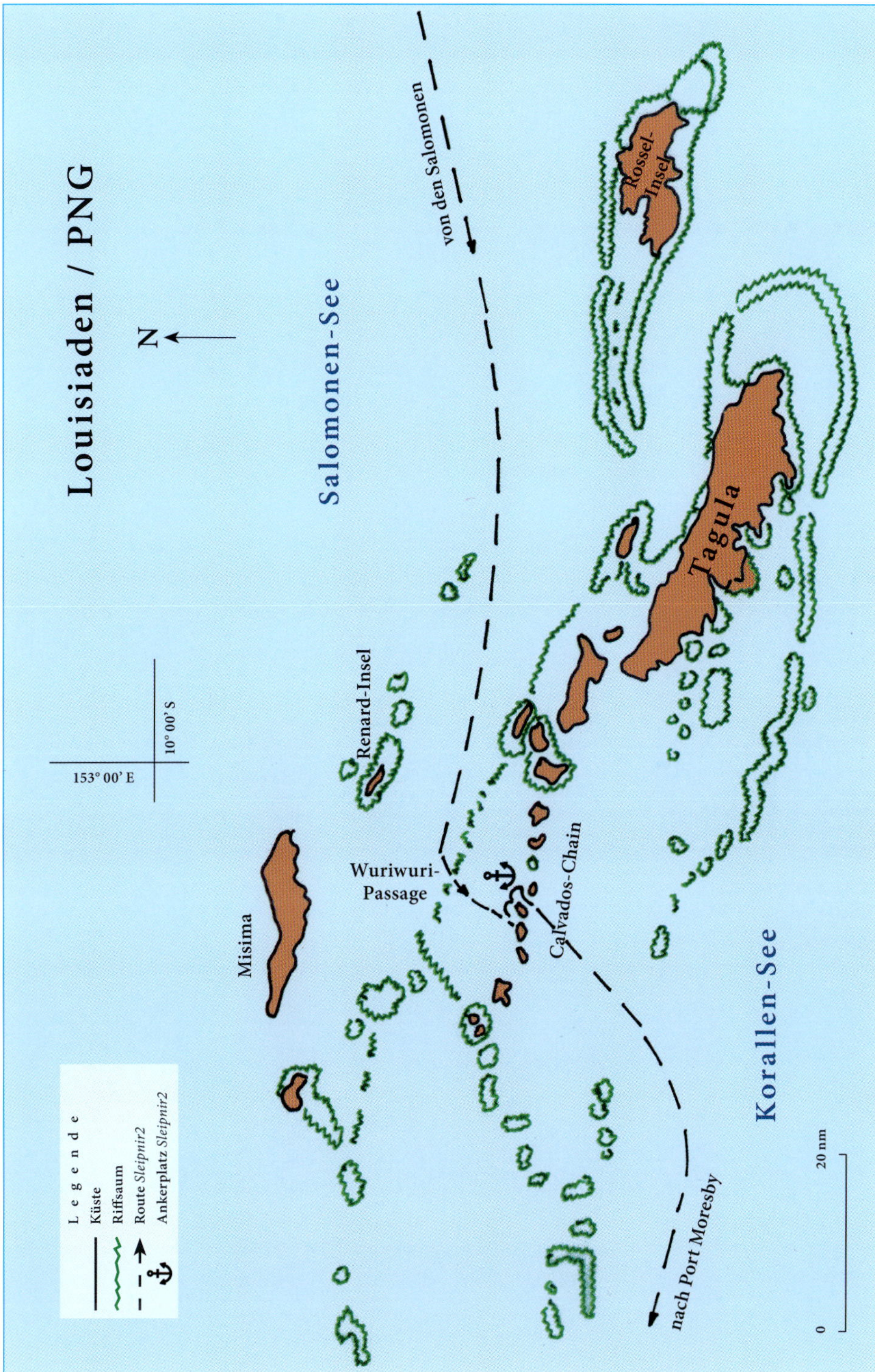
Louisiaden / PNG
N
Salomonen-See
Korallen-See
von den Salomonen
nach Port Moresby
Rossel-Insel
Tagula
Renard-Insel
Misima
Wuriwuri-Passage
Calvados-Chain
10° 00' S
153° 00' E
Legende
Küste
Riffsaum
Route Sleipnir2
Ankerplatz Sleipnir2
0
20 nm

scheinbar völlig abgeschieden vom Rest der Welt. Noch nie waren wir so weit von westlicher Zivilisation entfernt, und abgesehen von der später aufschließenden *Galateia* bekommen wir in drei Wochen kein anderes Schiff zu Gesicht. Die Gewässer von Papua Neuguinea liegen ein wenig außerhalb der meistbefahrenen Routen. Malaria, schlecht kartografierte Seegebiete mit teilweise starken Abweichungen von den Karten, Strömungen und nicht zuletzt eine in dieser Jahreszeit aktive innertropische Konvergenzzone mit Regen und Gewittern sind die Gründe dafür. Es gibt sie also noch: Die wenig frequentierten Segelreviere, deren Einsamkeit aber auch sehr drückend empfunden werden kann.

Der Ahnherr der österreichischen Segelaussteiger Wolfgang Hausner hat vor 35 Jahren etwa 150 Seemeilen nordwestlich von hier seinen Kat *Taboo* auf einem unverzeichneten Riff verloren. Es muss tatsächlich eine abenteuerliche Herausforderung und Leistung gewesen sein, sich in diesem Revier in der Pionierzeit des Blauwassersegelns bewegt zu haben.

Die Menschen sind ausgesprochen freundlich und kontaktfreudig. Während der Besuche in den einzelnen Dörfern wird schnell klar, dass man hier so gut wie keine Privatsphäre kennt, und auch wir auf der *Sleipnir2* haben wohl keinen Anspruch darauf – man würde es nicht verstehen. Die Situation, dass Kinder ohne Scheu auf ihn zugehen, ist für Wolfgang etwas ungewohnt und gewöhnungsbedürftig. Anders als in Vanuatu bestehen die Siedlungen aus Pfahlbauten, meist findet das Leben der gesamten Familie innerhalb eines Raumes statt.

Wir werden zum Abendessen eingeladen, und beim dezenten Schein des Feuers essen wir

Typisches Segelboot in PNG

Fröhliche Kinder in Pana Numara

Dorf in den Louisiaden

weniger mit den Augen und müssen uns mehr auf den Geschmacksinn verlassen. Ein köstliches Mahl, hauptsächlich aus Yamswurzeln, Austern, Muscheln und Bananen, wird am Boden auf geflochtenen Matten angerichtet, die anschließend als Schlafstätte dienen – wir wissen uns rechtzeitig zu verabschieden...

Im Laufe des Tages kommen häufig Einheimische in Einbäumen zum Kat gepaddelt. Man will die Gelegenheit, seltenen Besuch zu haben, nicht ungenützt lassen und Handel treiben – das müssen wir auch, da wir die Landeswährung (*Kina* – Namensgeber ist die früher als Zahlungsmittel übliche Kinamuschel aus Goldlip Perlauster) nicht an Bord mitführen, aber an Bargeld hätte ohnehin niemand Interesse. Im Laufe der Zeit entwickelt Evi beachtliches Verhandlungsgeschick, während Wolfgang offensichtlich weniger Veranlagung dafür aufweist und dadurch einen guten Anlass sieht, sich mehr zurückzuziehen. Wir tauschen Zucker und Reis gegen Schnitzereien, T-Shirts und Angelausrüstung gegen Lobster und Früchte. Obwohl man sich entwicklungsgeschichtlich vom Neolithikum wenig entfernt hat, spüren wir ansatzweise ein Leben im Spannungsfeld zwischen Tradition und Moderne: Eine Frau, deren Brüste unübersehbar aus den Löchern ihres Leibchens lugen, will kein neues T-Shirt, sondern fordert Haarshampoo für einen zugegeben beeindruckenden Lockenkopf...

Während unseres Aufenthaltes in der *Calvados Chain* ist uns die Wundversorgung der eitrigen Ekzeme, die hier speziell bei Kindern auftreten, ein großes Anliegen. Nachdem *Sleipnir2* von bösen Zungen gerne als schwimmende Apotheke bezeichnet wird (wir führen fast

Vielfältige Nutzung von Palmenblättern

eine Rotkreuzflagge an der Backbordsaling), versuchen wir – vor allem Evi als interessierte Laienpharmazeutin – mit Salben und Antibiotika zu helfen. Leider müssen wir dabei immer wieder unsere noch bestehende Naivität und Ahnungslosigkeit gegenüber dem Leben der Insulaner erkennen und eingestehen: *„Die Tablette nimmst du alle vier Stunden"*, *„Wie alt ist das Kind?"*,... Niemand weiß, wie spät es ist, die Zeit ist durch den Lauf der Sonne bestimmt, und kaum jemand kennt sein eigenes Alter – geschweige das eines anderen. Aufgaben und Arbeitsbereiche innerhalb der Gemeinschaft richten sich nach dem jeweiligen Entwicklungsstadium, ob das Kind vier oder sechs Jahre, der Jugendliche zwölf oder dreizehn Jahre bzw. der Erwachsene 25 oder 30 Jahre alt ist, spielt – eigentlich leicht nachvollziehbar – kaum eine Rolle.

Christoph, Chartergast auf der *Galateia*, ist Arzt und sichtet mit Evi den auf *Galateia* und *Sleipnir2* noch zur Verfügung stehenden Fundus an Medikamenten, Klaus und Bärbel haben als Vorbereitung auf ihren Melanesientörn in München eine Sammelaktion für Lesebrillen gestartet. Diese etwas umfangreichere Hilfsaktion in der *Hoba Bay* in Pana Numara scheint sowohl Dorfbewohner als auch Helfer gleichermaßen zufrieden zu stellen, insbesondere nachdem sich *Galateia*-Wolfgang als begabter Kinder-Animateur erweist.

An unserem letzten Ankerplatz in den Louisiaden, auf Pana Kuba, finden wir das beste Schnorchelrevier seit den Tuamotus vor, allerdings muss Wolfgang auch hier tief Luft holen, um die Ankerkette von Korallenköpfen freizulegen.

Einladung zum Abendessen

Unsere Brillenaktion in der Hoba Bay

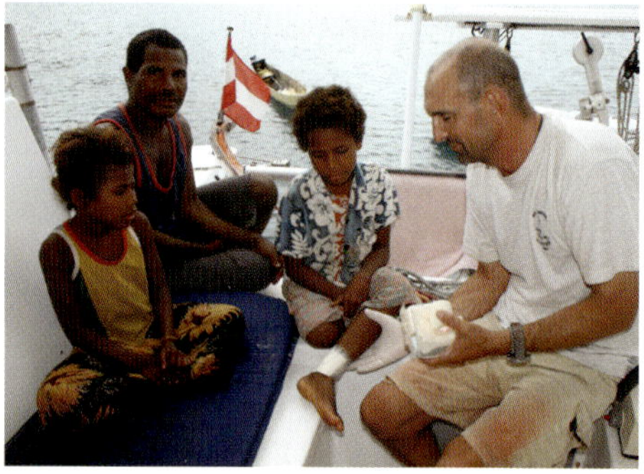

Erste Hilfe durch die Sleipnir2-Crew

Gemeinsam mit der *Galateia* brechen wir schließlich nach Port Moresby, der Hauptstadt Papua Neuguineas, auf, und das Barriereriff beschert uns gleich zu Beginn leichten Gegenstrom, aber auch einen kapitalen Wahoo. Entgegen den Angaben der Seehandbücher setzt der Strom über die gesamte Strecke mit ein bis zwei Knoten gegen uns, die Genua reißt unterhalb der Kopfverstärkung durch, und die Steuerleine des Windpiloten löst sich (wenig verwunderlich) nach zwei Jahren auf – so erreichen wir erst nach mehr als drei Tagen knapp vor Dämmerung die Marina von Port Moresby.

Für die Arbeit an diesem Buch durchforsten wir unsere teilweise doch akribisch geführten Logbücher und Tagebücher. Erst jetzt werden wir wieder daran erinnert, wie häufig wir – bedingt durch die innertropische Konvergenzzone, kurz ITCZ – im Westpazifik mit Passatstörungen, Regen- und Gewitterfronten konfrontiert waren.

In unseren offensichtlich etwas selektiven Erinnerungen an die Wochen in Melanesien haben wir nach unserer Rückkehr stets ein weichgezeichnetes Bild vor Augen: üppige, ungezähmte Natur, ursprüngliche, gastfreundliche Pazifikinsulaner und neugieriges, erforschendes Inselhüpfen. Die durch Wetterkapriolen bedingten beschwerlichen Überfahrten und die durch unzuverlässige nautische Unterlagen oft aufreibende Suche nach einem geeigneten Ankerplatz haben wir scheinbar verdrängt – und das ist auch gut so.

Die Wettergeschehnisse innerhalb der ITCZ, die mangelhafte Kartografie des Seegebietes und der Umstand, dass die Melanesischen Inseln ein großflächiges Malariagebiet darstellen, veranlassen eine Mehrheit von Cruisern dazu, ihre Aufenthalte im Westpazifik kurz zu halten und früher Australien anzulaufen. Das Feld der Langstreckenboote zeigt sich hier deutlich dünner, wer darüber hinaus seinen Kurs nördlich von PNG absteckt, wird sich wohl wochenlang als einzige Yacht in einem weiträumigen, aber auch sehr anspruchsvollen Segelrevier wiederfinden. Auch am Beginn des 21. Jahrhunderts existieren sie zweifelsfrei: die einsamen Segelrouten fern aller Flottillen und Charterbasen.

Port Moresby und das Mount-Hagen-Kulturfestival

In Port Moresby ankern wir in der sogenannten *„Pond Area"* der Marina des mondänen *Royal Papua*-Yachtclubs. Die kanadische *Nordic*-Crew und unsere britischen Ankernachbarn Peter und Irene von der *Catspaw* kommen mit den Dingis zur Begrüßung, noch bevor das Manöver abgeschlossen ist, und wir erfahren vom der *Mount Hagen Culture Show.* Dieses Festival ist eine der größten Folkloreveranstaltungen des Südpazifiks und findet ausgerechnet am folgenden Wochenende in den *Westlichen Highlands* statt.

Den größten Teil des nächsten Tages verbringen wir an Bord und warten fatalistisch auf die Abfertigung von Quarantäne und Zoll, nützen aber den überraschend starken Internetzugang, um Flüge und Quartier für das *Mount-Hagen*-Fest zu buchen. Erst am späten Nachmittag dürfen wir vom Schiff und genießen umso mehr die gediegene, leicht imperialistische Atmosphäre des Yachtclubs, wo wir nach der langen Abgeschiedenheit gerne die feinen Pinkel spielen.

Das abendliche Clubleben wird von Weißen – vornehmlich Australiern und Neuseeländern – geprägt, die hier gleichsam ein Ghetto finden; nautische Themen oder marine Aktivi-

Der noble Royal Papua-Yachtclub

Teilnehmer des Mount-Hagen-Kulturfestivals

täten nehmen hier offensichtlich eine untergeordnete Rolle ein. Der (nach eigenen Angaben) einzige hier sesshafte Österreicher ist Jörg, der uns in seiner überschwenglichen Freude, sich seiner Muttersprache bedienen zu können, ein bisschen zu viel an Horrorgeschichten aus dem alltäglichen Port Moresby auftischt.

Von einem Besuch der „Realität" außerhalb des Yachtclubgeländes wird jedenfalls dringend abgeraten; wir erkunden dennoch *Downtown,* das Museum sowie den Botanischen Garten mit den Paradiesvögeln (vom Aussterben bedrohter Nationalvogel) und machen unsere eigenen Erfahrungen in den Straßen von Port Moresby. Das Kriminalitätsproblem, eine doch verbreitete Ablehnung gegenüber Weißen und eine Bedrohung von Gangs – sogenannter „*Rascals*" – scheinen uns offensichtlich, von CNN wird die Hauptstadt von PNG als drittgefährlichste der Welt eingestuft. In den mehr als 700 Sprachen des Landes existieren keine Wörter für „Arbeitslosigkeit", „Slums" oder „Umweltverschmutzung", eine nette Metapher für die Ohnmacht der Regierung bei der Problemlösung...

Ungeachtet dieser Tatsachen begegnen uns die meisten Menschen trotzdem ausgesprochen freundlich; eine Hand, die nach Evis Rucksack greift, ist glücklicherweise langsamer als Wolfgangs Arm – bleibt aber die Ausnahme.

Nach drei Tagen fliegen wir mit gemischten Gefühlen nach *Mount Hagen* zum Kulturfestival, wo 160 verschiedene Stämme aus allen Teilen des Inselstaates ihre traditionellen Kostüme, Tänze und Gesänge im Wettstreit präsentieren. Zwei Tage zuvor ist eine Maschine der

Proben für das Mount-Hagen-Kulturfestival

Airlines PNG abgestürzt, und am Flughafen erfahren wir, dass die unzureichende Wartung der Flugzeuge allgemein bekannt ist, und es vereinzelt zu Unfällen kommt...

Unsere Lodge in *Mount Hagen* entspricht nicht annähernd den astronomischen Preisen, und einige Kostenpunkte werden nach – sagen wir – engagiert geführten Streitgesprächen mit der Hotelleitung revidiert. Wir befinden uns in Papua Neuguinea, der Fremdenverkehrsslogan „*Erwarten Sie das Unerwartete*" erweist sich als treffend, und das angereiste ZDF-Team hatte angeblich auch schon leichtere Einsätze – am stärksten repräsentiert ist natürlich die BBC.

Nachdem die Managerin der Unterkunft doch relativ rasch auf unsere realistischeren Preisvorstellungen eingegangen ist, richtet sie ihren Unmut gegen einen neben uns eincheckenden Holländer – sie wirkt durch die offensichtlich ungewöhnlich hohe Zahl von sieben Gästen reichlich überfordert.

Noch am Nachmittag des Ankunftstages besuchen wir eine kleinere folkloristische Darbietung weniger Gruppen aus der näheren und weiteren Umgebung des Hochlandes. Meist in hohem Gras sitzend bereiten sich die Akteure auf ihre Auftritte vor, während wir sie hautnah beobachten dürfen. Allgemein übliche Individualdistanzen sind längst durchbrochen, und der für unseren Geschmack etwas zu ungeniert ausgelebte Voyeurismus ist eine Zerreißprobe zwischen Höflichkeit und Anstand auf der einen Seite und kaum je erlebter Begeisterung an Exotischem auf der anderen Seite. Wir sind schlichtweg fasziniert, mit welcher Hingabe

diese Gesichter aus einer anderen Zeit mit Lehmfarben geschminkt werden, wie sorgfältig Muschelketten, Kopfschmuck oder Masken angelegt werden, um sich anschließend mit kurzen Tanzsequenzen oder Sprechchören „aufzuwärmen".

In den folgenden zwei Tagen stellt die Show selbst aber alles in den Schatten und ist eine der intensivsten und außergewöhnlichsten Erfahrungen, die wir je auf Reisen machen durften. Die wenigen internationalen Touristen können sich uneingeschränkt während der Vorbereitungen der Gruppen im Terrain bewegen und fotografieren – Evi ist in ihrem Element und wächst fototechnisch über sich hinaus. Nach dem Einmarsch der Tänzer, der ein wenig an eine Sportgroßveranstaltung erinnert, und einigen entbehrlichen, aber wohl unvermeidlichen Ansprachen der Organisatoren bis hin zum Gouverneur, haben wir wieder unmittelbaren Zugang zu den Akteuren. Jeder Stamm versucht, die anderen durch Gesänge, Tänze und verschiedenste Darbietungen lautstark und unermüdlich zu übertrumpfen, und wir sehen uns von einer gewaltigen Klangkulisse und Farbenpracht traditionellen Schmucks umringt. In diesem Meer aus Federn, Muscheln, Bast, Stroh, Fellen und Leinen ist unsere Aufnahmefähigkeit bald erschöpft, und wir wissen kaum noch, wohin wir unsere Blicke lenken sollen. Ob Frauen oder Männer, die meisten Gesichter sind mit grellen Lehmfarben geschminkt, nur wenige Gruppen, darunter die aus dem Asaro-Tal stammenden *Mud Men,* haben – etwas morbid anmutend – einfärbig, passend zu ihren Tonmasken, den nahezu nackten Körper mit grauem Lehm „dekoriert".

Etwa ein Drittel der sogenannten *Singsing*-Gruppen besteht ausschließlich aus Frauen, und selten hat man so viele nackte Brüste im Takt der Musik „in Bewegung" gesehen. Wolfgang wird schon viel Selbstdisziplin abverlangt, um seine Videokamera ruhig zu führen und die Einstellungen nicht zu verwackeln… Besonders die weibliche Belegschaft der *Engan Cultural Group,* die letztlich als Sieger hervorgeht, versteht es, ihre üppigen femininen Reize dem Rhythmus ihrer Trommeln anzupassen (dass in der Jury nur eine Frau sitzt, sei hier völlig zusammenhanglos erwähnt). Ihre breitkrempigen schwarzen Hüte sind aus Menschenhaar gewoben und haben eine entsprechend lange Fertigungsdauer. Fairerweise sollten wir bemerken, dass sie auch unsere Favoriten waren.

Die geringe Zahl internationaler Touristen wird auf die weltweite Wirtschaftskrise zurückgeführt, und – vermutlich bedingt durch die kleine Auswahl – kommen wir sogar zusammen mit Peter und Irene auf ein Bild in der Montagsausgabe des *PNG Post Couriers.* Die spärliche Einrichtung unserer Lodge stört uns letztlich wenig. Abends sind wir völlig erschöpft, schaffen es gerade, die Unzahl an Fotos auf den Laptop zu überspielen und die Akkus neu zu laden; der Umstand, dass das Hotel wegen der hohen Kriminalitätsrate nicht verlassen werden darf, fällt gar nicht auf.

Nach drei Tagen sind wir wohlbehalten zurück im Yachtclub, versuchen die Eindrücke zu verarbeiten und bereiten das Boot auf die nächsten Etappen vor. Die Segelreparaturen verlaufen letztlich zufriedenstellender als befürchtet, für die Steuerleine des Windpiloten scheint es allerdings in der ganzen Stadt keinen adäquaten Ersatz zu geben – wir treiben jedenfalls nur minderwertiges Tauwerk auf.

Mud Men

Ein Papua-Krieger

Wigmen

Farbenprächtige Tanzvorführung

Bei PNG Art, einem wertvollen Geheimtipp, verfallen wir schließlich noch, ob des übergroßen Angebotes und der humanen Preise, in einen regelrechten Kaufrausch, ohne die Ladekapazität unseres Kats zu berücksichtigen. Wir erstehen Masken, Penisköcher und einen etwa einen Meter hohen Papua-Krieger, der von Irene spontan „*Moresby*" getauft wird.

Von Papua Neuguinea haben wir leider nur einen Bruchteil gesehen. Weder die angeblich traumhaften Korallengärten an der Nord- und Südseite der Hauptinsel noch die Trobriands-Inseln, wo junge Frauen zahlreiche Sexualpartner selbst wählen, aber erst nach der Heirat mit einem der Männer schwanger werden. Anthropologen, die diesem Phänomen auf den Grund gehen wollten, haben, Gerüchten zufolge, ihren Forschungsauftrag immer wieder verlängert – Papua Neuguinea, erwarte das Unerwartete...

Wolfgangs zusätzliches Andenken an *Mount Hagen* ist eine – zu Beginn verharmloste – Magenverstimmung, woraufhin Evi hinsichtlich baldiger Weiterfahrt strenge, Alkoholverbot implizierende Diät verordnet. Den launigen Clubabenden mit Peter und Irene von der *Catspaw* und einer kürzlich eingelaufenen österreichischen Yacht wohnt er mit Papua-Tee und schmackhaften Suppen bei – es wird leider Zeit, den Pazifik hinter uns zu lassen und durch die Torres Strait nach Australien zu segeln...

V.
Australien bis Thailand

Kanpur
Varanasi
Patna
Dhaka
Myanmar
(Burma)
Kunming
Linzhou
Bhopal
India
Narayanganj
Bangladesh
Gejiu
Simao
Jinghong
Jabalpur
Haora
Kolkata
(Calcutta)
Chittagong
Salween
Hanoi
Laos
Thanh Hoa
Hai
Phong
Nagpur
Sittwe
Pye
Chiang Mai
Vinh
Brahmapur
Puri
Sandoway
Bay of Bengal
Hyderabad
Yangon
Lampang
Vientiane
Vishakhapatnam
Khon Kaen
Rajahmundry
Hue
Hubli
Nakhon Sawan
Thailand
Hoi An
Dharwad
Bangkok
Pakxe
Tavoy
Prachin Buri
Mekong
Chon Buri
Chennai
(Madras)
Port Blair
Cambodia
Da Lat
Phnom Penh
Ho Chi
Rach Gia
Can Tho
Madurai
Surat Thani
Ca Mau
Nakhon Si Thammarat
Kandy
Sri Lanka
Trang
Sadao
Colombo
Galle
Kota Baharu
George Town
Ipoh
Medan
Malaysia
Kuala Lumpur
Pematangsiantar
Singapore
Melaka
Singapore
Singkawang
Padang
Jambi
Palembang
Bengkulu
Jakarta
Bandung
Yogyakarta

Ganzhou
Fuzhou
Naha
Xiamen
Shantou
T'aichung
Kaohsiung
Hong Kong
Laoag
Tuguegarao
South China Sea
Baguio
Ilagan
Quezon City
Northern Marianas
Manila
Philippines
Matnog
Catarman
Guam
Roxas
Tacloban
Iloilo
Surigao
Puerto Princesa City
Dapitan
Marawi
Zamboanga
Palau
Davao
Kota Kinabalu
General Santos
Brunei
Tawau
Malaysia
Tanjungselor
Manado
Sangowo
Tolitoli
Gorontalo
Samarinda
Palu
Luwuk
Yansoribo
Balikpapan
Ransiki
Taripa
Serui
Jayapura
Negara
Wahai
Kilifas
Darapap
Parepare
Fakfak
Amanab
Ambon
Maros
Amamapare
Mount Hagen
Ujungpandang
Goroka
Indonesia
Kiunga
Lae
Surabaja
Lake Murray
Dili
Kiriwo
Kerema
Malang
Vila Salazar
Morehead
Soe
Suai
Timor Leste (East Timor)
Port Moresby
Kupang
Nembrala
Paru
Darwin
Weipa
Portland Roads
Woolianna
Port Warrender
Maranboy
Musgrave
Roper Bar
Wyndham
Willeroo
Rossville
Gibb River
Dunmara
Walsh
Wujal Wujal
Tolga
Derby
Wave Hill
Northern Territory
Karumba
Tumoulin
Lagrange Mission
Renner Springs
Trebonne
Pardoo Roadhouse
Sandfire
Tennant Creek
Yabulu
Cossack
Wauchope
Pannawonnica
Wycliffe Well
Whitewood
Yalboroo

Durch die Torres Strait zurück in die Gegenwart

Vor unserem Aufbruch aus Port Moresby Richtung Torres Strait fragt uns Brian, der auf seiner Brigantine (äußerst selten anzutreffende Schonerbrigg) im Yachtclub lebt, mit warnendem Unterton, ob wir wirklich schon abfahren wollen. Wenn jemand, der aus Hobart/Tasmanien stammt, bezüglich der Wetterprognose Bedenken äußert, sollte man dies nicht in den sprichwörtlichen Wind schreiben, sondern sehr ernst nehmen – wir legen trotzdem ab und akzeptieren die abermals rauen Bedingungen in der Korallensee.

Vor der Einfahrt in die Torres Strait, bei *Bramble Cay,* lassen Wind und Seegang aber – wie angekündigt – nach und drehen auf Ost, so dass sich unsere Passage durch die einst wegen ihrer Korallenriffe, Klippen, Sandbänke und Inseln so gefürchtete Seestraße angenehm ruhig gestaltet. Diese berühmte Meerenge zwischen Cape York und der Südküste Neuguineas gehört größtenteils zum australischen Territorium Queensland und ist entsprechend gut befeuert. Die hier lebenden Torres Insulaner stammen von Melanesiern ab und gehören weder zu den Aborigines noch zu den Papuas – uns erinnern sie eher an Polynesier.

Ausgerechnet nachts an der engsten Durchfahrt zwischen *Ackers Shoal* und *Kirkcaldie-Riff* kommt uns einer von erstaunlich wenigen Frachtern entgegen – dafür (wie leicht am Abstand der Seitenlichter zu erkennen ist) ein Containerschiff der größeren Kategorie. Da wir seit Port Moresby unter Windfahne steuern, wird das Ausweichmanöver heikel, und obwohl es sich in diesem Abschnitt nicht um ein Verkehrstrennungsgebiet, sondern um eine Schifffahrtsroute mit vorgegebenen Kurslinien handelt, sind wir uns unserer theoretischen Vorfahrt nicht sicher. Über Funk erbitten wir, ausnahmsweise Steuerbord an Steuerbord passieren zu dürfen, und der Kapitän scheint über diesen Vorschlag erleichtert, bestätigt grün an grün und wünscht uns noch eine gute Fahrt. Minuten später schiebt sich eine lange schwarze Wand relativ knapp an unserem Boot vorbei, das uns in diesem Moment noch ein wenig kleiner vorkommt.

Am nächsten Morgen ankern wir vor Horn Island, und wenig später kommen fünf (!) australische Beamte für die Einklarierungsformalitäten an Bord. Ohne jeweils zu fragen, werden Taschen und Behälter geöffnet, und man wird – ob der umfangreichen Bordapotheke – schnell misstrauisch. Den Versuch, jedes einzelne Medikament auf seine Sinnhaftigkeit und Legitimität zu prüfen, geben die Zöllner nach etwa einer Stunde mit der lakonischen Bemerkung auf, dass die hiesige Apotheke vermutlich neidisch wäre. Von den Quarantänebeamten wird jedes einzelne Kunsthandwerk ausgepackt und mit Desinfektionsmittel besprüht, zwei Andenken (sowie unsere getrockneten Steinpilze aus Österreich) müssen wir leider abgeben. Letztendlich zahlen wir umgerechnet 200 Euro Quarantänegebühr (eine Mezzie in Anbetracht der Tatsache, dass wir am Wochenende 371 Euro dafür berappen hätten müssen), die acht Flaschen australischen Weins, den wir noch aus Neuseeland an Bord haben und einführen, werden nach kurzer Beratung großzügigerweise weder verplombt noch versteuert. Nach mehr als zwei Stunden verlassen Zoll, Polizei und Quarantäne das Chaos auf *Sleipnir2*, die aussieht, als hätte eine Bombe eingeschlagen.

Das Beeindruckendste an Horn bzw. Thursday Island scheint die starke Strömung dazwischen zu sein, die Inseln selbst stellen eher einen Vorposten Australiens dar, wo die Versorgungslage enttäuschend wirkt, und möglicherweise strafversetzte Offizielle ihren Dienst versehen.

Nach drei Tagen lassen wir die Torres Strait hinter uns und segeln in die wirklich erstaunlich flache Aratura-See, durch den *Golf von Carpentaria* Richtung Darwin. Unser erster Fang im Indischen Ozean ist eine kapitale 15 kg Stachelmakrele, die zweite Leine spannt fast gleichzeitig noch ein wenig stärker, wir ziehen sie allerdings mit abgebissenem Vorfach ein – für den verbleibenden Törn bleiben somit die Angeln besser verstaut.

Australien überwacht das Küstengebiet wirklich akribisch, und so werden wir insgesamt sechsmal von *Customs*-Flugzeugen überflogen. Die interne Kommunikation der Behörde scheint Schwachstellen aufzuweisen, anders können wir uns nicht erklären, warum wir etwa alle 100 Seemeilen unseren Schiffsnamen, Crew, Abfahrts- bzw. Zielhafen und andere Angaben buchstabieren müssen – jedenfalls eine gute Übung für das nautische Alphabet – sollte diese notwendig sein.

Das Segeln entlang der australischen Nordküste selbst entspricht kitschigen Idealvor-

Frischer Fisch aus der Aratura-See

stellungen, und man könnte es bei dem leichten Seegang und achterlichen Winden wirklich genießen, wäre da nicht am Ende die durch die starke Strömung bedingte schwierige Ansteuerung von Darwin. Um in den *Van Diemen Gulf* und die anschließende *Clarence Strait* hinsichtlich der Tidenströme richtig einzufahren, haben wir zwar die Gezeitentafeln für Darwin, für die Bezugsorte *Cape Don* und *Cape Hotham* besitzen wir nur Tabellen vom August und müssen daher interpolieren. Das Timing stimmt genau, und wir bewältigen die Passage – entgegen 80%-iger Wahrscheinlichkeit (Bibelautor Jimmy Cornell: „*Segelrouten der Weltmeere*") – innerhalb eines Tages. Wolfgang schwelgt euphorisch über ein perfekt gelöstes Gezeitenbeispiel, während Evi nüchterner mit „*mehr Glück als Verstand gehabt*" kommentiert.

Zwei Tage liegen wir in der *Fannie Bay* vor Anker und müssen durch Taucher die (von der Quarantäne vorgeschriebene) Entmuschelung des Unterwasserschiffes vornehmen lassen, erst danach dürfen wir unseren Liegeplatz in der *Bayview Marina* im *Sadgroves Creek* beziehen. Bedingt durch bis zu sieben Meter Tidenhub sind alle Marinas in Darwin nur durch Schleusung zugänglich – nach den Erfahrungen in Panama fühlen wir uns in der *Bayview Lock* ein bisschen wie in Minimundus, und mit Lockmaster Trevor, der die Marina als Einmannbetrieb managt, haben wir auf Anhieb ein besonders herzliches Verhältnis.

In den letzten Wochen haben Ankerwinsch, Kühlschrank und ein Inverter den Dienst quittiert; Darwin scheint uns der richtige Ort zu sein, die notwendigen Arbeiten durchführen zu lassen. Diese Rechnung haben wir im wahrsten Sinne des Wortes ohne die hohen

Termitenhügel entlang der Straße

Stundenlöhne im Land gemacht. Die Reparaturen von Kühlschrank und Inverter verschieben wir daher auf Singapur und überbrücken bis dahin mit einer 12-Volt-Kühlbox und einem schwächeren Wechselrichter.

Auch der Tiroler Friedemann alias Fred liegt mit seiner *Thetis* und österreichisch-deutscher Crew in der doch etwas abgelegenen Marina. Mit der ARC *(Atlantic Rally for Cruisers)* 2008 gestartet und im Eilzugstempo unterwegs, haben wir Fred, die Salzburger Georg und Margit sowie die beiden Schwaben Hannes und Uli bereits in Port Moresby und Thursday Island getroffen. Mit den begnadeten Handwerkern Hannes und Uli ist Fred nach eigenen Angaben auf *'solid gold'* gestoßen und er setzt wirklich alles daran, die beiden sympathischen Männer bis Singapur auf der *Thetis* zu verpflichten. Leider veranlassen eine Reihe von Defekten am Schiff und kleinere gesundheitliche Probleme Fred, sein Segelabenteuer in *Down Under* zu unterbrechen und einen Heimaturlaub einzuschieben. Auch Hannes und Uli buchen drastisch um: nächstes Ziel Kathmandu/Nepal.

Wenige Tage später besuchen wir mit einem gemieteten Auto das Naturreservat des Kakadu-Nationalparks, bestaunen die hohen Termitenhügel, bewundern die Felsmalereien der Aborigines in *Ubirr* und *Nourlangie* und erklimmen trotz sengender Hitze den einen oder anderen Outlook. Ein Dingo und ein kleines Känguru *(Wallaby)* queren unmittelbar vor unserem Auto die Straße – etliche totgefahrene Beuteltiere am Fahrbahnrand zeugen allerdings von offensichtlich häufigen Fehleinschätzungen seitens der Fahrer oder der Tiere.

Aboriginal Art

Ein weites Land

Schwer auszumachen – ein Krokodil

Einer von vielen

Höhepunkt unseres Besuches im Kakadu-Nationalpark stellt die Flussfahrt durch die *Yellow Water Wetlands* dar, die Teil des südlichen Alligator Rivers sind, Heimat einer ungeheuren Vogelvielfalt und natürlich zahlreicher Krokodile (sogenannte *'Salties'*). Auch auf kurze Entfernung sind sie teilweise schlecht auszumachen, und so scheint sich der Spruch zu bewahrheiten: *„Siehst du ein Krokodil, hast du fünf andere nicht gesehen“*... Auch wenn sich der Name des Parks angeblich aus der Aborigine-Sprache ableitet, sind die vordergründigen Namensgeber hier so häufig anzutreffen wie in Wien die Tauben.

Zurück in der *Bayview Marina* bereiten wir uns langsam auf die Weiterfahrt nach Westtimor/Indonesien vor. Leider bekommen wir immer wieder Mails von Yachten, die bei der Einreise in den riesigen Inselstaat durch die unglaubliche Korruption des Landes auf gravierende Probleme stoßen. Ein erfreulicheres Mail aus der *Ocean7*-Redaktion zeigt, dass eines von Evis Bildern als Cover für die September-Ausgabe gewählt wurde. Wir sind sehr stolz und lassen es jeden wissen, ob es ihn interessiert oder nicht (– meist nicht).

Wir haben uns an das Stadtleben allzu schnell gewöhnt, und auch durch die Herzlichkeit der *Aussies* fällt uns der Abschied schwer. Ein Taxifahrer will uns einen Stadtteil zeigen, „den wir unbedingt sehen müssen“, schaltet den Taxameter aus und lädt uns zu einer kleinen Stadtrundfahrt ein. Der eigentliche Preis ist allerdings die Lebensgeschichte des guten Mannes, die wir in Kurzform präsentiert bekommen. Selbst Evi lernt ein neues australisch/englisches Vokabel: *'chalky'* – als Verniedlichung für „Lehrer“ (heißt frei übersetzt wohl „Kreidinger“)... Abschließend besuchen wir noch einmal den Markt am *Mindil Beach* mit seinen unglaublichen Sonnenuntergängen und erstehen dort ein traditionelles *Didgeridoo*. Unser Lockmaster Trevor herzt uns zum Abschied und schenkt uns eine CD mit Weihnachtsliedern von Udo Jürgens *(„Ihr sprecht doch deutsch?“)*, dann geht es wieder durch die Schleuse, den *Sadgroves Creek* flussabwärts, einem neuen Kontinent entgegen.

Timor – Tor nach Asien

Wir verlassen Darwin entgegen seemännischen Aberglaubens an einem Freitag (und ohne etwas Grünes zu tragen), vor allem aber in dem Bewusstsein, dass die Etappen von jetzt an bis Singapur schwierig und windarm sein werden. Zufällig treffen wir in Darwin noch Rod (Heikell) und Lu von der *Skylax*, die wir bereits aus dem Pazifik kennen. Rod gilt als Bibelautor, hat zahlreiche klassische Segelrevierführer verfasst, und seine Erfahrung sucht wohl ihresgleichen – wenn *Skylax* noch in Australien weilt, können wir mit unserem Zeitplan nicht so falsch liegen.

Nach fünf Tagen fahren wir nachts im dichten Verkehr – ein gänzlich unbeleuchteter Frachter kommt uns entgegen – durch die *Seman Strait* auf Kupang zu. Wir nehmen den Geruch Asiens auf und ankern um 04.00 Uhr morgens vor der Stadt – wir sind in Westtimor.

Wie muss sich William Bligh gefühlt haben, nachdem er im Zuge der Meuterei auf der *Bounty* mit 18 Getreuen in einer 23 Fuß Barkasse in Tonga ausgesetzt wurde und nach 3 600 Seemeilen in dem überfüllten offenen Boot hier angekommen ist?

Das Bild, das Hollywood in den verschiedenen Verfilmungen der *„Meuterei auf der Bounty“* zeigt, entspricht übrigens mit größter Wahrscheinlichkeit wenig der Realität. William Bligh diente unter James Cook auf der HMS *Resolution* als Navigator und pflegte vermutlich dadurch eine eher moderne und „aufgeklärte“ Schiffsführung. Im Zuge der Reise unter James Cook fertigte Bligh Seekarten an, die bis in das 20. Jahrhundert Verwendung finden – bei der Ermordung Cooks auf Hawaii 1779 war er Augenzeuge.

Die Fahrt in der Barkasse nach der Aussetzung durch die Meuterer von der *Bounty*, vom 28.4. bis zum 14.6.1789, ist eine der längsten Seereisen in einem offenen Boot und vermutlich eine der herausragendsten navigatorischen Leistungen überhaupt. Mehrere zu Fiji gehörenden Inseln und der nördliche Teil der Neuen Hebriden (Vanuatu) werden von Bligh während dieser Fahrt entdeckt und aufgezeichnet, bevor er nach mehr als sechs Wochen und 3 600 Seemeilen in Timor, dem damals östlichsten Vorposten einer europäischen Kolonialmacht, landet.

Wir versuchen das heikle und konfuse Einklarierungsprozedere, das diese Saison wie ein Schatten über nahezu allen Seglern schwebt, hier durch den Agenten Napa friktionsfrei hinter uns zu bringen. Bereits von Australien aus haben wir die offensichtliche lokale „Größe“ Napa privat und ohne Vermittlung einer Organisation kontaktiert, und tatsächlich scheint die wirklich kaum vorstellbare Willkür und Korruption dieses Landes für uns zu laufen, denn zu guter Letzt zeigt Napa, dass er wirklich keinerlei Skrupel kennt, aber zu diesem Zeitpunkt haben wir schon unsere Stempel und unterfertigten Papiere...

Unser „Obolus“ für Napa beträgt 200 US-Dollar, dafür inspiziert der gefürchtete Customs-Beamte *Sleipnir2* nur alibihalber und zeigt uns freundlich mit erhobenem Daumen *„alles ok"*, die Offiziellen von Quarantäne und Immigration bekommen wir nie zu Gesicht – dafür scheint Napa in Kupang allgegenwärtig Tür und Tor zu öffnen. Als Preisrelation sei angemerkt, dass wir für die Dienste zweier Indonesier, die unser Dingi bzw. den Kat zwei Tage lang bewachen, Wasser und Benzin für uns schleppen, in Summe gerade mal zwei Euro zahlen, verschiedene Näharbeiten über die Dauer einer halben Stunde kosten kaum einen Euro (Trinkgeld und Foto inklusive).

Etliche Yachten haben gravierende Schwierigkeiten bei der Einreise nach Indonesien. Einige Schiffe werden an die Kette gelegt, anderen wird die *Clearance* verweigert, ohne ein entsprechendes „Bond" zu hinterlegen, oder sie werden von den Offiziellen am Ankerplatz schlichtweg ignoriert, wieder andere zahlen „doppelt" aufgrund widersprüchlicher und willkürlicher „Erklärungen" – dagegen wirken unsere „Problemchen" mit Napa (wir können den Namen nicht mehr hören) geradezu lächerlich.

Nebenbei erwähnt, haben wir in diesem Zusammenhang bereits im April die österreichische Botschaft kontaktiert und über die Situation informiert. Ein zuständiger Sachbearbeiter hat sich innerhalb kürzester Zeit „diplomatisch" zu der Causa Indonesien-Einreise gemeldet, anschließend ist unser Anliegen „im Sand verlaufen" – wir bedanken uns herzlichst für das „Engagement" unserer österreichischen Vertreter in Jakarta... Gleiche Erfahrungen haben übrigens unsere deutschen Segelfreunde mit deren Botschaft gemacht.

Timor, die größte der kleinen Sundainseln, ist politisch zweigeteilt: Westtimor gehört zum indonesischen Staatsgebiet, die Demokratische Republik Timor-Leste wird üblicherweise als Osttimor bezeichnet. Dienstleistungen wären sagenhaft billig, wenn man das Verständigungsproblem lösen könnte. Zum ersten Mal auf dieser Reise begegnen wir (beide) einer Sprachbarriere – kaum jemand spricht auch nur bruchstückhaft Englisch oder eine andere Sprache aus zumindest Evis doch reichhaltigem Repertoire (im Nachhinein umso erstaunlicher die Kommunikationsmöglichkeiten in den so entlegenen, neolithisch anmutenden Louisiaden). Tourismus existiert kaum, sieht man von den wenigen Yachten ab, die hier über Napa ihr Glück mit der Einreise ins Land versuchen.

Was Wolfgang außerhalb der Stadt auf der Suche nach einer Bäckerei erlebt – und seine Reaktionen darauf – fallen hier der Zensur zum Opfer, jedenfalls wäre er in Österreich nackt mit violetter Zipfelmütze kaum mehr aufgefallen...

Die Bank, in der wir australische Dollars wechseln wollen – die weitaus stärkste Währung Ozeaniens – verweist uns auf den Schwarzmarkt...

Den kurzen Aufenthalt in Kupang verbringen wir größtenteils mit unserem Ankernachbarn Nick aus Zimbabwe. Ein offensichtlich kultivierter Mann im Outfit eines Vagabunden, der noch nicht weiß, ob er nach Malaysien oder Brasilien weitersegeln soll, um sich dann dort jeweils niederzulassen. *'God bless you'*, ruft er uns zum Abschied nach – das wünschen wir ihm auch von ganzem Herzen.

Im Reich der Drachen

Bevor Napa noch fantasievoller beim Einheben sonderbarster Gebühren wird, gehen wir Anker auf Kurs Rinca, Heimat einer von weltweit nur drei Inseln der legendären Komodo-Drachen. Auf der Fahrt nach Rinca drehen wir während der zweiten Nacht für eine Stunde bei, um ein Gewitter durchziehen zu lassen, wenig später gegen vier Uhr morgens kommt es zu einem folgenschweren Unfall. Während des Startens eines der beiden Yamaha-Motoren fällt durch die unruhigen Schiffsbewegungen der Deckel der Backskiste ungebremst auf die Finger von Evis rechter Hand. Wie durch ein Wunder erleidet Evi keinen offenen Bruch, aber der Grad der Verletzung ist für uns schwer einschätzbar, und es wird zehn Tage dauern, bis wir ein Spital aufsuchen können. Wir legen zunächst einen Salbenverband an, am folgenden Tag epoxieren wir einen übergezogenen Latexhandschuh und „gipsen" derart mit Bordmitteln drei Finger ein. Es ist schnell klar, dass *Sleipnir2* für einige Zeit dreihändig geführt werden wird, und Wolfgang – zum Leidwesen der Bordfrau – nicht nur die Backschaft übernimmt, sondern beispielsweise auch als Frisör fungiert und Evis Haare waschen muss.

Für die Nachtansteuerung der Südbucht von Rinca steht Evi wieder an der Pinne, leider gibt der Halbmond durch die dichte Wolkendecke wenig Licht, und die elektronische MaxSea-Karte ist um die halbe Buchtbreite nach vorlich backbord versetzt. Wir zittern uns in die Bucht bis zu einer 11-Meter-Stelle, lassen den Anker fallen und sind neugierig auf den nächsten Morgen, wenn wir sehen werden, wo wir gelan-

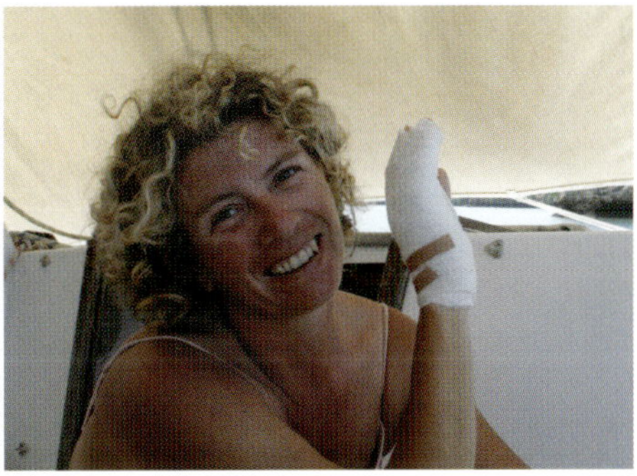

Dreihändig durch Indonesien

Einer der berühmten Komodo-Warane

det sind… Wir liegen vor einem langen Strand und beobachten während des Tages Rotwild, Wildschweine und Affen. Abends nach einer ausgiebigen Buchterkundung mit dem Dingi erspähen wir „unseren" ersten Drachen. Am nächsten Tag verfolgen wir einen Waran 20 Minuten mit dem Beiboot, ein anderes großes Exemplar zieht sich leider bald ins Unterholz zurück. Nicht zuletzt wegen Evis eingeschränkter Beweglichkeit bleiben wir besser im Dingi, kommen aber auch so bis auf ca. 15 Meter an einen Drachen heran, der geradezu majestätisch am Strand patrouilliert und sich seiner Unantastbarkeit wohl bewusst scheint.

Die Komodo-Warane sind mit maximal drei Metern Länge die größten Echsen der Erde und leben ausschließlich auf Komodo, Rinca und West Flores. Der Biss dieser Aasfresser ist tödlich, und leider steht auch der Mensch am Speiseplan der urzeitlichen Tiere – zuletzt wurde wenige Monate vor unserer Ankunft ein Fischer Opfer der Warane.

Die Crew der deutschen *Truant2* bereichert ihre Reise um ein weiteres Erlebnis, als sie während eines Landgangs durch sehr „interessierte" Warane in eine Notlage geraten, aus der sie sich mittels gezielt geworfener, faustgroßer Steine befreien können…

Unser nächster Ankerplatz an der Westküste von Rinca ist vermutlich der einsamste der bisherigen Segelreise. Von unserem Liegeplatz breiten sich sternförmig Buchtsysteme und Kanäle aus, die wir zwei Tage lang erforschen. Es scheint, als wären wir die einzigen menschlichen Wesen auf diesem Planeten – eine Horde Affen mustert die sonderbaren Gäste der Bucht von einem Hügel aus, und tatsächlich gehört dieser zeitlose Platz ausschließlich den Tieren über und unter Wasser.

Nachdem wir einige Tage später mit einem der lokalen Fischerboote einen abenteuerlichen Ausflug in das einzige Dorf Komodos und einen entbehrlichen Besuch in den Nationalpark unternehmen, legen wir schließlich mit Kurs Lombok ab.

Besuch des Dorfes Kampung auf fremdem Kiel

Das Fischerdorf Kampung

Doch kein Benzin auf Komodo

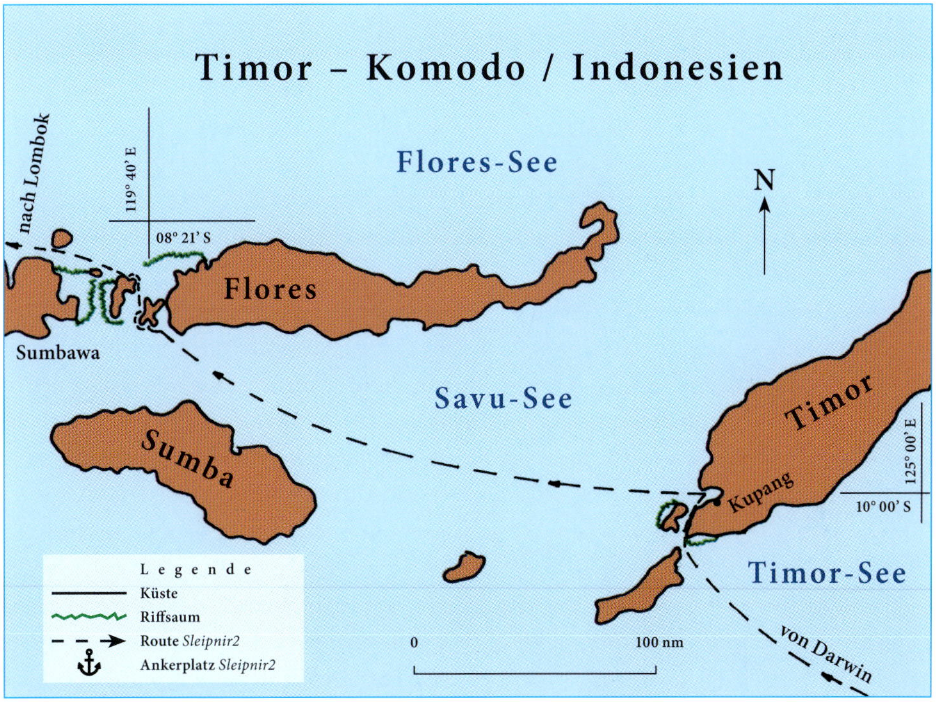
Timor – Komodo / Indonesien
nach Lombok
119° 40' E
08° 21' S
Flores-See
N
Flores
Sumbawa
Savu-See
Sumba
Timor
Kupang
125° 00' E
10° 00' S
Timor-See
Legende
Küste
Riffsaum
Route Sleipnir2
Ankerplatz Sleipnir2
0
100 nm
von Darwin

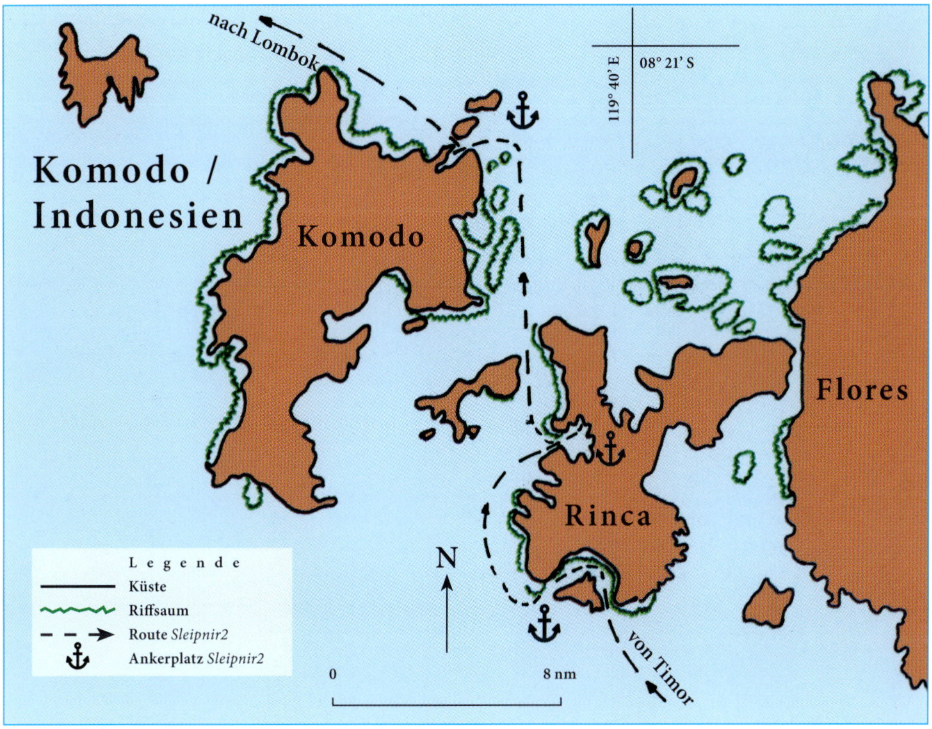
nach Lombok
119° 40' E
08° 21' S
Komodo / Indonesien
Komodo
Flores
Rinca
N
Legende
Küste
Riffsaum
Route Sleipnir2
Ankerplatz Sleipnir2
0
8 nm
von Timor

Lombok – Insel der Gegensätze

Der Schlag von Komodo nach Lombok ist kräfteraubend. Ständig wechselnde Wetterverhältnisse, viele Fischerboote, schwer auszumachende Netze und schließlich 30 Knoten Wind, gegen die wir hart ankämpfen, kosten viel Substanz. *Sleipnir2* segelt Wellenberge hinauf und fällt derart ins jeweils nächste Wellental, dass der Freiwache regelrecht die Koje weggezogen wird – an Schlaf ist nicht zu denken. Evi kann sich mit der eingebundenen Hand am Schiff kaum bewegen, ein Folgeunfall wäre in dieser Situation keine Überraschung – immer wieder wird *Murphy's Law* von Blauwasserseglern zitiert... In der *Medana Bay* im Nordwesten Lomboks wird schließlich eine devastierte *Sleipnir2*-Crew von den hier bereits wartenden Seglern Uli und Marita (SY *Truant2*) herzlich begrüßt.

Am späten Nachmittag wandern wir gemeinsam über den Hügel zum nahe gelegenen Superhotel *Oberoi*, und nach der strapaziösen Segelnacht gegen Wind und Seegang ist der „Kulturschock" in der gediegenen, fast dekadenten Atmosphäre des Luxusresorts kaum zu erfassen – selten haben wir einen stärkeren Kontrast innerhalb eines so kurzen Zeitraums erlebt. Das Bier, das hier standesgemäß € 5 kostet, haben wir uns mehr als verdient, auch

Das Oberoi

wenn man im Dorf für Riesengarnelen als Vorspeise, zwei Hauptgerichte und vier Getränke gerade einmal € 3,50 bezahlt. Dafür verständigen wir uns mit Händen und Füßen, wobei Evi mit ihrer eingebundenen Hand erstmals einen „sprachlichen Nachteil" gegenüber Wolfgang erlebt…

Mit Uli und Marita buchen wir eine Inselfahrt, die sich allerdings schnell als Verkaufstour entpuppt, und der Fahrer, in offensichtlicher Sorge um unsere Liquidität, zuerst einen Bankomaten ansteuert. Wolfgangs Karte weist wieder einmal *'insufficient funds'* auf, und trotz der an sich unerfreulichen Überraschung amüsiert sich Wolfgang über den Umstand, dass außer lakonischen Bemerkungen über den Ablauf der Tour wirklich nichts von ihm zu erwarten ist.

Während wir die am Straßenrand allgegenwärtigen Affen mit ausreichend Erdnüssen zufrieden stellen können, enttäuschen wir die kommerziellen Erwartungen einer Weberei, Töpferei, Werkstatt für Kunsthandwerk, eines Tempelführers und letztlich unseres Fahrers, der an diesem Tag wohl auf seine Provisionen verzichten muss.

Lombok bietet auch die Möglichkeit eines Spitalsbesuches, um Evis Hand endlich röntgen zu lassen. Der Arzt spricht zwar kein Englisch, dennoch schließen wir aus *'no fraktura'* auf eine völlig überraschende, aber umso erfreulichere Diagnose – der Heilungsprozess der verletzten Hand dauert allerdings leider über das Ende unserer Weltumsegelung hinaus...

Zwei Tage später, gerade rechtzeitig zu Evis Geburtstag, kommt es in der *Medana Bay* zum lange erwarteten Treffen mit Kirsten und Joachim von der *Sappho* sowie Erich, Karl und Klaudia von der österreichischen *Tahaa*. Auf *Sleipnir2* laden wir zum Sektumtrunk, anschließend feiern wir gebührend mit den anderen Crews im Hotel *Oberoi*.

Vor Mooring in der Medana Bay

Borneo – unter Waldmenschen

Am Tag nach dem Geburtstagsfest finden wir uns in der Realität wieder – auf dem Weg nach Kumai im Südwesten Borneos. Eine Front mit mehr als 40 Knoten Windgeschwindigkeit zwingt uns einige Stunden zum Beidrehen, und wir legen schließlich einen ungeplanten Stopp auf der kleinen Insel Bawean ein: Eine unverdorbene, ursprüngliche Insel ohne Tourismus, aber mit ausgezeichnetem Internetzugang, zu dem wir uns im Pferdefuhrwerk kutschieren lassen – Indonesien, ein Land der Gegensätze.

Nach zwei weiteren Nachtfahrten erreichen wir endlich die Flussmündung an der Südküste Borneos, und zehn Seemeilen stromaufwärts ankern wir vor Kumai – Ausgangspunkt für Touren in den Tanjung-Puting-Nationalpark, dem vermutlich weltweit besten Ort, um Orang-Utans in freier Wildbahn zu beobachten.

Mit den Franzosen Joël und Anne Marie von der *Oukiok* mieten wir für zwei Tage ein sogenanntes *Klotok* inklusive Skipper, Guide, Koch und Matrose – ein zusätzlicher Mann wird als Wachposten auf *Sleipnir2* abgestellt. Die *Klotoks* erinnern stark an schmale Hausboote, die sich dank ihres geringen Tiefgangs den Weg durch die engsten Flussläufe des

Mit dem Klotok durch den Dschungel

Dschungels bahnen. Das unvergleichliche Naturschauspiel macht diesen Ausflug zu einem der größten Höhepunkte unserer gesamten Reise, und wir versetzen uns ein wenig in den Entdeckergeist eines Alexander von Humboldt. Schon Stunden vor Erreichen des Nationalparks beobachten wir Orang-Utans in den Baumkronen, immer wieder springen Horden von den ausschließlich auf Borneo beheimateten Nasenaffen vor unserem Boot über den Fluss. Nicht jeder Sprung gelingt, und obwohl es sich hier um die besten Schwimmer unter allen Primaten handelt, sind sie sich der Präsenz der Krokodile offensichtlich sehr bewusst – nicht nur für Menschen gilt absolutes Badeverbot…

Nashornvögel steigen vor uns auf, Leguane queren den Fluss und die auch als kleine Menschenaffen bezeichneten Gibbons erweisen sich mit ihrer Schwinghangeltechnik als die überragenden Akrobaten des Urwaldes.

Dreimal innerhalb von zwei Tagen haben wir Gelegenheit, Orang-Utans aus nächster Nähe in freier Wildbahn zu beobachten, und die an Fauna eigentlich weniger interessierte Evi zeigt sich völlig fasziniert – die Kamera läuft jedenfalls „heiß". Das Schauspiel der sich biegenden, durchwegs hohen schlanken Bäume, wenn einer der „Waldmenschen" gemächlich, aber mit festen Griffen seine Position wechselt, ist unvergesslich. Nur an wenigen Plätzen auf Sumatra und Borneo gibt es die Möglichkeit, diese seltenen Primaten in ihrem eigentlichen Lebensraum zu erleben.

Evi genießt außerdem die Gelegenheit, Französisch zu sprechen und zu dolmetschen,

In einem Nebenarm des Kumai-Flusses

Nasenaffe vor dem Sprung

Waldmensch

Futterneid

Orang-Utan-Familie

Joël und Anne Marie sind glücklich, die Unterhaltung in ihrer Landessprache führen zu können, und Wolfgang kann sich zufrieden und ohne Rechtfertigung zum Mittagsschlaf zurückziehen…

Zurück in Kumai gilt es für die nächsten – vermutlich windarmen – Etappen, Benzin zu bunkern. Unser mit ausreichend Geschäftssinn ausgestatteter Agent Mr. Baen bietet seine Unterstützung an: Dass er in diesem Zusammenhang zwei Mopeds zur Verfügung stellt, verwirrt Wolfgang ein wenig. Der Transport der leeren Kanister mit den Zweirädern hat für den *Sleipnir2*-Skipper noch einen gewissen Unterhaltungswert, der Rücktransport der vollen *Jerry Cans* strapaziert dann aber doch seine ohnehin tolerante Auffassung von Verkehrssicherheit ein wenig…

Zwei österreichische Katamarane im Südchinesischen Meer

Seit Lombok sind Gewitter und Regenfronten unsere ständigen Begleiter, und wir haben es längst aufgegeben, auf trockene oder stabile Wetterverhältnisse zu warten bzw. zu hoffen. Noch im Flusslauf des Kumai Rivers müssen wir zwei Gewitter abwettern und bleiben schließlich über Nacht im Flussdelta vor Anker. Das schwerste Gewitter ereilt uns allerdings während eines Zwischenstopps auf der kleinen Inseln Serutu, wo Blitze unmittelbar neben unserem Kat einschlagen, und das ganze Schiff durch die folgenden Donner vibriert – wieder einmal fühlen wir uns klein und machtlos angesichts dieses gewaltigen Naturschauspiels. Die am nächsten Tag aufschließenden Yachten *Sappho* und *Tahaa* versorgen uns glücklicherweise für die restlichen 330 Seemeilen durch Indonesien mit weiteren 60 Liter Benzin.

Zwei Tage später drehen *Sleipnir2* und *Tahaa* in einer Regenfront bei, und so driften für einige Stunden zwei österreichische Katamarane einsam in der Wasserwüste des Südchinesischen Meeres. Auf *Sleipnir2* quittiert schließlich der Backbordmotor den Dienst, wobei die

Der österreichische Katamaran Tahaa

Tahaa patriotische Loyalität beweist und für die verbleibende Strecke immer in Sichtweite segelt/motort. Sollte auch der verbleibende Motor ausfallen, wird ein allfälliges Notmanöver vorbesprochen, und die Schleppleinen sind angeschlagen, aber der Steuerbordmotor erweist sich – Gott sei Dank – durch die verkehrsreiche *Selat Riau* als verlässlich.

Noch während der ersten Nacht meldet sich die kaum zwei Kabellängen steuerbord querab segelnde *Tahaa* über Funk „aus der nördlichen Hemisphäre"; ein Blick auf das GPS zeigt, dass wir noch 0,7 Kabellängen unterhalb des Äquators segeln.

Am 31. Oktober erreichen beide Schiffe um 01.30 Uhr morgens die Einfahrt zur *Nongsa Point Marina* auf Batam, dem nördlichsten Yachthafen Indonesiens. Bei einer Reduzierung der Drehzahl würde der überhitzte Steuerbordmotor absterben, so drehen wir vor der Marinaeinfahrt einige Kreise im *Cruising Speed,* um unsere Situation zu überdenken – schließlich fahren wir in die Marina ein und bereiten im Falle des Absterbens unserer einzigen Maschine ein Ankermanöver im Hafenbecken vor. Zu unserer Überraschung wird uns vom diensthabenden Personal ein Liegeplatz an einem Steg zugewiesen, und während der Yamaha-Motor tatsächlich abstirbt und Wolfgang hektisch ein paar Fender ausbringt, wächst Evi ein wenig über sich hinaus und legt ohne Motor mit dem austreibenden Schiff am Pier an – entsprechendes Leinenhandling der *Tahaa*-Crew sorgt für einen letztlich gelungenen Ablauf des durchaus fortgeschrittenen Manövers. Zuviel Adrenalin wurde freigesetzt, und niemand denkt an Schlaf, wodurch sich die kleine bacchantische Ankunftsparty auf der *Tahaa* bis in die Morgenstunden erstreckt. Karl, der seit Vanuatu Skipper Erich und „Matrosin" Klaudia auf der *Tahaa* unterstützt, hat uns bereits über Funk Hilfe bezüglich unserer Motorprobleme zugesagt.

Am folgenden Tag erweckt ein hinsichtlich seiner technischen Fertigkeiten sehr zum Understatement neigender Karl unseren Backbordmotor wieder zum Leben, und somit steht einigen unbeschwerten Tagen am Pool der Luxusmarina nichts mehr im Wege. In der wirklich gediegenen *Nongsa Point Marina* in Batam erholen wir uns einige Tage von den nervenzehrenden Fahrten durch Indonesien und nehmen dort leichten Herzens Abschied vom riesigen Inselstaat. Hier von Batam aus sehen wir bereits die modernen Hochhäuser Singapores, dazwischen liegt die *Singapore Strait,* die vielleicht verkehrsreichste Wasserstraße der Welt – wie auf einer Perlenschnur aufgereiht, ziehen in beide Richtungen Frachter und Containerschiffe etwa im Zwölf-Minuten-Takt durch das Verkehrstrennungsgebiet.

Dichter Schiffsverkehr in der Singapore Strait

Singapore – Einkaufsmetropole der Zukunft

Wir verlassen die Marina mit dem ersten Tageslicht und fahren mit Schiebestrom entlang der südlichen *Inshore Traffic Zone,* um dann bei *Raffles Lighthouse* die Schifffahrtsroute zu queren. Faszinierend ist die Abgebrühtheit einiger *Locals,* die in kleinen Booten zwischen den Tankern fischen. Am nördlichen Rand der *Singapore Strait* arbeiten wir uns mühsam entlang der einzelnen Häfen und deren Reeden Richtung *Raffles Marina.*

Der ein- bzw. auslaufende Verkehr von den verschiedenen Ankerzonen der Frachter in das Fahrwasser sowie die zahlreichen Schleppverbände erfordern eine konzentrierte Bootsführung, und die Stimmung auf *Sleipnir2* ist daher ein wenig unentspannt…

Entsprechende Wolkenformationen bauen sich über der Stadt auf, und wir müssen im Laufe des Nachmittags mit starken Gewittern rechnen, leider rückt die bereits in Sicht befindliche Marina durch die Gegenströmung kaum näher. Gerade einmal 15 Minuten nachdem wir neben unserem „alten“ Freund und Trauzeugen *Galateia*-Wolfgang in der Marina festgemacht haben, entlädt sich das Gewitter direkt über dem Yachthafen. Ein Blitz schlägt in die nahe der Einfahrt liegende 62 Fuß Oyster *Sundancer 2* ein, die nicht minder große Swan *Astra* nebenan bekommt die Auswirkungen des Einschlags auch noch zu spüren. Für die Kosten der anstehenden Reparaturarbeiten an der Oyster (britische Nobelwerft in Ipswich) wird etwa der dreifache Wert unseres Kats veranschlagt…

Der Merlion

Die *Raffles Marina* erfüllt unsere hochgesteckten Erwartungen in nahezu jeder Hinsicht, und um € 16 pro Tag nutzen wir ein Luxusresort mit thermalbadähnlicher Poollandschaft, Whirlpool, Fitnessraum, Bar, Restaurant und vielem mehr. Die automatische Klospülung und täglich ans Schiff ausgetragene Tageszeitungen erscheinen uns doch ein wenig überzogen, aber durch die Konkurrenz der – wie Pilze aus dem Boden schießenden – malaysischen Billigmarinas liest das Personal den Seglern jeden Wunsch von den Augen ab, und den € 50-Voucher für das Restaurant nehmen wir wohlwollend an.

(Moschee) müssen wir uns natürlich den konservativen Bekleidungsvorschriften anpassen.

Zurück in Port Dickson erleben wir noch das eine oder andere kleine Drama beim Einbau der Motoren; schließlich entlädt Wolfgang die Anspannung der letzten Tage in einem weithin hörbaren Wutanfall gegen die Mechaniker, und Evi ist gefordert, die Atmosphäre zu kalmieren. Um verlorene Zeit gutzumachen, beschließen wir, direkt nach Langkawi zu segeln, und fahren weiter auf die Meeresstraße hinaus entlang des Verkehrstrennungsgebietes, um zumindest den Fischereiflotten auszuweichen. In der zweiten Nachthälfte zwingen uns allerdings Seegang und Gegenwind zum Abbruch, und wir nehmen Kurs auf die Küste, um in einer Flussmündung Schutz zu suchen und bessere Bedingungen abzuwarten.

Diese Entscheidung führt beinahe zu einer Katastrophe. Morgens um 08.00 Uhr Ortszeit, bei bedecktem Himmel, ca. zwei Meter hohen Wellen und etwa 20 Knoten Wind, ist Wolfgang in tiefer Hockstellung mit einer an sich unwichtigen Arbeit am Heck beschäftigt. Gerade im Begriff aufzustehen, verliert er durch den Schlag einer seitlich laufenden Welle das Gleichgewicht und kann sich gerade noch an der fünf Zentimeter hohen Holzleiste (Fußreling) außenbords festklammern. Auch bei nur relativ geringer Fahrt durchs Wasser ist der Zug von der Hüfte abwärts an den Beinen beachtlich, lange könnte sich kaum jemand in dieser Situation halten. Jahrelanges Training macht sich in diesem Moment aber bezahlt, und Wolfgang kann sich rasch aus eigener Kraft zurück an Bord ziehen. Unter Schock beklagt er zunächst nur die nasse Kleidung, erst am Abend geht der Vorfall richtig unter die Haut.

Ein „Über Bord Gehen“ gilt im Allgemeinen, insbesondere nachts, als Todesurteil und stellt ein absolutes „*No-No*“ dar. Beim vorherrschenden Seegang unter Windfahnensteuerung mit aufgeklappten Motoren hätte Evi wenig Chance gehabt, rechtzeitig ein entsprechendes Manöver zu fahren und Wolfgang gleichzeitig nicht aus den Augen zu verlieren.

Nachts sind wir zu jeder Zeit in die *Life Lines* eingepickt, unter tags nur bei rauen Bedingungen bzw. während Arbeiten am Vorschiff. Diese Nachlässigkeit, sich ungesichert am exponierten Heck aufzuhalten, rüttelt uns wieder auf und wir ermahnen uns gegenseitig, im letzten halben Jahr dieser Reise nicht die Konzentration zu verlieren.

Mittags erreichen wir die Flussmündung, und während Wolfgang für das Ankermanöver Arbeitshandschuhe anzieht, spürt er einen harten Gegenstand am Finger: Durch das Überstreifen des Handschuhs zieht er sich regelrecht den – seit Monaten verloren geglaubten – Ehering wieder über den Ringfinger, der offensichtlich gut eingepasst im Fingerteil des Handschuhs die längste Zeit im Ankerkasten „verstaut“ war. Nach diesem etwas zu ereignisreichen Vormittag verkriechen wir uns in die Kojen, sehen in der „Ringgeschichte“ jedenfalls ein gutes Omen und hoffen auf bessere Bedingungen für die folgenden Tage.

Über Lumut fahren wir weiter nach Norden, um schließlich zwei Tage später in der Südbucht von Penang, die wir mit dem letzten Büchsenlicht erreichen, wieder einen wetterbedingten Notstopp einzulegen. Nach kurzer Zeit registrieren wir ungewohnte Schiffsbewegungen vor Anker und im Schein der Taschenlampe erkennen wir, dass sich unsere Ankerkette in einem Fischernetz verfangen hat. Am nächsten Morgen können wir uns –

nach einigen ehrlich gemeinten und wohl auch fantasievollen Befreiungsversuchen – nur mit einem scharfen Messer befreien und versuchen trotz starker *Headwinds,* zumindest die 15 Seemeilen in die *Tanjong City Marina* von Georgetown zu bewältigen. Kurz vor der bekannten Brücke über die *Penang Strait* übersehen wir ein quer über das markierte Fahrwasser gespanntes Fischernetz. Die Unterwassersicht entspricht etwa jener des Neusiedlersees, aber nach ein paar Tauchgängen können wir uns diesmal ohne Zerstörungswerk vom Netz befreien und genießen wenig später die Annehmlichkeiten der Marina umso mehr – zumindest am Beginn unseres Aufenthaltes.

Die *Tanjong City Marina* erweist sich als eine Fehlkonstruktion der besonderen Art. Über die halbe Länge der Schwimmstege fallen landseitig bei Niedrigwasser selbst Katamarane trocken. Die im Hafenbecken schwimmenden toten Ratten laden nicht unbedingt zum längeren Verweilen ein, wir bleiben dennoch einen weiteren Tag, um das Weltkulturerbe Georgetown mit seinem religiösen Mix aus Moscheen, Kirchen, hinduistischen und chinesisch-buddhistischen Tempeln zu bestaunen und natürlich, um Wolfgangs 50. Geburtstag vorzufeiern. Evi hat sich bereits in Neuseeland ausreichend mit Partyutensilien eingedeckt und zieht wirklich alle Register, um eine – dem Anlass entsprechende – Geburtstagsüberraschung für ihren ausgepowerten Skipper zu organisieren. Sie lädt Wolfgang in das beste Lokal der Stadt ein, und für einige Stunden vergessen wir unsere Mühen durch die Straße von Malakka. Am nächsten Tag befinden wir uns wieder in der Realität bzw. vor der win-

Wolfgangs 50er

zigen Insel P. Bidan, die uns als Schutz vor steilen Wellen und 25 Knoten Wind von vorne dient. Schließlich kommt aber segelbarer Wind auf, und wir erreichen endlich Langkawi, das – zumindest aus unserer Sicht – das Ende der *Malacca Strait* darstellt.

Hier treffen wir Kirsten und Joachim von der *Sappho* und Erich von der *Tahaa* wieder, feiern mit ihnen noch einmal Wolfgangs Geburtstag und erholen uns trotz Ausfalls der Solarmodule und kleiner Segelreparaturen an diesem angenehmen Ankerplatz. Wie viele andere Segler werden sowohl die *Sappho* als auch die *Tahaa* die Saison in Langkawi bleiben und nicht weiterziehen. Durch die adäquaten Serviceeinrichtungen für Yachten und die billigen Lebenserhaltungskosten ist diese nördlichste Insel Malaysiens ein Tummelplatz für Segelaussteiger – einige verbringen hier sogar Jahre. Nach acht Tagen nehmen wir – zumindest von der *Sappho* – nach mehr als 20 gemeinsamen Ankerplätzen endgültig Abschied und gehen Anker auf Kurs Thailand, der letzten Station vor den langen Etappen über den Indischen Ozean.

Die Gratulanten – v.l.n.r.: Kirsten, Erich und Joachim

Langkawi pur

Weihnachten im Touristenmekka

Obwohl unser Aufenthalt in Langkawi durch Arbeiten am Schiff ausgefüllt war, brechen wir dennoch einigermaßen erholt Richtung Thailand auf. Wieder gibt es Probleme mit dem Anlasser des Backbordmotors, und so beschließen wir spontan, die Strecke nach Phuket nicht wie geplant in Tagesetappen zu fahren, sondern durchzusegeln. Nie zuvor haben wir nachts so viele Fischerboote beobachtet, und während der zweiten Nachthälfte ändert ein großer Fischkutter seine Richtung und geht auf Kollisionskurs mit *Sleipnir2*. Nur unter Motoreinsatz können wir einen Zusammenstoß verhindern, kurze Zeit später verschwinden seine Positionslichter in der achterlichen Kimm.

Wir erreichen das weiträumige Ankerfeld von Ao Chalong mit seinem weißen Leuchtturm im Süden Phukets am frühen Nachmittag des folgenden Tages und ankern unweit des österreichischen Katamarans *Ishani*, den wir zuletzt vor mehr als einem Jahr in Tonga getroffen haben.

Bald ist die Crew Christoph, Anna und Leoni bei uns an Bord, und die zahlreichen Erlebnisse des abgelaufenen Jahres, die wir gegenseitig schon aus den Funknetzen kennen, werden

Touristenbucht Nai Harn

noch mal „aus erster Hand" geschildert – die Story der *Ishani*-Crew kann sich jedenfalls sehen lassen: In der Abgeschiedenheit von Flores/Indonesien wird die *Ishani* von einem „herrenlosen" Aluminium-Dingi regelrecht torpediert, und der Schaden in Form eines notdürftig abgedichteten Riesenlecks knapp über der Wasserlinie des Backbordrumpfes spricht für sich... Auch die Schweizer Yachten *Chenoa* und *Styrr* liegen vor Anker und bieten an, unser Anlasserproblem unter die Lupe zu nehmen. Die beiden Skipper Hans-Jörg und Martin sind tatsächlich auf allen handwerklichen Gebieten firm – wie es eigentlich jeder Blauwassersegler sein sollte – und befreien uns schließlich von den Motorsorgen.

Vermutlich seit den Kanaren haben wir Massentourismus in dieser Form wie hier in Phuket nicht mehr erlebt: Allerorts Bars, Restaurants, Diskotheken, Massagesalons in jeder Variante und natürlich die vielen wohlriechenden, bezaubernden Prinzessinnen Südostasiens – oft in Begleitung weitaus weniger attraktiver, teilweise tätowierter und meist adipöser Herren. Warum viele dieser Männer trotz feenhafter Begleitung mieselsüchtig und grimmig auftreten, bleibt wohl ein ungelöstes Rätsel – an den Preisen kann es kaum liegen. Wenn Figur und Schritt der „Thaifrau" zu perfekt scheinen, sollte man(n) einen zweiten Blick riskieren; die Gefahr, den Reizen eines Ladymans zu erliegen, ist dann besonders gegeben – diesbezügliche peinliche Überraschungen werden wohl keine Seltenheit sein.

Der Schwell und das trübe, schmutzige Wasser der *Ao Chalong*-Bucht lädt nicht zum längeren Verweilen ein, und wir verlegen uns in die idyllische *Nai Harn Bay* – Schauplatz der legendären Weihnachtsparty in der *Ao Sane*-Beachbar, die sogar im *„Lonely Planet"* Erwähnung findet. Das Weihnachtsfest mit Buffet, Livemusik, Feuerwerk und „Heißluftdrachen" lässt tatsächlich keine Wünsche offen, und am Vormittag des Christtages ist es im Ankerfeld auffällig ruhig. Christoph und Wolfgang besuchen am nächsten Tag eine Thaiboxveranstaltung – die in Polynesien übliche Aufforderung zur aktiven Teilnahme des Publikums (im Pazifik natürlich Tanzveranstaltungen) bleibt hier, Gott sei Dank, aus...

Wir beschließen letztlich, in der angenehmen Atmosphäre der *Nai Harn*-Bucht zu bleiben, und organisieren unsere Besorgungen und Besichtigungstouren von hier aus via Moped. Obwohl Evi, im Gegensatz zu Wolfgang, im Besitz eines Motorradführerscheines ist, unternimmt Wolfgang ausgerechnet hier seine ersten „Gehversuche" an dem von ihm bis dato aus Sicherheitsgründen gemiedenen Zweirad. Nachdem er den Vermieter zunächst fast „niederfährt", präsentieren sich die thailändischen Straßen nicht gerade als Verkehrsgarten und geben wenig Zeit zum Eingewöhnen. Es dauert aber keinen Tag, bis Wolfgang die richtige Ellbogentechnik im Kreisverkehr und eine etwas dynamischere Innenlage in den Kurven der Küstenstraßen entwickelt, so dass Evi bald Zweifel hinsichtlich ihrer Entscheidung, nicht selbst zu fahren, aufkommen.

Unser Besichtigungsprogramm zum großen Buddha auf dem Hügel über der Bucht (inklusive Ritt am Dickhäuter), zum *Chalong*-Tempel und zu den Buchten an der Westseite Phukets, bis zur berühmten, wirklich „lebhaften" *Sin City* – Patong – spulen wir aber unfallfrei ab.

Eine Unzahl von verschiedenen, oft widersprüchlichen Theorien und Taktiken hinsichtlich der Weiterfahrt in das Rote Meer tragen zur Verwirrung innerhalb der Yachtgemeinschaft bei. Es formiert sich allerdings bereits hier ein Konvoi von Booten für den heiklen, etwa 600 nm langen Abschnitt zwischen Salalah/Oman und Aden/Jemen. Wie hoch der Sicherheitsaspekt dieses Unternehmens einzuschätzen ist, wird natürlich sehr unterschiedlich bewertet. Wir sind jedenfalls eingecheckt und mit einer steigenden Zahl von Booten in Verbindung, die ebenfalls eine Teilnahme fest eingeplant haben.

Das Gebiet zwischen Langkawi und Phuket ist Stammrevier zahlreicher Segelaussteiger, die hier gleichsam eine neue Heimat gefunden haben und saisonal zwischen Europa und Südostasien pendeln. Die meisten Crews, die Thailand bzw. Langkawi von Neuseeland oder Australien kommend erreichen, sind ausgepowert und liebäugeln gerne mit der günstigen Möglichkeit, hier eine einjährige Pause vom Langstreckensegeln zu nehmen.

Weihnachtsgrüße aus Thailand

Am Neujahrstag liegen gleich sechs Yachten unter österreichischer Flagge in der *Nai Harn Bay,* und drei weitere Boote befinden sich in der unmittelbaren Umgebung – so ist das Binnenland zumindest für kurze Zeit eine der stärksten Nationen im Revier.

Unser fahrbarer Untersatz in Phuket

Wir feiern Silvester mit der *Ishani*-Crew und Erich von der *Tahaa*, diskutieren beim Sundowner auf der *Golden Tilla* mit Wolfgang und Uli über die heimische Blauwasserszene und lassen uns von Gerhard und Elizabeth von der *Baloo* einen Tag lang in die diversen Lokale der näheren Umgebung „entführen".

Der Aufenthalt neigt sich nach dem Warten auf eine letztlich erfolglose Zusendung neuer Bankomatkarten langsam dem Ende zu. Die *Sleipnir2*-Crew hätte sich auch eine Auszeit von der Auszeit verdient, aber die Vorbereitungen für den 1 100 nm Törn nach Sri Lanka sind abgeschlossen und es gilt, wieder Segel zu setzen.

Sundowner auf der SY Golden Tilla

VI. Heimweg durchs Piratengebiet

Black Sea
Caspian Sea
Tbilisi
Georgia
Bat'umi
Istanbul
Ankara
Gyumri
Armenia
Azerbaijan
Sumqayit
Baku
Yerevan
Kayseri
Elazig
Van
Turkey
Adana
Gaziantep
Tabriz
Ardabil
Mosul
Kirkuk
Tehran
Qum
Sari
Gorgan
Sabzevar
Mashhad
Ashgabat
Turkmenistan
Tashauz
Urganch
Bukhara
Uzbekistan
Tashkent
Qarshi
Syria
Idlib
Aleppo
Homs
Cyprus
Beirut
Lebanon
Tripoli
Euphrates
Baghdad
Haifa
Damascus
Jerusalem
Israel
Amman
Jordan
Iraq
An Najaf
Tigris
Kermanshah
Esfahan
Iran
Ahvaz
Yazd
Kerman
Shiraz
Basra
Be'er Sheva
Cairo
Giza
Nile
Al Bad
Tabuk
Kuwait City
Kuwait
Ha'il
Bushehr
Zahedan
Bandar Abbas
Qaleh-ye Now
Herat
Afghanistan
Kandahar
Aba
Kabul
Rahimyar
Shikarpur
Pakistan
Hyderabad
Karachi
Hurghada
Qena
Sohag
Aswan
Haibar
Buraydah
Ad Dammam
Doha
Qatar
Dubayy
Riyadh
Abu Dhabi
U. A. E.
Nizwa
Muscat
Sur
Medina
Rabigh
Jeddah
Mecca
At Ta'if
Wasit
As Sulayyil
Saudi Arabia
Nahdah
Ghaba
Filim
Sur Masirah
Duqm
Al-Aga'iz
Dauka
Oman
Shalim
Arabian Sea
Simbel
Abri
Kosha
Salala
Port Sudan
Red Sea
Ez Zuma
Atbara
Al Bahah
Abha
Najran
Jizan
Thamud
Sanaw
Salalah
Tawi Utair
Abd Allah Gharib
Asam
Haswayn
Eritrea
Asmara
San'a
Yemen
Kassala
Khartoum
Omdurman
Wad Medani
Al Hudaydah
Dhamar
Taizz
Al Mukalla
Gedaref
Singa
Gonder
Djibouti
Aden
Ad Damazin
Steroh
Tooxin
Xaafuun
Dese
Addis Ababa
Afdem
Dire Dawa
Qardho
Garoowe
Dhuudo
Nasir
Nek'emte
Arba
Ethiopia
Eyl
Abich
Bor
Jima
Goro
Beyra
Gode
Mirsale
Jinka
Dofo
Bitata
Juba
Kelem
Goofado
Ceel Dheere
Nimule
Waajid
Somalia
El Dere
Rom
Buite
Kargi
Jawhar
Uganda
Baardheere
Kampala
Jinja
Kenya
Kom
Jilib
Mogadishu
L. Victoria
Nairobi
Jamaame
Giu
Rwanda
Ijara
Ashuwei
Mkunumbi
Burundi
Arusha
Moshi
Kigoma
Shinyanga
Mombasa
Tabora
Puma
Tanga
Zanzibar
Seychelles
Indi

Karakol
Xiatal
Hoxud
Toksun
Hami
Saihan Toroi
Dalain Hob
Kyrgyzstan
Qarqi
Korla
Bohu
Quqon
Aksu
Kalpin
Mingshoshan
Yumen
Suzhou
Wuhai
Kashi
Bachu
Changcaogou
Zhangye
Yinchuan
Yopurga
Tajikistan
Hadilik
Waxxari
Tura
Youdunzi
Wuwei
Feyzabad
Moyu
Datong
Misgar
Hotan
Yeyik
China
Xireg
Xining
Lanzhou
Pulu
Golmud
Jalalabad
Srinagar
Tongde
Linxia
Pingliang
Dawu
Wujang
Gyaijepozhangge
Xi'an
Islamabad
Yushu
Guangyuan
Oma
Pagnag
Nyainrong
Lahore
Baingoin
Ludhiana
Qamdo
Chengdu
Mianyang
Lhari
Chandigarh
Coqen
Lhasa
Zhamo
Leshan
Sangri
Delhi
New Delhi
Quxu
Qusum
Zigong
Bitu
Nepal
Kathmandu
Xichang
Jaipur
Faridabad
Bhutan
Dibrugarh
Guiyang
Dayan
Lucknow
Thimphu
Ganges
Kanpur
Dali
Panxian
Udaipur
Varanasi
Patna
Myanmar
(Burma)
Linzhou
Dhaka
Kunming
Bhopal
India
Gejiu
Haora
Narayanganj
Simao
Indore
Bangladesh
Jabalpur
Jinghong
Vadodara
Kolkata
Chittagong
Hanoi
Salween
Laos
Surat
Nagpur
(Calcutta)
Thanh Hoa
Kalyan
Sittwe
Chiang Mai
Vinh
Puri
Pune
Brahmapur
Pye
Sandoway
Bay of Bengal
Lampang
Hyderabad
Yangon
Vientiane
Vishakhapatnam
Khon Kaen
Rajahmundry
Hubli
Thailand
Hue
Panaji
Nakhon Sawan
Dharwad
Bangkok
Pakxe
Bangalore
Prachin Buri
Tavoy
Mekong
Chon Buri
Mysore
Chennai
Cambodia
Da Lat
Port Blair
(Madras)
Coimbatore
Phnom Penh
Surat Thani
Rach Gia
Cochin
Madurai
Ca Mau
Nakhon Si Thammarat
Trivandrum
Kandy
Trang
Sadao
Sri Lanka
Kota Baharu
Colombo
George Town
Galle
Ipoh
Medan
Malaysia
Pematangsiantar
Melaka
Singapore
Singkawang
Padang
Jambi
Palembang
Bengkulu
Jakarta

Sri Lanka – „Bruderzwist" in Galle

Trotz der für die Strecke Thailand – Sri Lanka bekannten Kreuzseen, deren Wellen weit über das Deck schlagen, kommen wir die ersten beiden Tage gut voran. Noch vor den Nikobaren beschert uns eine Front 25 Knoten Westwind – während des Nordost-Monsuns in diesem Gebiet etwa so wahrscheinlich wie ein Schneesturm Mitte Mai in Wien. Von Delphinen begleitet, queren wir die Nikobaren durch den *Sombrero Channel* bei 1,5 Knoten Gegenstrom, und so bleiben die zu Indien gehörenden Inseln lange in Sicht...

Durch Flauten und ungünstige Strömungen bedingt, verbrauchen wir unverhältnismäßig viel Treibstoff, aber die rasch aufschließende Yacht *Tuatara* bietet über Funk zumindest 25 Liter Benzin an. Wir stimmen einen Treffpunkt auf See ab und übernehmen zwei Kanister Sprit, indem sich Wolfgang mit dem Dingi an einer langen Trosse zur achterlich aufkommenden *Tuatara* treiben lässt, während Evi *Sleipnir2* auf Kurs hält. Der Buganker der 15 Meter langen, massiven neuseeländischen Yacht stampft bedrohlich über Wolfgangs Kopf, aber die Übergabe gelingt, und von diesem Zeitpunkt an haben wir natürlich auch wieder Wind... Auf dieser Strecke betreibt Wolfgang erstmals ein kleines, sechs bis acht Boote umfassendes Funknetz als Net-Controller und macht seine Sache wirklich lausig. Im Laufe der Zeit findet er unter Evis Kritik allerdings die richtige Mischung aus *Position Reports*, Information und Small Talk. Zeit für Praxis bleibt genug, da wir trotz eines abschließenden 152 nm Etmals elf Tage benötigen, bis *Sleipnir2* vor dem Hafen von Galle ankert, um auf die *Clearance* der *Navy* zu warten.

Das Prozedere des Einklarierens gestaltet sich aufwendig, und bis *Immigration, Health Officer, Customs, Security* und der zwingend vorgeschriebene Agent ihre Stempel und Unterschriften unter zahlreiche Formulare gesetzt haben, vergeht ein halber Tag – unsere tauben Ohren gegenüber den aufdringlichen Forderungen nach diversen hochprozentigen „Geschenken" beschleunigen den Ablauf auch nicht gerade.

Der Wachturm am Wellenbrecher erinnert sehr an jene der einstigen Berliner Mauer, die Flakgeschütze im Hafen selbst sind 24 Stunden personell besetzt, und ein Heer von offensichtlich unterbeschäftigten Sicherheitskräften bevölkert das Gelände – kaum zu glauben, dass der Bürgerkrieg im Land seit Mai 2009 offiziell beendet ist.

Immerhin hat man die nächtlichen Detonationen von Unterwassersprengkörpern in der Hafeneinfahrt eingestellt, die Attacken tauchender *Tamil Tigers* verhindern sollten, nachdem ein diesbezüglicher erfolgreicher Angriff der Widerstandsgruppe 2006 drei Segler getötet und zwölf andere verletzt hat. In Galle Harbour darf aber nach wie vor nur untertags eingefahren werden, und – wie bereits oben erwähnt – muss auf die Freigabe eines entgegenkommenden Militärbootes gewartet werden.

Um das Hafenareal betreten oder verlassen zu dürfen, ist jedes Mal ein Passierschein am akribisch bewachten Schranken vorzuweisen – wir glauben einen Eindruck von der Beweglichkeit in Österreich während der Besatzungszeit zu bekommen. Das schmutzige Wasser in Galle und die mühsame Verproviantierung sind allerdings nicht der Grund unseres Stopps in Sri Lanka, vielmehr planen wir neben einer Besichtigung des hiesigen Forts und der Moschee eine mehrtägige Tour zumindest durch den Südteil des seit 1972 von Indien unabhängigen Inselstaates.

Mit Jean und Alan von der *Tuatara* – zwei *Kiwis* wie aus dem Bilderbuch – mieten wir einen Van mit Fahrer und verbringen den ersten Vormittag entlang der malerischen Südküste, bestaunen die hier typischen „*Stickfishermen*“, den Leuchtturm von Matara (mit seinem schwer erstiegenen Ausblick) und natürlich die farbenfrohen *Proas* der lokalen Fischereiflotte – den Besuch des weitläufigen Buddhatempels in Dickwella überlassen Alan und Wolfgang den Frauen. Auch wenn die Elefanten und Wasserbüffel an den Flussläufen im *Uda Walawe*-Nationalpark und der kaskadenartige Wasserfall im Hochland sehr beeindruckend sind, stellt sicherlich die Bahnfahrt durch die Teeplantagen bis

Wenig Wind, dafür in Begleitung von Delphinen

Der Leuchtturm von Galle Harbour

auf eine Höhe von letztlich nahezu 2000 Metern über dem Meeresspiegel den Höhepunkt des Trips dar – erstmals seit Neuseeland fühlen wir uns leicht unterkühlt.

Die Besichtigung einer Teefabrik ist obligat, bevor wir am Ende des zweiten Tages den Touristenort Kandy erreichen und abends noch die vielfältige Tanzveranstaltung des *Kandy Lake Club Dance*-Ensembles besuchen. In Kandy steht eine der wichtigsten heiligen Stätten des Buddhismus, der sogenannte „Zahntempel", der einen originalen Zahn des Religionsgründers in einer Pagode bewahrt. Nach der Anzahl weiterer Tempel mit Zähnen Buddhas zu schließen, muss der ehemalige Prinz Siddhartha über ein bemerkenswertes Gebiss verfügt haben... Nach kurzen Stopps bei verschiedenen Gemüse- und Obstmärkten treten wir am dritten Tag die lange „Heimfahrt" an. Mehrfach müssen wir unseren allzu sportiven Fahrer zügeln – dass weder wir noch andere Teilnehmer im wirklich chaotischen Verkehr zu Schaden kommen, bleibt ein Wunder.

Im Hafen zurück erleben wir ein Wunder anderer Art: Zwischenzeitlich hat sich das Feld der Yachten verdichtet, und der Riesenkat *Neverland* (20 Meter lang – zehn Meter breit) liegt raumgreifend über unseren beiden Ankern. Die Mannschaft um Profiskipper Alvin – wir kennen ihn aus Neuseeland – ist laut Auskunft der Ankernachbarn für die nächsten drei Wochen nach Deutschland geflogen; wir bekommen aber Hilfe angeboten, um uns am nächsten Tag aus der „Falle" zu befreien.

„Bibelautor" Rod Heikell ist seit den 70er-Jahren ein Fixstern in der Yachtszene, Jean

Die Auslegerboote der hiesigen Fischer

und Alan besitzen seit 30 Jahren Segelschiffe (die *Tuatara* ist ihr neuntes Boot) und Trudy und Geoff von der *Stream Spirits* wissen auch, was zu tun ist. Aus der Sicht des völlig überraschend aus der Kabine torkelnden verschlafenen Alvins wird rund um seinen Kat allerdings dilettantisch agiert, wobei er selbst nicht bereit ist, Ankerkette einzuziehen oder an seinen Heckleinen mitzuarbeiten. Während wir letztlich erfolgreich unsere Anker aufholen und im freien Hafenwasser neu ankern, hält Alvin Exkurse über Ankersituationen in der Nordsee... (?). Der an sich erfahrene Profiskipper sieht in der Wahl seines Liegeplatzes keinen Kritikpunkt und schlägt im offensichtlichen Versuch, sein Gesicht zu wahren, verbal schwer nachvollziehbar und etwas grotesk um sich.

Teeplantagen im Hochland

Stickfishermen

Probleme mit dem Nachbarn SY Neverland

Malediven – erstmals auf eigenem Kiel

Der Abschied von Galle/Sri Lanka fällt daher umso leichter, und 450 nm weiter im Westen warten ohnehin die traumhaften Atolle der Malediven. Die Fahrt von Sri Lanka zu den Malediven entspricht ausnahmsweise weitgehend den Wettervorhersagen und den zu erwartenden Bedingungen laut *Pilot Charts* oder *Visual Passage Planner.*

Wir motoren zunächst gegen leichte Westwinde, bis uns eine frische Brise aus dem 1. Quadranten, aber auch rauer Seegang – durch die Akzeleration des *Golfs von Mannar* bedingt – schnell vorwärts bringen. Je weiter wir uns von Indien entfernen, umso ruhiger wird die See und wir genießen eine entspannte Passage. Am Abend des 4. Tages erreichen wir unser Ziel, die Insel *Uligan* im – bitte auf der Zunge zergehen lassen – *Thiladhunmathee-Atoll.*

Die Ansteuerung des äußeren Ankerplatzes mit größeren Tiefen ist problemlos, um die seichten Liegeplätze zwischen den Riffen anzusteuern, sollte man den passenden Sonnenstand abwarten. Wir haben Glück: Hans Jörg von der *Chenoa* weiß um unsere Ankunft und lotst *Sleipnir2* mit dem Dingi durch die Untiefen auf eine sechs Meter tiefe Stelle mit gut haltendem Sandgrund.

Sleipnir2 schwebt wie schwerelos über den heckseitigen Korallenbänken, die im Licht des Vollmondes und im spiegelglatten Wasser zum Greifen nahe scheinen – kitschiger geht es nicht mehr, und die Bordfrau strahlt mit dem Mond um die Wette.

Eine Schule Mantas nähert sich am Morgen unserem Kat, und wir können die an der Oberfläche schwimmenden Rochen sehr genau beobachten, für ein garantiert großartiges Schnorchelerlebnis ist es uns noch zu früh am Tag.

Leider ist die Euphorie über unseren Aufenthalt im nördlichsten Atoll der Malediven nur von kurzer Dauer. Mehr und mehr Yachten scheinen von dem in Thailand organisierten,

Mantas unmittelbar beim Schiff

Sleipnir2 aus dem Masttop

sogenannten „Superkonvoi" mehr oder weniger offiziell abzuspringen und sich einem anderen – etwa drei Wochen früher auslaufenden – Konvoi anzuschließen.

Wir sehen uns mit dem Risiko konfrontiert, relativ spät in der Saison in Salalah/Oman anzukommen und – mangels Teilnehmer – ohne professionell geführte Gruppe durch den Golf von Aden segeln zu müssen.

Nach einigen Mails mit dem Briten Tom, dem Koordinator der früher angesetzten Rallye (ein pensioniertes Mitglied der *Royal Air Force*), wechseln auch wir die Seiten und kürzen somit unseren Malediven-Aufenthalt erheblich ab. Ein Tagesausflug zu drei anderen Inseln und ein gemeinsames Dinner der vor Anker liegenden Yachten am Strand von *Uligan* sind eher entbehrliche Programmpunkte während unseres Kurzaufenthaltes.

So heißt es für uns *„plus ultra"* (wie der gichtige Kaiser, in dessen Reich die Sonne nie unterging, zu sagen pflegte), und gemeinsam mit Hans Jörg, Tina und ihren beiden Söhnen Marvin und Noah von der Schweizer Yacht *Chenoa* nehmen wir die etwa 1 250 nm über das Arabische Meer in Angriff.

Mehrere Staaten raten offiziell von der Passage von den Malediven direkt in den Oman ab, nachdem sich die Mutterschiffe der Piraten, von denen mit Schnellbooten aus agiert wird, weit südöstlich in den Indischen Ozean verlagert haben – zumindest sollte man östlich von 060° Ost bleiben bzw. 600 nm von der somalischen Küste Abstand halten. Trotzdem segeln wir die direkte Route und hoffen auf ein wenig Glück.

Mit Taktik durchs Arabische Meer

In der Saison 2010 wird noch in Thailand das sogenannte IO *(Indian Ocean)*-Funknetz ins Leben gerufen, um die Fahrtensegler auf 8 188 kHz mit Wetterberichten, Positionsmeldungen und nützlichen Informationen, beispielsweise über die lokalen Belange in den verschiedenen Einklarierungshäfen, zu versorgen. Für den heiklen Streckenabschnitt von den Malediven bis zum Eingang in das Rote Meer werden die Positionsmeldungen verschlüsselt durchgegeben und vom *Net-Controller* (hoffentlich) in die richtige tatsächliche Position umgerechnet. Es gibt verschiedene (nach Farben benannte) Gruppen zu je drei fiktiven Wegpunkten, die wiederum nach Buchstaben des nautischen Alphabets bezeichnet sind. Die Yacht gibt Distanz und Peilung zu einem der drei Wegpunkte als Zahlenreihe – ohne weitere Angaben (Seemeilen, Wegpunkt, Grad) – durch, wobei zur Peilung 200 Grad als fixe Größe addiert werden. Um Piraten, Segler und wohl auch Leser zu verwirren, werden jede Woche die Wegpunkte durch das in Kraft treten einer anderen Gruppe gewechselt. *Sleipnir2* meldet am 9. Februar „451 Kilo 212", befindet sich also 451 Seemeilen mit einer Peilung von 012° vom Wegpunkt K wie „Kilo" (Gruppe Grün) entfernt. Unsere reale Position ist allerdings

Immer auf Sicht mit der SY Chenoa

ca. 530 Seemeilen vor Salalah mit einem Zielkurs von 300°. Manchen Seglern erscheint das System weit überzogen oder sogar lächerlich, und auch wir sind uns nicht ganz sicher, was wir davon halten sollen, tatsächlich werden in dieser Zeit von einigen *Yachties* irrwitzige und schwer nachvollziehbare Aktionen und Taktiken eingesetzt, um das Piratenrisiko in diesem Revier zu minimieren. Ab den Malediven werden von einigen Seglern auch erstmals die empfohlenen *Antifouling Lines* ausgebracht. Etwa 100 m lange und zumindest 2 mm dicke Leinen (auch Angelleinen) werden am Heck in der Hoffnung nachgezogen, dass sich die Propeller etwaiger Angreifer darin verfangen. Ein amerikanischer *Single Hander* will diese Methode bereits erfolgreich angewandt haben. Wie viele andere *Cruiser* erheben wir starke Zweifel an der Wirksamkeit dieser Abwehrtaktik:

Die meisten der sogenannten *Skiffs* (Speedboote) queren nicht das Kielwasser des „Opfers“, sondern nähern sich zwar von achtern, aber von einer Seite in einem spitzen Winkel oder auf Kollisionskurs. Zudem sind die Boote der Piraten in der Regel mit zwei starken Außenbordern ausgerüstet, wodurch es unwahrscheinlich ist, dass die Leine beide Propeller außer Kraft setzt. Die Seglergemeinschaft macht sich jedenfalls mit Gerüchten, Meinungen und Einschätzungen verrückt, und wir bilden bestimmt keine Ausnahme...

Der Törn nach Salalah in den Oman erfordert viel Konsequenz und Arbeit an den Segeln, um *Chenoa* und *Sleipnir2* über diese lange Distanz stets in Sichtweite zu halten. Wir schaffen es aber und sind über zehn Tage nie mehr als 2 nm voneinander entfernt. Nach Ausfall des automatischen Pinnenpiloten auf der *Chenoa* wird ein Reserveautopilot von *Sleipnir2* bei fünf Knoten Fahrt unter Segel mittels einer langen Trosse übergeben – insgesamt keine schlechte Leistung für zwei Boote aus Binnenländern.

Die letzten drei Tage sind die heikelsten, weil wir durch den Zielkurs bedingt näher an die somalische Küste segeln müssen, und die Anspannung an Bord beider Boote steigt unübersehbar. Schließlich kommen aber die Kräne des Containerhafens Salalah in Sicht, und wenig später erreichen wir die längst überfüllte Ankerzone der Yachten. Mehrere Dingis kommen uns entgegen, um uns in die letzten verfügbaren Plätze einzuweisen, und bald zwängen wir *Sleipnir2* mit Buganker zwischen zwei neuseeländische Boote und bringen überlange Festmacher zu den wenig einladenden Felsen aus.

Beiden Schiffen sitzt die Angst vor den Piraten im Nacken

Sultanat Oman – Dromedare und Mohammed

Die Einklarierungsformalitäten im Oman müssen zwingend über einen Agenten abgewickelt werden – in Salalah übernimmt dies Mohammed, der in jeder Verfilmung einer Geschichte aus *1 001 Nacht* ungeschminkt mitspielen könnte. Er ist wirklich der einzige, der in seinem Chaos die Ruhe bewahrt – ein wenig zu viel Ruhe für übermüdete Segler nach mehr als 1 200 nm durch das Arabische Meer. Er weiß um seine Unentbehrlichkeit – die Beamten sprechen kein Englisch, und die vielen angeblich verschiedenen Formulare in arabischer Schrift sehen alle gleich aus...

Während des sich ewig hinziehenden Papierkrieges trinken Hans Jörg und Wolfgang wie Schuljungen heimliche die längst verdienten Biere – Wolfgang hat in weiser Voraussicht vorgesorgt (im Oman gibt es offiziell keinen Alkohol)...

Am nächsten Abend bekommen wir eine Lehrstunde hinsichtlich Hierarchie und Kräftemessen unterschiedlicher Institutionen im Hafenareal. Vermutlich aus reiner Willkür sieht ein Hafenpolizist *Sleipnir2* und drei andere Boote zu nahe am Polizeipier und fordert uns wenig höflich zum Verholen des Schiffes auf. Wolfgang pilgert zwecks Klärung der Situation zum *Port Captain,* von dessen verglasten Bürowänden aus das gesamte Becken sehr gut zu übersehen ist. Der Mann ist freundlich und mit reichlich Goldstreifen dekoriert, jedoch offensichtlich arm an Kompetenz. Um Lässigkeit bemüht erklärt er Wolfgang, dass er ihm

Ausflug durchs Hinterland

nicht vorschlagen möchte, wohin er sich mit dem Kat verlegen soll, sondern lediglich festlegt, wo er NICHT ankern darf. Der durch diese „Großzügigkeit" verbleibende Raum würde kaum ausreichen, unser Dingi zu parken, und so gehen wir letztlich längsseits an eine Dhau aus Bangladesch. Die Besatzung, die über Monate auf See lebt, wurde von Piraten entführt und vor kurzem freigelassen – im Hafen von Salalah dichten sie derzeit die Einschusslöcher an ihrem Boot ab...

Am folgenden Tag müssen sowohl die Dhau als auch *Sleipnir2* den Platz für ein britisches Kriegsschiff räumen – veranlasst durch wieder eine andere Behörde. Zumindest mit den Fischern aus Bangladesch schließen wir Freundschaft und spendieren ein paar Dosen Coca Cola.

Mit der *Chenoa*-Crew mieten wir ein Auto – über Mohammed, wen sonst – und fahren nach Salalah, um uns zu verproviantieren. Während der Fahrt durch die Stadt bekommt der Begriff „Streusiedlung" eine völlig neue Bedeutung bzw. Dimension. Die scheinbar wahllos aus dem Wüstenboden gestampften, durchwegs modernen Bauten stehen über ein endloses Gelände verteilt, verbunden durch gut ausgebaute Straßen – ein Stadtzentrum sucht man vergebens.

Die Dromedare vor den Kränen des Hafens geben in jedem Fall ein eigenwilliges Bild, und vom Flair der verschleierten Frauen des Orients sind wir alle gleichermaßen fasziniert.

Um im Hafen das Unterwasserschiff der Yachten für den bevorstehenden Konvoi zu reinigen, bedarf es einer amtlichen Genehmigung, die den ganzen Tag auf sich warten lässt. Eine Stunde vor der von „Major Tom" angesetzten Vorbesprechung über den Ablauf des sogenannten MF *(Mid-February)*-Konvois bekommt jeder Skipper mit Stempel und Siegel versehen die Erlaubnis, eine halbe Stunde das Schiff zu reinigen – mehr Zeit wäre ohnehin nicht zur Verfügung gewesen.

Wüstenschiffe

Im Konvoi durch den Golf von Aden

Längst haben wir mit dem Dingi eine „Vorstellungstour“ bei jenen Yachten unternommen, in deren Gruppe wir für den Konvoi zugeteilt wurden. Der erste Eindruck, dass in dieser Formation einige Sonderlinge mit von der Partie sind, wird sich leider in den nächsten Tagen bestätigen.

Während des Briefings selbst wird der militärische Charakter des Unternehmens klar erkennbar, für die *Sleipnir2*-Crew kein Problem, da der Sicherheitsaspekt für uns absoluten Vorrang hat. Die wesentlichsten Richtlinien für den erfolgreichen Ablauf dieses Unternehmens werden nach kurzgehaltenen Diskussionen zügig festgelegt, die engen Abstände zwischen den Booten, aber auch zwischen den vier Gruppen werden vor allem nachts die größte Herausforderung für die *Cruiser* darstellen. Zur gleichen Zeit wickelt Mohammed die Ausklarierungsformalitäten für alle Yachten ab – man war auf einen langen Abend eingestellt, niemand wurde enttäuscht...

Erst spät nach Mitternacht kommen wir in die Kojen, am nächsten Morgen wollen 27 Boote mit Seglern aus 17 Nationen die ca. 600 nm entlang der jemenitischen Küste nach Aden in Angriff nehmen – es wird für alle Beteiligten ein Erlebnis der besonderen Art.

Am 18. Februar bricht diese internationale Yachtgemeinschaft in vier Gruppen zu je sechs bis sieben Booten von Salalah auf, um möglichst sicher entlang der jemenitischen Küste durch den Golf von Aden zu fahren.

Jede Gruppe besteht grundsätzlich aus zwei Dreier-Reihen, wobei das mittlere Boot der

Die Konvoi-Familie

vorderen Reihe als Gruppenführer fungiert, den Referenzpunkt für die anderen fünf bis sechs Schiffe darstellt und über VHF-Funk die Gruppe koordiniert.

Die Bezeichnungen der einzelnen Gruppen *(Eagle, Skyhawk, Merlin* und *Kestrel)* leiten sich von der Überstellung einer Flotte während des 2. Weltkriegs ab und haben, wie die gesamte Organisation des Konvois, militärischen Charakter. Tom, der diese Rallye ja wochenlang akribisch vorbereitet hat, führt als *Eagle Lead* – Mittelschiff der ersten Formation – das „Unternehmen". Die Position von *Sleipnir2* ist an der Backbordseite der zweiten Reihe der letzten Gruppe, und so werden wir für die nächsten fünf Tage zu *Kestrel 6*.

Die *VHF-Transceiver* werden auf *Low Power* geschaltet, der Verwendung des Handfunkgerätes ist grundsätzlich der Vorzug zu geben. Der Anrufkanal ist mit einem Buchstaben aus dem nautischen Alphabet codiert und wird täglich gewechselt, zusätzlich gibt es einige Arbeitskanäle, die ebenfalls durch Buchstaben definiert sind.

Über Satellitentelefon wird zumindest zweimal täglich die jeweilige Position der Flotte an einen *Commander* der *Royal Navy* als Hauptansprechpartner und Koordinator bzw. auch an das MSCHOA *Watch (Maritime Security Centre – Horn of Africa)* durchgegeben. Für den Fall eines Angriffs besteht über zwei Telefonnummern die Möglichkeit eines direkten Kontaktes mit einer Kommandozentrale für Hubschraubereinsätze.

Obwohl es sich bei den Teilnehmern natürlich durchwegs um erfahrene Segler handelt, verwundert es ein wenig, dass das Ablegen so vieler Boote innerhalb des kleinräumigen Ankerplatzes ohne nennenswerte „Hoppalas" abläuft. Vor dem Hafen sollten sich die Gruppen unter langsamer Fahrt formieren, und bald erleben wir die ersten, schwer nachvollziehbaren Koordinationsprobleme. Es dauert jedenfalls bis in die frühen Nachmittagsstunden, bis alle Positionen bezogen sind.

Völlig überraschend sehen wir uns mit Gegenstrom und Gegenwind konfrontiert, Bedingungen, unter denen *Sleipnir2* die vorgeschriebenen fünf Knoten Fahrt nicht halten kann. Glücklicherweise melden bald andere schwach motorisierte Boote Schwierigkeiten und bitten um Reduzierung der Geschwindigkeit; so bleiben wir zumindest am ersten Tag dank besserer Nerven unauffällig und freuen uns über den neu festgelegten *Cruising Speed* von vier Knoten über Grund.

In Formation durchs Piratengebiet

Schon während der ersten Nacht wird klar, dass allen Beteiligten in den nächsten Tagen viel Konzentration abverlangt werden wird, das Radarbild zeigt zumindest 15 Yachten in einem Radius von 1 nm – wir übernehmen daher unseren Dreistunden-Wachrhythmus über 24 Stunden.

Da wir einen unverhältnismäßigen Ölverlust eines unserer beiden Yamaha-Motoren vermuten, erbitten wir kurzzeitige Speedreduktion, um zwecks Ölstandkontrolle die Maschinen abwechselnd laufen zu lassen. Es bewahrheiten sich – bedingt durch die hohe Tourenzahl – die befürchteten 100 ml Ölverlust in 24 Stunden. Eine Menge, die wir jeden Morgen ohne weitere Messungen automatisch bei laufenden Motoren nachfüllen, was bei höheren Umdrehungen unproblematischer ist als etwa im Leerlauf – in jedem Fall eine „heiße" Angelegenheit.

Während des zweiten Tages wächst der Gegenstrom auf eineinhalb Knoten an, und einige wenige der stärkeren Boote beginnen, ihren Unmut über das verzögerte Vorankommen zu äußern. Die dänische *Chriann* beschwert sich bei Tom über das Nichteinhalten der „vertraglich" festgesetzten fünf Knoten und schlägt vor, die schwächeren Boote einfach zurückzulassen – wir glauben unseren Ohren nicht zu trauen...

Major Tom berichtigt, dass es sich um fünf Knoten durch das Wasser (und nicht über Grund) handelt und bekräftigt seinen Ehrgeiz, mit allen Schiffen heil in Aden ankommen zu wollen, aber wir haben ab diesem Zeitpunkt ein Feindbild – theoretisch direkt vor uns. *Chriann* sollte als *Kestrel 3* unmittelbar vor uns fahren, der Däne zieht allerdings ständig kreuz und quer durch die Gruppe oder fällt – aus welchen Gründen auch immer – weit zurück und lässt jegliche Gruppendisziplin vermissen.

Die für mittags des zweiten Tages angesetzte Übung einer *„Attack Formation"*, die mit den Worten *„Execute Excalibur"* eingeleitet wird und für den Ernstfall rasch bezogen werden soll, misslingt völlig. Nur Tom äußert sich zufrieden über den Ablauf, aber Yachten haben schließlich keinen Rückspiegel... Bereits am Abend des gleichen Tages ist der Konvoi mit dem ersten scheinbaren Angriff konfrontiert, der von völlig harmlosen Fischern „ausgeht" – aber das weiß zu diesem Zeitpunkt natürlich niemand.

Ein großer Trawler nähert sich und wird von der ersten Gruppe *(Eagle)* schon längere

Es geht in die erste Nacht

Zeit beobachtet. Plötzlich löst sich vom Trawler ein Speedboot und hält auf die nächstgelegene Yacht zu. Der Funkspruch der betroffenen Bordfrau klingt – verständlicherweise – alles andere als entspannt, und sehr schnell kommt Bewegung in die Gruppen. Im Zuge der allgemeinen Flucht („*Attack Formation*“ ubi est?) kann *Sleipnir2* mit den zwei Außenbordern nicht mithalten, und eh wir uns versehen, befindet sich der Trawler samt Speedboot an unserer Steuerbordseite auf Kollisionskurs.

Wolfgang schickt Evi unter Deck und verweist die „Angreifer“ gestenreich auf sein durchlöchertes T-Shirt, die ebenfalls wenig ansehnliche Short und die Einfachheit unseres Kats. Wie auch immer, die Fischer verstehen, heben den Daumen, grinsen und ziehen ab – Adrenalin und Puls bauen sich bei der *Sleipnir2*-Crew aber nur sehr langsam ab... Natürlich eine völlig harmlose Begegnung, aber wir haben einen Eindruck gewonnen, wie ein Übergriff erlebt werden könnte.

Bereits am späten Nachmittag des nächsten Tages bekommt die *Kestrel*-Gruppe nach dem Totalversager des Vorabends Gelegenheit, sich zu bewähren. Ein Schnellboot taucht in der achterlichen Kimm auf und ist bereits wenig später längsseits an *Kestrel 6* – wem sonst? Innerhalb kürzester Zeit sind wir von unseren Gruppenmitgliedern umringt und abgeschirmt – wieder nur eine „Übung“, denn die Fischer erbitten lediglich Zigaretten und Getränke. Die Gefahr, dass die *Kestrel*-Yachten sich gegenseitig rammen, ist wohl die größte in diesem Moment. Für Kurzweil ist jedenfalls gesorgt, und die australische Yacht *Sea Life*

So würde ein Angriff aussehen...

(Kestrel 2), die während des Briefings ihre Bereitschaft bekundet hat, gegebenenfalls Angreifer zu rammen, zeigt in dieser Situation, dass sie es durchaus ernst meint.

Der dritte Tag bringt endlich leichten Wind aus Süd und westsetzende Strömung. Die Hoffnung der *Sleipnir2*-Crew, ab diesem Zeitpunkt die Motoren schonender (oder sogar alternierend) einsetzen zu können, erfüllt sich leider nicht. Tom sieht die Gelegenheit, verlorenes Terrain gutmachen zu können und setzt fünfeinhalb Knoten Fahrt über Grund fest.

Langsam wird klar, dass unsere Treibstoffkalkulation nicht aufgehen wird – Berechnungen hin oder her, mehr als die 500 Liter in 21 zusätzlichen Kanistern hätten wir ohnehin nicht mitführen können, da wir im Cockpit zumindest den Zugang zu den Zündschlössern der Motoren und zur Gasflasche gewährleisten müssen. Im Laufe dieses Tages werden die stressbedingten Verschleißerscheinungen der Segler immer deutlicher. Vor allem die Gruppenleader scheinen kaum Schlaf zu finden, und die Übermüdung zeigt sich in teilweise grotesken Funkgesprächen. Die Denkpausen, um halbwegs verständliche Sätze zu formulieren, werden immer länger, manch einer hat Mühe mit der eigenen Bootsbezeichnung, andere sprechen minutenlang mit dem falschen Partner oder wählen – legasthenisch bedingt – falsche Arbeitskanäle. Auch wir sind uns ab dem zweiten Tag nicht sicher, ob wir genug Kraft und Durchhaltevermögen bis Aden haben werden – aber das Schicksal „hilft" uns diesbezüglich: Am Morgen des vierten Tages müssen wir unsere Benzinknappheit endgültig eingestehen. *Eagle Lead* stoppt den Konvoi, ein Dingi wird zu Wasser gelassen, und 100 Liter

Benzinlieferung im spiegelglatten Golf von Aden

Bryce und seine Attrappe

Leinenvorbereitungen für das Schleppen

Im Schleppverband

Benzin werden von verschiedenen Schiffen in Kanistern für *Sleipnir2* eingesammelt. Auch wenn etlichen Booten die Unterbrechung sehr gelegen kommt, um verschiedene Checks an den Maschinen durchzuführen, ist uns die Kollekte mehr als peinlich.

Murphy's Law schlägt für uns an diesem Tag zu – nachdem wir wieder Fahrt aufnehmen wollen und die Drehzahl erhöhen, stirbt der Backbordmotor ab und lässt sich definitiv nicht mehr starten. Den Steuerbordmotor können wir seit dem ersten Tag ohnehin nur durch Kurzschließen in Gang bringen.

In dieser Situation erweist sich unser Nachbar *Kestrel 5* als Retter. Die neuseeländische 70-Fuß-Superyacht *Silver Fern*, die seit dem zweiten Tag die Attrappe eines Maschinengewehrs an Deck aufgebaut hat, ist laut eigener Aussage froh über ein bisschen *„extra load"*, da sie ihre Maschine die längste Zeit untertourig fährt. Wenig später gleitet *Sleipnir2* im Schlepp völlig lautlos mit sechs Knoten durchs Wasser.

So lernen wir durch unsere Misere in weiterer Folge zwei außergewöhnliche Menschen und Segelfreaks kennen. Martha und Bryce haben sich während eines *America's Cup* kennengelernt, waren an mehreren Kampagnen beteiligt, und Bryce befriedigt Wolfgangs Wissensdurst mit Insiderwissen aus erster Hand. Im Hauptberuf hatte Bryce eine Werkstatt für Supersportwagen. Nachdem die Firma an den Sohn übergeben wurde, war der Weg frei für ein Engagement im *America's Cup*. In *Auckland Harbour* nahm er nach Rennen und Trainings die Super-Rennyachten in Schlepp – *Sleipnir2* weiß sich also in guten Händen.

Russell Coutts lernte auf seinen Dingis

Regattasegeln, Dennis Connor und Brad Butterworth sind gute Freunde, und der Kreis um die Segellegende Sir Peter Blake ist ihm sehr vertraut – etwa so, als würden Benni Raich oder Hermann Maier gelegentlich zum Skitratsch vorbeikommen.

Trotz unserer neuen, passiven Rolle halten wir den üblichen Wachrhythmus bei und können uns im Cockpit kaum bewegen – die geborgten „neuen" Benzinkanister nehmen zu viel Platz in Anspruch...

In der zweiten Nachthälfte nähert sich die bereits eingangs erwähnte *Chriann* (alias *Kestrel 3*) gefährlich dem Schleppverband. Evis diesbezügliche Meldung wird von Wolfgang verharmlost. Evis nächste Warnung klingt sehr eindringlich, aber bis Wolfgang an Deck kommt, ist es zu spät für Nebelhorn oder Fender, es hilft nur noch gellendes Schreien. *Chriann* (Namen der Crew verdrängt) ist offensichtlich eingeschlafen und dreht buchstäblich auf dem letzten Meter, unmittelbar vor unserem Steuerbordbug und dem Hahnepot der Schleppleine, ab. Etwa eine Stunde später entschuldigt er sich bei einer völlig anderen, unbeteiligten Yacht...

Über VHF-Funk erleben wir quasi „live" einen Piratenübergriff auf einen kleinen Frachter etwa 20 Seemeilen südlich unseres Standortes. Die Stimme des Kapitäns überschlägt sich geradezu am Funk, während das kontaktierte Kriegsschiff scheinbar gelangweilt und nüchtern Anweisungen erteilt. Der Frachter mit offensichtlich niedrigem Freibord hat unwahrscheinliches Glück: Während die Piraten über Aluleitern das Schiff entern wollen, fällt einer der Angreifer ins Wasser und muss von seinen „Kollegen" geborgen werden. In weiterer Folge versagt der Außenborder des Speedboots, und letztlich werden die „unglücklichen" Piraten von dem Kriegsschiff aufgegriffen.

Einen anderen Überfall auf ein Containerschiff, ebenfalls unwesentlich südlich unserer Kurslinie, verfolgen wir tags darauf etwas angespannt wieder auf VHF. Die Besatzung kann den Angriff durch Einsatz von Wasserwerfern erfolgreich abwehren – der Konvoi ist auf jeden Fall wachgerüttelt, etwaiges Lachen bleibt ein wenig im Hals stecken.

Ein Kriegsschiff, das sich zwischen dem Konvoi und den beschriebenen Vorfällen befindet, rät Major Tom zu einer Kursänderung, dieser will aber an der Linie knapp außerhalb der jemenitischen Hoheitsgewässer festhalten. Der vielzitierte internationale Korridor, der für die Handelsschifffahrt im Golf von Aden eingerichtet wurde, wird zumindest in dieser Saison von Yachten gänzlich gemieden – paradoxerweise ereignen sich die meisten belegten Attacken gerade dort, wodurch die Diskussion über Lösungsansätze für das Piratenproblem weiter angeheizt wird.

Auch die letzte Nacht lässt keine Langeweile aufkommen. Gegen 01.00 Uhr morgens meldet *Eagle 2* mehrere Fischerbojen und sieht sich unmittelbar darauf darin gefangen. Wenige Minuten später kommen gleiche Statements von *Eagle 6* und einigen Booten der *Skyhawk*- und *Merlin*-Gruppe. Der Konvoi befindet sich offensichtlich zwischen weit ausgelegten Fischernetzen, und entsprechend vorgewarnt tastet sich *Silver Fern* mit Anhang langsam unter Suchscheinwerfern weiter. Wir scheinen Glück zu haben, bis sich in den frühen Morgenstunden ein Netz im Steuerbordruder unseres Kats verfängt.

Wolfgang muss mit einem Messer bewaffnet während der ersten Morgendämmerung ins Wasser, und es ist weniger die Temperatur, als vielmehr das tiefe Blau unter ihm dafür verantwortlich, dass er sofort hellwach ist. Durch den Muschelbewuchs an den Scharnieren sind aufgeschnittene Finger kaum zu vermeiden, und Blut im Wasser ist nicht gerade das, was man in dieser Situation braucht.

Am nächsten Vormittag laufen wir nach fünf Tagen und ziemlich exakt 600 Seemeilen als vorletztes Schiff des schließlich doch erfolgreichen Konvois hundemüde in den Hafen von Aden ein, nachdem wir den Steuerbordmotor mit Hilfe eines Schraubenziehers gestartet haben – wir sind im Jemen. Nach einer ersten Erkundungstour durch Aden, das uns auf Anhieb gefällt, klingt der Tag an Bord der *Silver Fern* in Bierlaune aus. Die „Überlebenden" bilanzieren – überhälftig allerdings sehr nüchtern:

Die Anstrengung durch die permanente Konzentration und die nicht von der Hand zu weisende Gefahr einer Kollision der Teilnehmer untereinander steht in einem schlechten Verhältnis zur Abwendung des Piratenrisikos. Man hadert nicht mit der Entscheidung, sich dem Konvoi angeschlossen zu haben, würde es aber gegebenenfalls nicht mehr machen, sondern eher in kleineren Gruppen auf privater Basis fahren.

Die Einhaltung der vorgeschriebenen Fahrt durchs Wasser/oder auch über Grund stellt ebenfalls einen wesentlichen Stressfaktor dar und wird erfahrungsgemäß ab einer Anzahl von fünf Booten zum Problem. Wir von der *Sleipnir2* resümieren verständlicherweise positiver: Es ist einfach bequem, mit sechs Knoten lautlos durch den Golf gezogen zu werden... Wir sind auf jeden Fall sehr erleichtert, in Aden angekommen zu sein – stolz sind wir nicht.

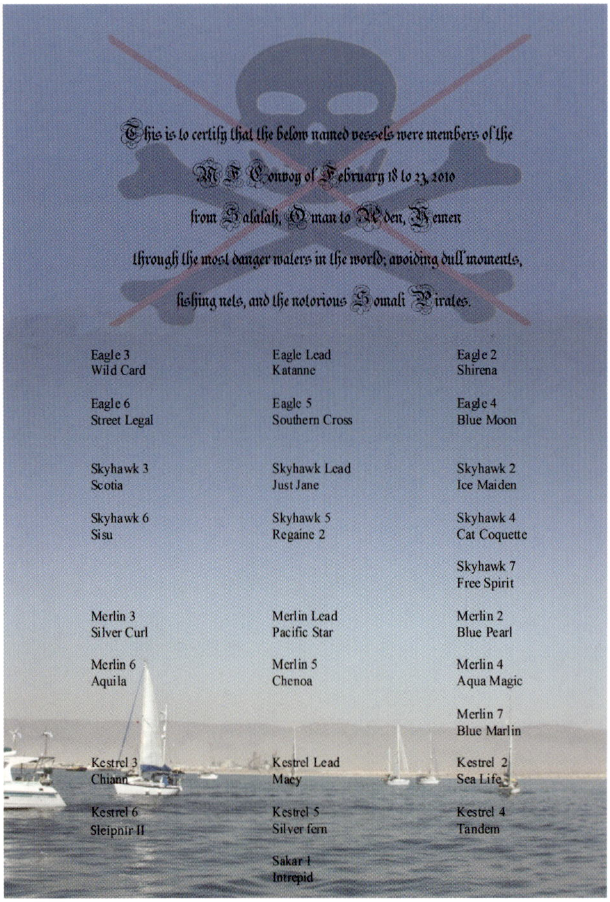

„Teilnehmer-Urkunde" des MF-Konvois

Aden – 1 001 Nacht und zwei Omars

Mit defekten Maschinen liegen wir unmittelbar hinter dem *Prince of Wales Pier* sicher vor Anker, über den Agenten Omar organisieren wir bereits für den nächsten Tag einen Außenbordmechaniker – wiederrum ein Omar (Yuusuf). Damit der gute Mann an Bord unseres Kats arbeiten darf, benötigen wir eine schriftliche Genehmigung des Hafenkapitäns mit anschließender Absegnung durch die Polizei. Dieses Prozedere wiederholt sich für jede Arbeitskraft, welche in den folgenden Tagen auf *Sleipnir2* werkt, und wir kalkulieren dadurch eine bedingte Verzögerung von etwa einer Stunde fix in unsere Zeitplanung ein. Besonders der obligate Beamtenauflauf auf der Polizeistation, wo jedes Mal über unseren Antrag wild gestikulierend und sehr emotional diskutiert wird (als beträfe es deren Antrag auf Gehaltserhöhung), bekommt mit zunehmender Routine Unterhaltungswert und ist eben Teil der arabischen Mentalität.

Omar Yuusuf behebt bald den Defekt am Steuerbordmotor, für das deutlich anspruchsvollere Problem der Backbordmaschine holt er am Nachmittag den Schiffselektriker Ramzy Hamed Al-Hamzy zu Hilfe. Ramzy spricht passables Englisch und wird nicht nur deshalb

Der Prince of Wales Pier

für die nächsten Tage unsere wichtigste Kontaktperson. Die beiden arbeiten bis in die Dunkelheit ohne Erfolg, wodurch wir zu spät zur Willkommensparty im *Sailor's Club* erscheinen, ohne dadurch aber offensichtlich Wichtiges zu versäumen. Die noch etwas übermüdete „Konvoi-Familie" sitzt tief in den Sesseln vor jeweils einer Dose Bier an trostlos leeren Tischen und lauscht wenig mitreißenden Ansprachen, zu denen sich einige Teilnehmer – vermutlich aus berufsbedingter Vergangenheit – scheinbar zwingend berufen fühlen.

Eine Dose Bier – ohne Glas serviert – kostet in dieser westlichen Enklave 4 US-Dollar; um diesen Betrag isst die *Sleipnir2*-Crew mit mehreren Getränken in einem jemenitischen Lokal authentisch zu Mittag. Die auf Zeitungspapier angerichteten Speisen werden mit den Fingern gegessen, die Rechnung in arabischer Schrift wird ebenfalls mit Fingern übersetzt.

Hinsichtlich unserer Motorenreparatur erscheint Ramzy am folgenden Morgen mit dem Mann, auf den wir lange gewartet haben: Samy, ein eher wortkarger Zeitgenosse, ist Spezialist für Yamaha-Außenbordmotoren und lokalisiert den Defekt durch Ausschließungsverfahren an einer Cdi-Einheit – eine verschweißte *Blackbox* unterhalb des Schwungrades. Nachdem im Jemen fast ausschließlich Zweitaktmotoren in Gebrauch sind, wird es schwierig, den entsprechenden Ersatzteil aufzutreiben – man will aber das Möglichste versuchen. Am nächsten Tag ist Freitag und somit Feiertag im streng muslimischen Staat, und in der folgenden Nacht setzt strömender Regen die Stadt unter Wasser, legt die Stromversorgung lahm, wodurch Geschäfte und Werkstätten geschlossen bleiben.

Local Food mit den Crews von SY Silver Fern und SY Street Legal

Weitere Verzögerungen unserer scheinbar endlosen Motorentragödie sind mannigfaltig. Für die bereits erwähnten schriftlich einzureichenden Arbeitsbewilligungen wird, bedingt durch zeitweilige kurze Gebete der Beteiligten, viel Nervenstärke vom Europäer abverlangt – außerdem ist da noch die national verbreitete Sucht des Qat-Kauens, die von nahezu der gesamten männlichen bzw. etwa einem Drittel der weiblichen Bevölkerung gepflegt wird. Die Blätter des Kathstrauches *(Catha edulis)* wirken angeblich stimulierend, steigern aber zumindest das allgemeine Wohlbefinden und werden mit etwas Wasser stundenlang gekaut, bis im Laufe des Nachmittags bei den Jemeniten der Eindruck entsteht, als verstecken sie einen Tischtennisball in ihren Backen. Die Anschaffung der Blätter ist nicht gerade billig, womöglich eine Erklärung für die doch bemerkenswerten Stundentarife unserer Mechaniker; jedenfalls bekommt das Cockpit der *Sleipnir2* durch das „Laub" ein teilweise „herbstliches" Flair.

Das hiesige Rauschmittel Qat

Am fünften Tag unseres Aden-Aufenthaltes baut Samy die Cdi-Einheit eines 40-PS-Zweitakt-Yamaha-Motors in die Backbordmaschine ein und improvisiert die Anschlüsse derart, dass wir endlich wieder den „Sound" unseres Motors hören. Keine Ideallösung vor der Einfahrt in das berüchtigte Rote Meer, aber vor Ort offensichtlich der einzige, zumindest mittelfristige Weg aus unserem Problem. Die anschließenden Preisvorstellungen von Ramzy drückt Evi auf die Hälfte; aus den Gesichtern der beiden zu schließen, zahlen wir natürlich immer noch einen entsprechenden Touristenaufschlag.

Es bleibt uns noch, den nicht mehr auf der Bildfläche erschienenen Omar Yuusuf auszuzahlen, der aber plötzlich von den eingangs vereinbarten Tarifen nichts mehr wissen will und sagenhaft überzogene Forderungen stellt. Auf das übliche Palaver und Feilschen um einen für beide Seiten akzeptablen Preis lässt er sich nicht ein und beschwert sich in weiterer Folge bei der Polizei (!). Für die Vorladung auf der uns längst bekannten Station haben wir den inzwischen freundschaftlich verbundenen Fremdenführer von *Silver Fern* und *Sleipnir2* Hamzah Yassin als Dolmetscher mit uns. Hamzah empfiehlt uns Zurückhaltung, die Diskussion würde ohnehin zu unseren Gunsten verlaufen. Auch die Polizei empfindet Yuusufs Vorstellungen weit fern jeder Verhältnismäßigkeit, außerdem entspricht es eben nicht der orientalischen Mentalität, derartige Verhandlungen über die Polizei oder andere Dritte auszutragen. Diese Ansicht teilen auch alle anderen Jemeniten, die am *Prince of Wales Pier* mit den *Yachties* in den verschiedensten Bereichen „zusammenarbeiten". Eine entsprechend geführte Preisverhandlung – kann durchaus auch ein kleinerer, harmloser Streit sein – ist eben Bestandteil eines Geschäfts- oder Verkaufsgesprächs in diesem Teil der Welt. Omar Yuusuf und der ihn vermutlich unglücklich beratende Agent Omar werden jedenfalls aus dem Hafengelände verbannt und sind nicht mehr gesehen – allerdings nicht bevor wir ihm den angemessenen Betrag ausgehändigt haben. Einen weiteren Menschenauflauf verursachen wir beim Versuch, Benzin von der örtlichen Tankstelle zu bunkern. Die vorsorglich eingeholte Permission, den Treibstoff durch das Gate am *Prince of Wales Pier* zu transportieren, ist offensichtlich gegenstandslos, als wir tatsächlich – vielleicht etwas unorthodox – mit zwölf Kanistern anrücken, die wir mit Schnüren kunstvoll verbundenen am Rücken tragen.

Eine rasch anwachsende Menge an *Locals* diskutiert heftig unser Anliegen, verschiedene Beamte werden mit den allgegenwärtigen Handys kontaktiert, und für die beiden *Nemsas* (Österreicher) heißt es wieder einmal „*inschallah*". Schließlich dürfen wir natürlich unter der Versicherung etlicher „*no problems*" und einem obligaten *Bakschisch* passieren und versorgen uns recht mühsam mit mehr als 200 Liter Benzin in Kanistern.

Interessanter als die Querelen mit Omar Yuusuf oder die auf uns etwas unappetitlich wirkenden grüngefärbten Zähne durch das Qat-Kauen erscheinen die verschleierten Frauen, die das Stadtbild prägen. Im Gegensatz zum Oman begegnen wir hier einer breiten weiblichen Bevölkerung in der Öffentlichkeit – die überwiegende Zahl von ihnen ist verschleiert. Durch den *Niqad* (Gesichtsschleier) und den meist als Halbkreis geschnittenen *Tschador* (schwarzes Tuch als Umhang getragen) zeigen die Frauen nur ihre – oft geschminkten – Augen, die dann entsprechend geheimnisvoll und erotisch wirken. So mancher männliche Skipper fragt sich natürlich, was sich hinter der traditionellen islamischen Bekleidung ver-

Benzinbunkern mit Hindernissen

Krummdolche in Arab-Town

In Arab-Town

bergen mag, und unabhängig vom kulturell-religiösen Hintergrund (stammt ursprünglich aus der Beduinenkultur) wird zumindest für die *Yachties* das Interesse an der weiblichen Bevölkerung eher gesteigert.

Durch eine Einladung Hamzahs zum Abendessen haben wir das Glück, zusammen mit der *Silver Fern*-Crew einen Eindruck von den privaten Verhältnissen im Jemen zu bekommen. Bedingt durch die Gäste Bryce und Wolfgang trägt Hamzahs Frau auch in der Wohnung den *Niqad* (ihr Gesicht darf sie nur ihrem Ehemann und den männlichen Familienmitgliedern enthüllen), aber die offen geführten Gespräche mit der gebildeten Frau geben einen sehr interessanten Einblick in das gesellschaftliche bzw. familiäre Alltagsleben im Land. Die Einsicht in die weiblichen Belange im Jemen fasziniert Evi ebenso wie die offensichtlich aufgeklärte Frau, die in der Argumentation durchaus ihren Standpunkt gegenüber Hamzah verteidigt – der Arme wirkt nicht immer glücklich... Natürlich ist es undenkbar, dass die Frau des Hauses von männlichen Besuchern – in welcher Form auch immer – körperlich berührt wird, was Wolfgang nicht von einem Versuch abhält, der Gastgeberin zum Abschied die Hände zu schütteln – auch sonst lässt er an diesem Abend kaum einen sich bietenden Fauxpas aus. Wie die meisten Bordfrauen akzeptiert auch Evi weitgehend die Regeln der islamischen Kultur und trägt zum Kopftuch, gänzlich angepasst, eine schwarze, knöchellange *Abaya*. Bei den diversen Dingi-Fahrten erweist sich die Tracht allerdings wenig vorteilhaft, und so hört man Evi ungewohnt deutlich und lautstark fluchen – wenn das Übersteigen vom Schlauchboot auf den Pier zum Balanceakt wird oder die „Verkleidung" im Hafenwasser getränkt wird. Mit Hamzah unternimmt sie eine Einkaufstour nach Arab-Town, einem Stadtteil von Aden, der von Touristen völlig verschont ist. Entsprechend muss sie damit zurechtkommen, wie ein Alien bestaunt zu werden – aber Hamzah erweist sich in dieser Situation als unbezahlbar und zeigt den richtigen Weg bei Preisfeilschereien oder durch den Bazar.

Unser Gastgeber Hamzah mit Frau, der 2011 leider tödlich verunglückte

Mit dieser Unterstützung ersteht Evi drei der für den Jemen so typischen *Janbiyas*, deren Kauf für uns schon vor Beginn der Reise feststand. Manche Männer im Jemen tragen im Alltag diesen traditionellen Krummdolch bauchseitig an einem Gürtel. Bryce von der *Silver Fern* versorgt sich bereits am zweiten Tag mit authentischer Kleidung inklusive *Janbiya*, wodurch er sogar bei Ankunft der *Vasco-da-Gama-Rallye* vom jemenitischen Fernsehen als „segelndes Original" interviewt wird. Die drei für uns so interessanten Souvenirs kosten letztlich weniger als einer der typischen Dolche, welcher uns im Shop am *Prince of Wales Pier* als *'very special price only for you, my friend – I want to make you happy...'* angeboten wurde – jetzt sind wir wirklich happy.

Husarenritt durchs Rote Meer

Innerhalb der ersten Woche verlassen die meisten Teilnehmer des Konvois den Hafen, warum und wohin ist uns nicht ganz klar, da der Wetterbericht deutlich Gegenwind im Golf von Aden und Nordwindlagen im südlichen Roten Meer vorhersagt. Die verbleibenden Schiffe rücken ein wenig näher zusammen, und wir beschließen letztlich, zu gegebener Zeit mit Gerhard und Wilma von der *Aquila* (ehemals *Merlin 6*) gemeinsam auszulaufen.

Gerhard hat als Wissenschaftler in der Raumfahrt gearbeitet, lässt sich scheinbar durch nichts aus der Ruhe bringen und analysiert messerscharf, dass der 5. März der geeignete Tag ist, um Richtung Rotes Meer aufzubrechen – ein Datum, das auch Wolfgang (etwas weniger wissenschaftlich) ins Auge gefasst hat.

So verlassen – wie vereinbart – die *Aquila* und die *Sleipnir2* gemeinsam den Hafen, der schon ein wenig vertraut geworden ist. Leichter Wind schiebt uns entlang der jemenitischen Küste, und wieder verfolgen wir auf VHF-Channel 16 „live" einen Piratenüberfall auf einen Tanker – auch diesmal misslingt glücklicherweise die Attacke.

Am nächsten Morgen erreichen wir *Bab-el-Mandeb,* das Tor der Tränen, und somit die Einfahrt in das Rote Meer. Westlich von uns fährt ein Frachter der größeren Kategorie in Begleitung eines Kriegsschiffes in den Golf von Aden ein, während wir unter idealen Segelbedingungen mit knappem Abstand die Perim Islands mit deren Militärbasen passieren – ein bisschen zu knapp vielleicht.

Nicht nur die SY Aquila begleitet uns durchs Rote Meer

Während der Betrachtung einer wirklich sehenswerten Bauchtanzvorführung mit ausgezeichneter Choreografie bleibt für Gerhard und Wolfgang die Zeit stehen, Evi filmt die bemerkenswerte Darbietung. Hinsichtlich orientalischer Tanzkunst waren wir bislang nicht gerade verwöhnt: Eine Aufführung in Port Ghalib baute offensichtlich auf die geringe Erwartungshaltung der Gäste, und die Geduld und Toleranz des Publikums wurde auf eine harte Probe gestellt.

Mit günstigen Windprognosen verlassen wir mit *Aquila* im ersten Tageslicht die *Abu Tig Marina* in der Hoffnung, möglichst weit nach Norden zu kommen. Nachdem wir die letzten schützenden Riffe im Süden der *Straße von Gubal* passiert haben, frischt der Wind aus Nordwesten deutlich auf. Innerhalb kürzester Zeit sind wir mit zwei Meter hohen Wellen in einer Frequenz von drei Sekunden (!) konfrontiert – wir quälen uns in den Schutz der *Marsa Zeitiya* an der Westküste des Golfs von Suez.

Nach drei Tagen des Wartens und vergeblichen Versuchen, zumindest den nächsten besser geschützten Ankerplatz in El Tor 23 nm weiter nördlich zu erreichen, stellen sich *Aquila* und *Sleipnir2* auf einen längeren Aufenthalt in der *Marsa* (Bucht) ein. Vier Tage bläst es konstant mit 20 bis 38 Knoten: Wir setzen einen zweiten Anker, aktivieren den Ankeralarm und stellen den Warnton des Windmessers höher...

Der Landstrich gleicht einer Befestigungsanlage (Suezkrise, Sechstagekrieg) – die Südspitze der Halbinsel Sinai ist zum Greifen nahe sichtbar. An einem Betonpier liegen einige Schleppboote, und der günstigste Ankerbereich ist scheinbar mit Tonnen gesperrt.

Trotz Evis Hinweise auf die Sinnlosigkeit des Unterfangens, fährt Wolfgang in einer Flautenphase (20 Knoten Wind) mit dem Dingi an Land, um sich nach dem besser geschützten, allerdings gesperrten Abschnitt der Bucht zu erkundigen.

Kaum angekommen, wird das Beiboot beschlagnahmt, er selbst festgehalten, und die Zahl herbeieilender Militärs wächst schnell. Ungezählte *'ten more minutes'* später wird Wolfgang nach etwa einer Stunde mit der Warnung „entlassen", dass ein Landgang ein schweres Vergehen darstellt, den vermutlich unterbeschäftigten Ägyptern kommt die Abwechslung offensichtlich sehr entgegen, und man lässt Wolfgang nur ungern ziehen. Zurück an Bord ist Evis Mimik eindeutig zu interpretieren, aber Wolfgang ist eben eher ein „empirischer" Typ.

Acht Tage sind wir – windbedingt ohne Sonnensegel – am Boot gefangen, bis wir ein 30-Stunden-Wetterfenster mit Südwindlagen nützen und uns 150 nm durch den dichten Schiffsverkehr nach Port Suez zittern. Der Südwind hält tatsächlich über mehr als einen Tag, variiert allerdings zwischen 0 bis 40 Knoten – nach vielen Segelwechseln und nahezu ohne Schlaf erreichen wir am 11. April vormittags die völlig unspektakuläre Einfahrt zum Suezkanal und haben somit das Rote Meer endgültig bewältigt.

Unter Sturm im Bojenfeld des YC Suez können wir den Kat nicht gegen den Wind drehen, driften ab und müssen notankern. Erst am Nachmittag gehen wir mit Bug- und Heckleinen an zwei Bojen – die Formalitäten für den Kanaltransit können beginnen.

Suezkanal – *'Where is my present?'*

Nie zuvor waren die Windvorhersagen der *Gribfiles* so unzutreffend wie im Golf von Suez. Besonders Gerhard von der *Aquila*, aber auch Wolfgang versuchen immer wieder, den Einfluss lokaler Gegebenheiten auf die Windsituation zu erahnen und einzuplanen bzw. einen gesetzmäßigen Faktor zu finden, mit dessen Hilfe die prognostizierten Windstärken zu multiplizieren sind – Ergebnisse und Erfolg sind sehr bescheiden. Schon die charismatische Segellegende Bernhard Moitessier stellte einst treffend fest: *„Der Wind liest leider nicht die Pilot Charts…"*.

Der Suezkanal ist ein schleusenloser Meerwasserkanal von 87,5 Seemeilen Länge – für die Handelsschifffahrt von immenser Bedeutung bietet er aber auch den Langstreckenseglern eine Option, sich den weiten Weg um das *Kap der Guten Hoffnung* zu ersparen.

Projekte für einen Kanalbau gab es bereits unter verschiedenen Pharaonen des Alten Ägyptischen Reiches, unter dem Perserkönig Dareios I., dem römischen Kaiser Trajan, den Osmanen, und auch Napoleon Bonaparte griff die Idee während seines Ägyptenfeldzuges auf. Ein halbes Jahrhundert nach Napoleon bekam schließlich Ferdinand de Lesseps eine Konzession für den Bau (1859 bis 1869), den er nach den Plänen des in Italien geborenen Österreichers Alois Negrelli realisierte. Zur Eröffnungsfeier dieser Verbindung zwischen dem Mittelmeer und dem Roten Meer wurde übrigens nicht – wie vielfach angenommen – *Aida* (Uraufführung 1871 in Kairo), sondern Giuseppe Verdis Oper *Rigoletto* gespielt. Wir warten weniger feierlich zunächst auf den Vermesser, dann – immer die Wetterlage des östlichen Mittelmeeres im Auge – auf den geeignetsten Termin für den Transit.

Sobald Kriegsschiffe oder Unterseeboote den Kanal benützen, bleibt er für Privatyachten gesperrt, wodurch über der persönlichen Zeitplanung immer ein Damoklesschwert schwebt. Zum Leidwesen von Katamaranbesitzern werden die Kosten für den Transit nach Schiffsvolumen berechnet, für die *Sleipnir2* schlägt sich das mit 225 US-Dollar zu Buche. Bei der

An einer Mooring unmittelbar vor dem Suezkanal

Einhebung diverser weiterer Gebühren sind die Ägypter weniger einfallsreich als vielmehr anmaßend und geldgierig.

Für die Abwicklung der Formalitäten arbeiten wir mit der Legende unter den hiesigen Agenten, dem „*Prince of the Red Sea*", zusammen – Kapitän Heebi hat das Geschäft von seinem Vater übernommen und kann (bei ausreichender Toleranz und Nachsicht) als Schlitzohr bezeichnet werden. Es ist immer wieder faszinierend, wenn sich Prince Heebi nach den ehrfürchtigen Ritualgebeten gen Mekka von seinem Teppich erhebt, um anschließend den *Yachties* mit nicht nachvollziehbaren Gebühren aller Art geradezu „das Weiße aus den Augen zu nehmen". Die zweifellos beträchtlichen Einnahmen seiner Agentur investiert er offenbar mit Vorliebe in neue Autos – Kleidung und vor allem sein Gebiss haben scheinbar geringeren Stellenwert...

Obwohl mit der arabischen Mentalität mittlerweile bestens vertraut, kommt Wolfgang mit den unverschämten, jeglicher Verhältnismäßigkeit entbehrenden Forderungen der Ägypter nach *Bakschisch* verschiedenster Art nicht zurecht. Innerhalb der ersten beiden Tage in Port Suez ergreift er wirklich jede sich bietende Gelegenheit zur Auseinandersetzung und hat somit bald das Personal des gesamten YC Suez gegen sich. In logischer Konsequenz macht man ihm das Leben im Yachtclub schwer. Die obligate Passkontrolle erfolgt bei ihm zweimal, manchmal dreimal am Tag, wobei der vermutlich nicht des Lesens mächtige „Beamte" den Ausweis – verkehrt haltend – minutenlang begutachtet, um Wolfgang schließlich zu fragen, ob er Schweizer ist...

Von Evi und Gerhard (SY *Aquila*) entsprechend gebrieft, stellt der „unbalancierte" *Sleipnir2*-Skipper sein Verhalten im Laufe der Zeit um und schließt gegen Ende des Aufenthaltes mit dem einen oder anderen Angestellten des YC fast noch Freundschaft – trotzdem werden sämtliche wesentlichen Gespräche hinsichtlich des Transits weiterhin sicherheitshalber von Evi geführt. Zumindest der Internetzugang im Yachtclub ist hervorragend und wird von den wartenden *Yachties* entsprechend genutzt.

Ein Abszess an Evis großer Zehe lässt uns nicht nur den bereits gebuchten Ausflug zu den Pyramiden und nach Kairo stornieren, sondern stellt darüber hinaus auch die Weiterfahrt infrage. Wir kontaktieren unsere südsteirischen Freunde Sonja und Ramon, und Wolfgang bekommt von Ramon via *Skype* ärztlichen Beistand und klare Anweisungen hinsichtlich einer kleinen „Notoperation" mit anschließender Penizillinkur. Nach einem durchaus gelungenen Eingriff präsentiert sich die *Sleipnir2*-Bordfrau nach wenigen Tagen wieder in Bestform, und wir mailen in die Südsteiermark ein herzliches Dankeschön.

Wir verproviantieren uns in Port Suez, verbringen nette Abende an Bord der *Aquila* und der amerikanischen Yacht *Macy* (die als *Kestrel Lead* unser Referenzschiff während des Konvois war), bis wir am 16. April das erste Teilstück des Suezkanals in Angriff nehmen. Um 22.00 Uhr des Vorabends bekommen wir endgültig die Freigabe, dass am folgenden Tag kein Kriegsschiff durch den Kanal geht, und um 05.00 Uhr morgens wird der Lotse an Bord unseres Kats gebracht.

In Port Suez haben die den Kanal ein- bzw. ausfahrenden Containerriesen unseren Mooringplatz so knapp passiert, dass wir die Stimmen der Besatzungen hören konnten, jetzt in der Wasserstraße selbst überholen sie uns in einem Abstand von weniger als drei (*Sleipnir2*-) Bootslängen – endlos hohe Schiffswände mit den Aufschriften der größten Reedereien wie *Maersk, MSC, CMA – CGM* oder *Cosco* in gigantischen Lettern.

Der *Adviser* steuert *Sleipnir2* den ganzen Tag über, spricht kaum ein Wort Englisch und ist dadurch bedingt ein eher stiller Geselle – uns ist das durchaus angenehm. Insgesamt bekommen wir den Eindruck, dass für die „bescheiden" und weniger komfortabel wirkende *Sleipnir2* die zweite oder sogar dritte Garnitur von Piloten eingeteilt wird. Ein wesentlicher Vorteil für uns, da wir uns nicht mit sagenhaft anmaßenden *Bakschisch*-Forderungen wie die Skipper anderer Boote herumschlagen müssen, deren ohnehin überzogene Geldgeschenke teilweise mit Entrüstung und abfälligen Bemerkungen „gnadenhalber" entgegengenommen werden. Auch der obligate Stopp auf halber Strecke im *YC Ismailia* macht uns bald klar, dass es Zeit wird, das Land mit der großartigen Historie so schnell wie möglich zu verlassen.

Am folgenden Morgen kommt der neue Lotse an Bord, und wir gehen Anker auf für das zweite Teilstück nach *Port Said.* Kapitän Ramadan (vielleicht ein Spitzname?) spricht wirklich kein Wort Englisch, und seine Arbeit an der Pinne muss von uns überwacht werden, andernfalls kämen einige kleine Fischerboote zu Schaden – ja, im nördlichen Abschnitt des Suezkanals wird gefischt! Evi überreicht ihr gut verschnürtes Geschenkpaket taktisch klug stets unmittelbar vor Ende des Transits – eine Vorgangsweise, die unseren Piloten kurz vor Port Said doch ein wenig beunruhigt, und wir ihm somit tatsächlich noch seine vermutlich einzige englische Phrase *'Where is my present?'* entlocken. Wenn der *Adviser* dem Pilotboot Unzufriedenheit avisiert, kann es durchaus vorkommen, dass die Yacht letztlich gerammt wird und kleine Schäden am Rumpf davonträgt. Das Übersteigen auf das längsgehende Lotsenboot erfordert aber Kapitän Ramadans ganze Aufmerksamkeit, so bleibt unsere Geschenktasche bis zuletzt ein *'Paket Surprise'*, und wir entschwinden unbehelligt im Schutz der mittlerweile nächtlichen Dunkelheit aus dem Hafen von Port Said.

Wir sind nach über zweieinhalb Jahren (!) wieder im Mittelmeer, aber der dichte Berufsschifffahrtsverkehr, die teilweise unbeleuchteten Fischerboote und die Ölplattformen fordern für die nächsten 30 Seemeilen unsere volle Konzentration.

Im Kanal

Containerschiffe überholen uns

Abendstimmung in Rovinj

VII.
Durchs östliche Mittelmeer

Czech. Rep.
Brno
Ostrava
Slovakia
Edinet
Kharkiv
Dnieper
Dnipropetrovs'k
Zaporizhzhya
Austria
Bratislava
Hungary
Budapest
Moldova
Odesa
Chisinau
Zagreb
Slovenia
Croatia
Serbia
Romania
Brasov
Bucharest
Bosnia
& Herz.
Sarajevo
Belgrade
Danube
Constanta
Sebas
Pristina
Sofia
Mont.
Kos
Bulgaria
Black
Podgorica
Plovdiv
Istanbul
Tirana
Mac.
Skopje
Albania
Thessaloniki
Taranto
Larisa
Izmir
Kayseri
Messina
Greece
Aydin
Adana
Athens
Catania
Malta
Khania
Rodhos
Cyprus
Iraklio
Beirut
Lebanon
Mediterranean Sea
Haifa
Al Khums
Jerusalem
Israel
Misratah
Benghazi
Surt
Alexandria
Cairo
El Giza
Al Minya
Nile
Al Bad
Al Fuqaha'
Qasr Farafra
Asyut
Libya
Sohag
Qena
Egypt
Aswan
Al Kufrah
Abu Simbel

Zypern und Türkei – zurück in Europa und doch nicht

Zwei ausgesprochen leichtwindige Tage später taucht die Küstenlandschaft Zyperns in der nördlichen Kimm auf, und wir steuern auf die kleine, geschichtsträchtige Stadt Paphos im Südwesten der seit 1974 geteilten Insel zu. Über Funk vernehmen wir, dass der enge Hafen zum Bersten voll ist, aber *Port Authority* heißt uns dennoch herzlich willkommen, und nach einigen Sondierungsrunden quetschen wir uns an etlichen Booten vorbei und gehen längs an einen großen schwedischen Katamaran.

Zypern, die drittgrößte Insel im Mittelmeer (nach Sizilien und Sardinien), gehört geografisch zu Asien, politisch aber zu Europa. Wir fühlen uns unabhängig davon zurück in der Alten Welt, die Preise auf den Speisekarten bestätigen uns dies eindrucksvoll...

Mit einem gemieteten Auto unternehmen wir Erkundungsfahrten entlang der Süd- und Westküste, genießen das mediterrane Flair und sehen die erste Giftschlange in freier Wildbahn im Rahmen unserer Reise – außerdem nützen wir den fahrbaren Untersatz, um Benzin, Proviant, griechischen Wein und Metaxa zu bunkern.

Allerorts stoßen wir auf Ausgrabungen antiker Bauwerke und Stadtteile aus der Zeit der Diadochen bis in die Periode der römischen Herrschaft, fallweise auch aus dem Hochmittelalter und der frühen Neuzeit. Die Ruinen von Paphos sind nicht umsonst im Katalog des UNESCO-Weltkulturerbes aufgelistet, und wir sind über teilweise ausgezeichnet erhaltene Mosaike erstaunt. Der Zugang zu den Ausgrabungsplätzen ist kaum reglementiert, und die antiken Stätten sind vielfach zu Fuß von unserem Liegeplatz aus erreichbar, sodass es Wolfgang oft schwerfällt, das Kulturprogramm mit plausiblen Argumenten etwas zu kürzen. In Neuseeland würde man angesichts dieser Jahrtausende alten Kulturgeschichte jedenfalls vor Neid erblassen.

In Zypern treffen wir auf einen anderen, für uns neuen Typus von *Cruisern*: Segler, die sich über Jahre im östlichen Mittelmeer aufhalten, größtenteils auf eine lange Erfahrung im Fahrtensegeln zurückblicken können und – aus welchen Gründen auch immer – bemüht sind, uns dies unmissverständlich beweisen zu wollen. Wir hören atemberaubende Schilderungen von Stürmen, gigantischen Wellenbergen und Nahezu-Kenterungen, ohne dass ein Kommentar unsererseits vonnöten oder gar erwünscht wäre. So nicken wir ehrfurchtsvoll in passenden Abständen, streuen in eigentlich nicht vorhandenen Sprechpausen ein '*incredible*' oder '*unbelievable*' ein und freuen uns dennoch über neue Bekanntschaften.

Wir nützen die ungünstige konstante West- und Nordwestwindlage und genießen unseren Aufenthalt in der gar nicht so kleinen und sehr touristischen Hafenstadt Paphos einige Tage länger als ursprünglich geplant.

Am 29. April hoffen wir durch ein kurzes Wetterfenster zwar unter Motor, aber zumindest mit Stützsegeln, in die Türkei übersetzen zu können – in Skiunterwäsche, Fleecejacken und Ölzeug lösen wir mit dem ersten Tageslicht die Leinen. Nach einer ruhigen Nacht nähern wir uns Finike und sind fasziniert von den schneebedeckten Bergen des Hinterlandes, durch deren Anblick die ohnehin kalte Luft noch etwas frostiger auf uns wirkt.

Für den Liegeplatz ist das Einklarieren mittels Agenten obligat, ein Prozedere, welches sich eineinhalb Tage dahinschleppt und inklusive Visa die Bordkasse um € 100 erleichtert. Wie Evi schnell feststellt, weist die Abrechnung – insbesondere bei den Agenturhonoraren – einige Unregelmäßigkeiten auf. Der am Vortag um Smalltalk bemühte redselige junge Mann versteht, darauf angesprochen, plötzlich kein Wort mehr Englisch – im Vergleich zu Ägypten allerdings bestenfalls ein Lehrbubenstreich.

Mit einer zufriedenstellend versorgten *Sleipnir2*, dafür endgültig kaputtem Windmesser (Wolfgang versuchte diesen im Masttop zu reparieren...), fahren wir nur 18 nm weiter westlich in das Buchtensystem der *Kekova Roads*, an einen der malerischsten Ankerplätze seit sehr langer Zeit.

Zwei Tage lang besichtigen wir die Ruinen und steinernen Sarkophage der Lykier – ein Volk, das hier im Südwesten Kleinasiens bereits lange vor Alexander dem Großen mit eigener Sprache, Schrift und einer Kultur repräsentativer Grabstätten ansässig war. Die Mauerreste und mächtigen Sarkophage stehen, von Busch- und Graslandschaft überwuchert,

Kekova Roads

völlig „unaufbereitet“ scheinbar achtlos entlang der Küste, teilweise zwischen den Häusern des Dorfes oder sogar im Wasser. Die Menschen leben – obwohl vom Tourismus geprägt – doch noch sehr ursprünglich inmitten der steinernen Zeugen ihrer antiken Vorfahren und spannen vermutlich eher selbstverständlich als pietätlos ihre Wäscheleinen zwischen Hausmauern und Sarkophagen.

Sarkophage

Wir fahren weiter nach Kas, um dort den Nachmittag abzuwarten und dann, bedingt durch die Wetterlage, uns in einer Nachtfahrt nach Göcek zu „schummeln“, einem der wesentlichen Charterzentren der Türkei – der gesamte Ort scheint hauptsächlich aus Marinas, Workshops, Chandleries und anderen maritimen Versorgungsstellen zu bestehen.

Seit Aden fahren wir den Steuerbordmotor dank improvisierter Reparatur mittels einer Cdi-Einheit eines Zweitaktmotors eigentlich überraschend problemfrei. Hier haben wir die Möglichkeit, über eine gut organisierte Yamaha-Werkstatt die originale *Blackbox* – quasi das Gehirn der Maschine – kurzfristig zu bestellen und einbauen zu lassen.

Durch Internetrecherchen wissen wir um die sagenhaft hohen Benzinpreise im Land und haben bereits in Zypern vorgesorgt. Die € 1,90 pro Liter 95-Oktan-Benzin (Stand Mai 2010) dürften weltweit kaum zu überbieten sein – 1 Cent/Liter aus Venezuela geben, global betrachtet, doch eine bemerkenswerte Spanne bei den Treibstoffpreisen…

In einem zugegeben gut sortierten Kiosk entdecken wir den ersten Kurier seit – ja, seit wie lange eigentlich? Wir erstehen das einzige Exemplar und ziehen uns aufs Schiff zurück.

Um aus der Türkei ordnungsgemäß auszuklarieren, verlegen wir uns in das südöstlich liegende Fethiye, einem Ort mit Charme und dem sehenswerten Telmessos-Amphitheater. Für die Behördenwege nehmen wir nur die notwendigsten Dienste einer Agentur in Anspruch und absolvieren den Papierkrieg bei Polizei, Zoll und Hafenkapitän geldsparend in Eigenregie – die wirklich groteske Arroganz einiger Beamten erleben wir eher als amüsante Unterhaltung.

Für Evi ist es der erste Besuch in der Türkei, Wolfgang war mit Freunden vor mehr als 25 Jahren zum Windsurfen hier. Damals hat man vor Cesme Quartier bezogen, wo der *Meltemi* durch die Akzeleration der vorgelagerten griechischen Insel Chios besonders stark und konstant bläst. 2010 versucht die *Sleipnir2*-Crew genau diese Düseneffekte zu vermeiden und zieht es vor, die Ägäis noch vor Eintreten des bekannten Schönwetterwindes (früher von den Griechen *Etesien* genannt) zu queren – im Laufe eines Vierteljahrhunderts haben sich die Präferenzen gewandelt...

Jiá ßu Hellas

Die Taktik, Symi durch eine Nachtfahrt zu erreichen, geht nicht auf. Es sind weniger die 15 Knoten Wind gegenan als vielmehr eine – vermutlich strömungsbedingte – kurze, steile Welle, die zu einer Planänderung zwingt und uns Kurs auf Rhodos nehmen lässt.

Um 02.30 Uhr ankern wir im östlichen Hafenbecken der Inselhauptstadt, wo die Beleuchtung am Pier wenig Orientierungshilfe in dieser Neumondnacht bietet – trotzdem eine leichte Nachtansteuerung.

Insgesamt fünfmal (!) müssen wir uns während des Tages verlegen, nachdem die kleine *Sleipnir2* raumfüllend den großen Kreuzfahrtschiffen und Frachtern das Manövrieren doch erschwert. Zwischen den Ankermanövern klarieren wir wieder selbstständig, ohne einen Agenten in Anspruch zu nehmen, ein – fast wäre dies schiefgegangen:

Der Beamte der Passpolizei meint lakonisch, Österreich und Deutschland, das sei ohnehin eines wie das andere. Wolfgang bemerkt ebenso lakonisch, dass er damit teilweise sogar recht hätte, schließlich erhält Griechenland im Rahmen der EU-Subventionen von beiden Ländern gleichermaßen hohe Geldsummen, um den bankrotten Staatshaushalt zu stützen. Wenn Blicke töten könnten, hätte sich Evi innerhalb von Sekunden selbst zur Witwe gemacht, aber der Mann dürfte verstanden haben und stempelt uns überraschenderweise, ohne ein weiteres Wort zu verlieren, zügig ab. Vor dem Besuch der Hafenkommandantur verpasst Evi ihrem Skipper allerdings sicherheitshalber einen Maulkorb...

Wir nehmen uns leider sehr wenig Zeit, die wirklich sehenswerte Stadt, welche allerdings durch die zahlreichen Kreuzfahrtschiffe sehr vom Tourismus geprägt ist und wohl auch dadurch ein entrücktes Preisniveau aufweist, zu besichtigen – einmal mehr brechen wir mit dem ersten Tageslicht auf, jetzt endgültig Kurs Symi.

Wir gehen davon aus, dass die Pedi-Bucht ein idealer Ausgangspunkt ist, um den malerischen Hauptort zu Fuß oder mit dem Bus zu besuchen – weit gefehlt. Die Bucht wird von

Wir liegen im Weg und doch nicht...

Insidern als *„Teflon Bay"* bezeichnet, abgeleitet von der Pfannenbeschichtung – hier haftet eben auch der Anker sehr, sehr schlecht. Durch die heftigen Fallböen und schrallenden Winde geht *Sleipnir2* innerhalb weniger Stunden zweimal auf Drift, bis wir im südlichsten Teil der Bucht auf 12 m Wassertiefe sicherer liegen. Wir befinden uns in guter Gesellschaft – es gibt kaum ein Boot, das nicht mindestens drei Ankermanöver fährt.

Nach zwei wetterbedingt wenig erholsamen Nächten verlegen wir uns an einen verwaisten, halb fertiggestellten Pier und machen an den U-förmig in den Beton gegossenen, rostigen Stahldrähten fest. Der Fischer Theo versichert uns (mit der meistgehörten Phrase dieser Reise: *'No problem'*), man würde in den nächsten Wochen die Arbeiten hier nicht fortsetzen, das Geld wäre ausgegangen...

Evi verbessert ihr Griechisch mit jedem Tag, eine Sprache die sie vor (sehr) vielen Jahren annehmbar gesprochen hat. Der Zugang in der Landessprache bietet uns einen unschätzbaren Vorteil im Kontakt mit den Menschen des Dorfes, und häufig schallt uns schon morgens ein freundliches *„jiá ßu"* von den Fischern entgegen. Auch Wolfgang schwelgt in Erinnerungen längst vergangener Zeiten intensiven Windsurfens in Parga (im Ionischen Meer) und kramt nach Vokabeln, die für eine selbst jeder Grammatik entbehrende Konversation aber kaum ausreichen.

Nach einer Woche windbedingten Wartens scheitern wir abermals an dem Versuch, durch eine Nachtfahrt möglichst ökonomisch Seemeilen nach Westen zu machen. Zwar

Traumhaft schönes Symi

segeln wir mit raumen Winden Richtung Kos, geraten allerdings in der ersten Nachthälfte, nachdem wir die Südspitze der Insel gerundet haben, in ein schweres Gewitter. Die Zugrichtung der Wetterstörung ist für uns zunächst nicht auszunehmen: Blitze scheinbar unausweichlich überall. Das Echo des Gewitters, das wir erst später am Radarschirm sehen, ist stärker als jenes der Inseln Kos – erst jetzt erkennen wir die Verlagerung und laufen nach Süden ab. Um 02.00 Uhr morgens scheinen wir das Schlimmste überstanden zu haben und entschließen uns, doch noch unser ursprüngliches Ziel, die Insel Levitha, anzusteuern. In dieser Nacht finden wir keinen Schlaf, ziemlich ausgelaugt erreichen wir am nächsten Vormittag die in alle Richtungen geschützte Südbucht dieser „Ziegeninsel", in der sogar Bojen ausgebracht wurden – den Rest des Tages bleiben wir allerdings in den Kojen...

Am nächsten Morgen liegt unmittelbar vor uns eine Legende unter den Segelrennyachten: die SY *Flyer*. Mit der von Sparkman & Stephens konstruierten *Flyer* hat der Niederländer Cornelius van Rietschoten sein erstes *„Whitebread Round the World Race"* gewonnen, die 65 Fuß Yacht wurde inzwischen um ein kleines Vermögen für das Fahrtensegeln adaptiert. Der gegenwärtige Eigner hält standesgemäß Abstand von einer Konversation mit der *Sleipnir2*-Crew, dafür winkt man uns von der benachbarten österreichischen Ketsch *Cat Balu* mit einem Exemplar von *Ocean7* entgegen: *„Seid ihr das? Dann kennen wir euch."* In weiterer Folge verbringen wir mit Monika und Kristian einen sehr netten Abend und werden sogar zum Essen eingeladen.

Eine kostenintensive Passage

Mit den Auswirkungen von etwas zu viel Grappa brechen wir unter günstigeren Windprognosen auf und fahren über die Insel Dhenoussa, wo wir einsam und alleine ankern, nach Mykonos – partnerschaftlich hochtolerantes Touristenmekka in der Ägäis. Wir bleiben nur eine Nacht, bevor wir über Siros weiter nach Kithnos motorsegeln.

Die trostlos karge Insel Delos (der Geburtsort von Apollon und Artemis) lassen wir an Steuerbord liegen. Yachten dürfen hier ohnehin nicht vor Anker gehen. Kaum zu glauben, dass dieser unscheinbare Ort ein politisches und religiöses Zentrum der antiken Welt war – vermutlich bedingt durch die nautisch strategische Lage im Kreuzungspunkt der Handelsrouten.

Von Kithnos aus, wo wir den traumhaften Ankerplatz zwei Tage genießen, erreichen wir das belebte Poros, von dort motoren wir weiter nach Epidavros, unserem ersten Stopp auf dem Peloponnes. Der letzte Ankerplatz in der Ägäis liegt unmittelbar hinter dem Kap Sousaki, drei Seemeilen vor dem Kanal von Korinth.

Am nächsten Morgen fahren wir durch die 1893 fertiggestellte, 3,2 Seemeilen lange, schnurgerade Wasserstraße. Von der schlichtweg Respekt einflößenden 80 Meter tiefen Felsschlucht, die beim Bau des Kanals geschlagen wurde, sind wir aus unserer Froschperspektive ziemlich beeindruckt – ein Motor- oder Ruderschaden würde wohl ein interessantes Szenario heraufbeschwören... Die Gebühren für die Passage erleichtern die Bordkasse um € 153, im Verhältnis zur Länge tatsächlich der teuerste Kanal der Welt (etwa der gleiche Tarif wie für die 87,5 nm durch den Suezkanal).

Bei einem Knoten Gegenstrom erreichen wir nach 45 Minuten den Golf von Korinth, haben die Ägäis somit endgültig verlassen und steuern den kleinen Hafen der geschichtsträchtigen Stadt an, die dem Golf seinen Namen gibt.

Der Hafen von Korinth bietet Yachten wenig Platz, aber wir haben Glück und gehen

Die berühmte Spirit of Gaia

längsseits an einen Pier, der offensichtlich Treffpunkt der Fischer und pensionierten Männer ist. Mit Dimitri freunden wir uns schnell an, letztlich dürfte aber Evi der eigentliche Grund für seine stundenlangen Besuche auf *Sleipnir2* sein. Auf Wolfgangs Bemerkung, dass es im Mittelmeer kaum mehr Fische gibt, lächelt er gnädig: *„Du weißt eben nicht, wie du sie fängst. Zeig mir eure Köder...“*

Der Wind gibt uns vor, wann es Zeit wird weiterzuziehen. Über den etwas zu einsamen Ankerplatz in der *Veresses Bay,* südlich von Andikiron, erreichen wir die rundum geschützte Bucht der kleinen Insel Trizonia. *'Work in progress'*, lautet die Beschreibung für eine Marina, die wohl nie fertiggestellt werden wird, aber die Betonpiere, die bereits erste Verfallserscheinungen aufweisen, sind zumindest mit soliden Klampen ausgestattet, und so liegen wir hier gratis und sicher. Ein Geheimtipp – entsprechend sind die Stege belegt, und auch der Meister persönlich scheint die Vorteile von Trizonia zu schätzen: In einem abgelegenen Teil der „Marina“ orten wir tatsächlich James Wharrams *Spirit of Gaia,* mit ihrer 63 Fuß Länge quasi das Flaggschiff aller Wharram-Katamarane. Das berühmte Boot ist klariert und niemand an Bord, für uns eine Gelegenheit, verschiedene Detaillösungen hinsichtlich Rigg, Steuerung oder Aufhängung der Motoren in Augenschein zu nehmen.

Trotz dieser „spirituellen Entdeckung“ gehen wir am folgenden Morgen weiter auf Westkurs und nähern uns am Vormittag der neuen Brücke, die an der schmalsten Stelle den Peloponnes mit dem Festland verbindet. Einige Stunden später motoren wir durch einen 3 nm ausgebaggerten Kanal in den Hafen der Studentenstadt Mesolongion und ankern in dem weitläufigen Becken vor der im Bau befindlichen Marina.

Sue und Mike von der *Snowgoose* führen uns in das *Sugar Café,* wo man zu jedem bestellten Bier kleine Häppchen, ähnlich der spanischen *Tapas,* serviert bekommt. Nach drei Bieren hat man quasi zu Abend gegessen, und die Stimmung leidet bei dieser Form der Konsumation auch nicht gerade.

Die konstante Nordwestwindlage lässt uns wieder einmal das Heil in einer Nachtfahrt suchen. Diesmal gelingt die Übung, und wir erreichen nach einer sternenklaren Nacht die Insel Levkas. Erstmals, seit wir Tobago im Dezember 2007 verlassen haben, befinden wir uns nach zweieinhalb Jahren wieder in einem Gebiet, das wir bereits als Segelrevier kennen.

Die *Tranquil Bay* ist, wie im Pilotbook beschrieben, eine einladende, attraktive und sichere Bucht. So bleiben wir eine weitere Nacht, bevor wir durch den Levkas-Kanal nach Preveza weiterziehen – dieser Kanal ist unsere dritte, aber auch bequemste und billigste Passage innerhalb von nur zwei Monaten.

In Preveza liegen wir asozial raumfüllend längs am Stadtkai, der abends offensichtlich zum gesellschaftlichen Zentrum und Treffpunkt der Griechen wird. Wir sitzen in der Auslage, beobachten und genießen aber auch unsererseits aus der ersten Reihe fußfrei das bunte Treiben. Trotzdem machen wir bald wieder die Leinen los und nehmen Kurs auf die *Straße von Otranto.* Abgesehen davon, dass wir früher als angenommen die Ionischen Inseln und somit Griechenland verlassen, kein sonderlich erwähnenswertes Ziel – für uns aber doch eine ganz besondere Destination...

Straße von Otranto und Brindisi forever

Am 14. Juni 2010 kreuzen wir um 11.45 Uhr UTC kurz vor dem Hafen von Otranto unsere alte Kurslinie und haben somit die Welt umsegelt! Am 26. Juli 2007 sind wir bei 30 Knoten Wind nur unter Arbeitsfock mit sieben bis acht Knoten Fahrt über Grund an Otranto vorbeigesegelt. Zwei Jahre, zehn Monate und 19 Tage später schließen wir nach 28 283 Seemeilen den Kreis auf N 40° 08,17' und E 018° 31,76'.

112 Jahre nach dem unvergessenen Joshua Slocum haben auch wir auf der *Sleipnir2* bewiesen, dass die Erde rund ist (eigentlich eine an den Polen abgeplattete Kugel). Es ist ein erhebendes Gefühl, den Leuchtturm von Otranto bereits vor Augen, sich dem Schnittpunkt langsam zu nähern, der selbst bei fünf Knoten Fahrt scheinbar nicht und nicht näher kommen will. Wir lassen die Reise ein wenig Revue passieren, feiern mit einer (ganzen!) Flasche Sekt und können nur schwer erfassen, dass wir vor fast drei Jahren etwas südlich von hier Kurs West genommen haben und uns nun quasi von der anderen Seite wieder nähern. Sehr stolz, zufrieden und erleichtert, aber durch den Sekt und den Mangel an Schlaf völlig kraftlos, lassen wir eine halbe Stunde später den Anker im Hafenbecken von Otranto fallen.

Nachdem der Pier Yachten offensichtlich nicht mehr zur Verfügung steht, ankern wir im erstaunlich klaren Wasser des Hafens und genießen den Aufenthalt in der malerischen

Wir haben die Welt umsegelt!

Stadt Otranto, die wir schon während unseres ersten Aufenthaltes 2003 schätzen gelernt haben. Für Evi ist der Genuss ein wenig eingeschränkt und sie sieht schwere Zeiten auf sich zukommen. Seit dem 11. Juni läuft die Fußballweltmeisterschaft in Südafrika, und somit hält Wolfgang abends gewöhnlich Ausschau nach gemütlichen Lokalen mit Großbildschirmen und erschwinglichen Bierpreisen – eine rare Kombination. Schneller als erwartet bekommen wir eine Windprognose wie aus dem Bilderbuch und segeln tags darauf unter Spinnaker nach Brindisi, wo wir – wie schon zu Beginn unserer Reise vor fast drei Jahren – am Stadtkai längs festmachen. Dimitris hochgepriesener Köder aus Korinth wird auf diesem Schlag seinen Vorschusslorbeeren in gewisser Weise völlig gerecht: Zwar beißt kein Fisch im engeren Sinne an, dafür verfangen wir uns in einer Fischerleine, an der bereits vier Brassen zappeln...

Die Mole *Seno di Levante* ist gleichsam die Abendpromenade der Stadtbevölkerung und leider durch zahlreiche Fähren, Wassertaxis, Schlepper und etwas abgehobene Motorbootfahrer stets einem gewissen Schwell ausgesetzt. Evi muss drei Anlegemanöver fahren, bis *Sleipnir2* für alle zufriedenstellend „geparkt" ist, aber das kann man einer frischgebackenen Weltumseglerin schon abverlangen. Wir liegen, historisch gesehen bedeutsam, vor dem Ende der Via Appia. Die Wetterlage in der Adria ist durch einen Trog mit Regen und Gewittern bestimmt, aber es gibt schlechtere Plätze, um abzuwarten, auch wenn uns kräftige Böen im Hafen zwingen, trotz Regens das Sonnen-/Regensegel abzuschlagen und den Kat mit zusätzlichen Festmachertrossen zu sichern.

Der wetterbedingte Zwangsaufenthalt in der Transitstadt weitet sich unerwartet aus, aber zunächst steht ohnehin sehr viel Arbeit an unserem Kat an, und wir genießen die wirklich seltene Konstellation von ausgezeichnetem Internetzugang zu sehr moderaten Tarifen – langsam aber unaufhaltsam leiten wir somit die Übergangszeit in unser künftiges Leben in Wien ein. Quasi wie in festgesetzten Bürostunden organisieren wir den Wiedereinstieg, kontaktieren Versicherungen, stehen in Mailkontakt mit den Schulen, sondieren den Gebrauchtwagenmarkt und bereiten den Verkauf unseres Katamarans vor. In den vergangenen zehn Jahren hat *Sleipnir2* unser Leben wesentlich beeinflusst, teilweise bestimmt, etwa viereinhalb Jahre haben wir auf dem Boot gelebt, 42 Länder (bei strenger Auslegung) bereist und sind knapp 45 000 Seemeilen gesegelt – jetzt ist leider die Zeit der Trennung. Eine von Emotionen geprägte Vernunftentscheidung.

Ein Besuch des Marinedenkmals, gleichsam ein Wahrzeichen der Stadt, gibt einen fantastischen Blick über den Hafen und die leider immer noch rauen Bedingungen auf dem Meer. Wir bemühen uns dennoch, Brindisi zu entkommen und zumindest die italienische Ostküste entlangzufahren, scheitern aber kläglich. Fünf Stunden versuchen wir zu kreuzen oder unter Motor gegen Wind, Welle und Strömung Boden gut zu machen, aber gegen die Naturelemente kann und soll man nichts erzwingen. Das Ablaufen zurück in den Hafen kostet ein hohes Maß an mentaler Kraft. Dafür liegt mittlerweile die *Karo* mit Karl und Roswitha am Stadtpier. Die beiden steirischen Fahrtensegler hätten wir schon vor drei Jahren während ihrer Atlantikrunde treffen sollen, durch unsere Rückkehr an die vertraute Mole *Seno di Levante* kommt es jetzt zum unerwarteten nautischen Erfahrungsaustausch.

Adria – in heimatlichen Gefilden

Am 5. Juli starten wir einen weiteren Versuch, einer drohenden Einbürgerung in Brindisi zu entgehen. Die Überfahrt nach Kroatien erweist sich als nervenaufreibend und ist von Taktik geprägt. Wir wollen die zunächst leichten Winde nützen, um uns unter Stützsegeln soweit wie möglich mit direktem Kurs dem Wunschziel Lastovo anzunähern. Bei aufkommendem Nordwestwind sollten dann entweder Vieste in Italien oder besser Dubrovnik im Süden Kroatiens als Anleger möglich sein. Schließlich erkämpfen wir uns aber doch die kroatische Insel Lastovo ohne nennenswerte zusätzliche Seemeilen und sind erstaunt, wie viel uns diese Adria-Überquerung abverlangt hat – möglicherweise hat aber auch nach drei Jahren auf See, mit der Heimatmarina vor Augen, unsere Leidensbereitschaft ein wenig nachgelassen. Über die Einklarierungskosten, die uns in Kroatien erwarten, sind wir aus Brindisi bestens vorinformiert, und so hält sich der damit verbundene, unvermeidliche Schock in Grenzen. Die Beamten, die jene – jeder Verhältnismäßigkeit entbehrenden – Gebühren einfordern müssen, sind äußerst höflich und korrekt. Sie scheinen häufiger mit fassungslosen Wutausbrüchen Einreisewilliger konfrontiert zu sein, aber wir verlieren erst unsere stoische

Im Fluss mit den neuen Eignern Angelika und Andreas

Ruhe, als man am ersten Liegeplatz in Lastovo Nationalparktaxen einhebt. Kroatien rangiert jedenfalls als teuerstes Segelrevier knapp vor Australien an erster Stelle.

Dafür ist der freie Platz an einer alten Steinmole in der rundum geschützten Bucht *Jurjeva Luka* ideal, um ein wenig zu verschnaufen und den „Abschied" von Brindisi zu feiern. Hier treffen wir die österreichische Yacht *Geronimo* mit Didi und Susi – die beiden verbringen jede verfügbare Minute auf ihrem Schiff und wissen um unsere Reise aus diversen Artikeln. Seit der Ägäis kommt es ab und dann vor, dass man uns kennt – wir müssen wohl zugeben, ein bisschen stolz zu sein. Nicht immer werden wir angesprochen. In der Adria fährt ein Dingi knapp an uns vorbei, und wir schnappen ein paar Sätze auf: *„Sleipnir2, des is der Katamaran, der um die Wölt gfohrn is...*"

Wir ziehen weiter in die *Gradina*-Bucht im Westen von Korcula, wohl einer von vielen empfehlenswerten Liegeplätzen in der Adria. Über Hvar und Primosten segeln bzw. motoren wir in die ausgezeichnet geschützte Bucht vor der *Hramina Marina* bei Murter-Stadt. Auf dem kurzen Weg nach Primosten werden wir von zahllosen Wassersportlern „begleitet" und zählen etwa 60 Segel- bzw. Motoryachten im Blickfeld (!). Wolfgang setzt sich über jeglichen guten Ton disziplinierten Funkverkehrs hinweg und setzt einen *„All Stations Call"* auf Kanal 16 ab, um das Ergebnis des Fußballendspiels zu erfragen, bekommt aber keine Antwort – nicht einmal eine Rüge... Selten konnten wir Ignoranz mit so viel Amüsement aufnehmen.

Über Murter und Molat geht es weiter nach Norden an einen unserer erklärten Lieblingsplätze: die *Artaturi*-Bucht auf Losinj. Warum es uns gerade dieser Ort so angetan hat, lässt sich schwer erklären – sicher ist jedenfalls, dass hier die Konsistenz des Sandes einen hervorragenden Ankergrund abgibt.

Schon zwei Nächte später segeln wir auf Halbwindkurs unter besten Bedingungen (auch das gibt es in der Adria) über den Kvarner nach Istrien und genießen ein paar Tage eine der wahrscheinlich schönsten Städte des Mittelmeers: Rovinj. Das GPS weist noch knapp 50 nm in die Heimatmarina Stella auf, und der Krantermin ist bereits fixiert – die Reise geht zweifelsohne in ihre Schlussphase...

Der stabilen Schönwetterlage der letzten Tage folgt eine Störung mit ausgeprägten Gewittern, die unseren Aufenthalt in Rovinj im wahrsten Sinn des Wortes trüben. Während wir uns nach Novigrad verlegen, „folgt" uns jenes Gewitter, dem wir eigentlich durch das Auslaufen nach Norden entkommen wollten, auf Parallelkurs entlang der Küste. Bei der Einfahrt nach Novigrad kommt es dann zum längst befürchteten „Überschneiden der beiden Kurse", und so machen wir gründlich gereinigt unter „Blitzlicht" an eine der Bojen fest. Hier treffen wir, wie seit Wochen vereinbart, Angelika und Andreas, die in der Freizeit vorzugsweise auf ihrem *Wharram Tiki 26* am Bodensee segeln und offensichtlich aktive Mitglieder der dortigen Multihullgemeinschaft sind. Die beiden haben als Erste auf unser Verkaufsinserat reagiert, jetzt verbringen sie drei Tage mit uns, um den Kat, den sie schon länger über die Website verfolgen, näher kennenzulernen. Wir segeln über Umag unter Spi an Lignano Sabbiadoro vorbei in die *Laguna Di Marano,* fahren schließlich die Stella flussaufwärts, um dann zwei Stunden später an den Dalben vor der Kranbox unserer Heimatmarina *Stella* festzumachen – die

Reise ist tatsächlich und unwiderruflich zu Ende. Besonders diese Flussfahrt, die den allerletzten Abschnitt unserer ereignisreichen Weltumsegelung darstellt, bringt Wolfgang ungewollt in eine sehr sentimentale Gefühlslage. Evi ist vollkommen ausgelastet, ihren lang gehegten Wunsch einer Flaggenparade umzusetzen und sorgt mit einigen Hoppalas dafür, dass keine Langeweile am Schiff aufkommt – jedenfalls muss Wolfgang öfter als einmal auf den Mast...

Bereits am folgenden Tag wird *Sleipnir2* aus dem Wasser gehoben, und am späten Nachmittag besuchen uns Ernst Köberl vom Österreichischen Hochsee-Yachtclub, der ein großangelegtes Weltumseglertreffen Ende August am Grundlsee/Gössl organisiert, und Karl von der *Karo* in Begleitung von drei Segelfreunden. Zu neunt feiern wir bei angekündigten sintflutartigen Wolkenbrüchen im strömenden Regen unter dem Sonnen-/Regensegel im Cockpit der *Sleipnir2* mit Prosecco unsere Rückkehr, und alle treten unter bester Laune den Beweis an, wetterfeste, naturverbundene Segler zu sein.

Sleipnir2 liegt in Bestform auf dem angestammten Landliegeplatz, und der „Auszug" ist nicht frei von Emotionen – fast zehn Jahre hat der Kat unser Leben geprägt, und der Name *Sleipnir2* ist mittlerweile stark mit unseren eigenen Namen verknüpft. Nahezu viereinhalb Jahre haben wir auf dem Schiff gelebt, etwa 45 000 Seemeilen „gemeinsam" zurückgelegt und wurden dabei sicher über drei Ozeane getragen. Mit Angelika und Andreas als zukünftige Eigner sehen wir „unseren" Kat allerdings wirklich in sehr guten Händen. Harti, einer unserer treuesten Freunde, hat sich wieder bereiterklärt, uns in Italien abzuholen – er schätzt als einziger das Gepäcksvolumen richtig ein und fährt mit geborgtem Voyager und entsprechendem Anhänger vor.

Kranen mit Flaggenparade

Kaum zwei Wochen in Wien, wird unsere Eingliederung in Österreich Ende August auf sehr angenehme Weise durch das Weltumseglertreffen in Gössl am Grundlsee unterbrochen. Längst nicht mit dem Landleben vertraut, finden wir uns plötzlich wieder unter den Vagabunden der Blauwasserszene, die in den letzten Jahren gleichsam unser Zuhause war. Das Pendel zwischen den beiden Welten wechselt ein wenig zu schnell für unsere völlig überforderten Geister – griechischer Gott Proteus hilf! Eine treffende Feststellung Evis wird an diesem Wochenende von einigen Gleichgesinnten verständnisvoll kopfnickend bestätigt: „*Wir sind zwar physisch hier, aber es wird Monate dauern, bis wir in unserem alten Leben angekommen sind...*"

Endgültiger Abschied vom Kat mit Harti

Epilog

Wir sind wieder zu Hause in unserer Wohnung im äußersten Westen von Wien und schauen aus den Fenstern auf den nebelverhangenen Wolfersberg. Es nieselt bei 6° C – plus wohlgemerkt –, und die Blätter der Bäume sind längst in die Farben des Herbstes getaucht, sofern sie nicht bereits abgefallen sind. Unsere Gedanken schwenken zurück auf die abgelaufenen drei Jahre, auf die unbeschwerte Fröhlichkeit der Cook-Insulaner auf Aitutaki beispielsweise, mit der einzigartigen türkisgrünen Lagune – aber auch mit dem unbequemen Ankerplatz vor dem *Arutunga*-Pass.

Die ersten Monate sind wir vollkommen ausgelastet, unser Leben in Österreich wieder in die Gänge zu bringen. Der Pegelstand der Haushaltskassa ist noch unbefriedigend tief, und wochenlang karren wir Kisten, Taschen und Kartons in die Wohnung, der wir nach den Jahren der Vermietung wieder unseren Stempel aufzudrücken versuchen, und die wir Tag für Tag ein wenig mehr nach unseren Vorstellungen gestalten.

Beim Wiedereinstieg in die Arbeitswelt des Schulalltages vermissen wir die gewohnte Routine, arbeiten umständlich, ineffizient, und die für den Beruf so wichtige Eloquenz und Schlagfertigkeit sind ein wenig eingerostet – trotzdem sind wir zuversichtlich, bald wieder zu alter Form zu finden.

Waschmaschine, Geschirrspüler, Mikrowellenherd, fließendes (warmes) Wasser oder Toilettenspülung auf Knopfdruck erleben wir angenehm, fast als dekadenten Luxus, aber das Leben auf dem Wasser im Einklang mit der Natur lässt die „Enge" der Stadt deutlicher spüren, und so ist die Wahrnehmung unseres Umfeldes nicht mehr die gleiche.

Versicherungen und Banken scheinen verstärkt mit subtiler Indoktrination von Furchtszenarien das Leben vieler Menschen zu steuern und weitgehend auf die Pension ausrichten zu wollen – das Hier und Jetzt gerät allzuleicht in den Hintergrund.

Schon 1969 philosophiert Bernard Moitessier während seiner einzigartigen Fahrt eineinhalbmal um den Globus: *„Ich kann die falschen Götter des Westens nicht mehr ertragen. Wie die Spinnen liegen sie stets auf der Lauer, um unsere Seele zu zerfressen, unser Mark auszusaugen. Und ich führe Klage gegen die Moderne Welt. Sie ist das Monstrum. Sie zerstört unsere Erde, sie tritt die Seele der Menschen mit Füßen"* (Moitessier, Bernard: *„Der verschenkte Sieg"*, Delius Klasing Verlag, S. 190f).

Die vergangenen zehn Jahre waren bestimmt von der Ambivalenz zwischen dem bequemen, abgesicherten Leben von Angestellten der Republik Österreich, dessen Preis die Enge und Unselbstständigkeit eines weisungsgebunden Dienstnehmers ist, und dem eigenverantwortlichen, selbstbestimmten Reisen auf den Ozeanen, nur dem eigenem Fahrplan sowie dem Wind und Wettergeschehen gehorchend. Klischees natürlich, denn sowenig wie der Wind frei weht, sondern – Naturgesetzen folgend – von der Corioliskraft abgelenkt zwischen den Gradienten bläst, lässt sich auch die Abhängigkeit des Segelreisenden von den verschiedensten Gegebenheiten nicht leugnen – letztlich ist man vermutlich nicht freier, aber beweglicher…

Wir waren Pendler zwischen zwei Welten, wollen keine der beiden Lebensformen missen, könnten die eine ohne die andere nur schwer ertragen. Seit 18 Jahren leben wir zusammen, viereinhalb Jahre davon auf *Sleipnir2,* wodurch doch eine gewisse Affinität zum Landleben deutlich wird – trotzdem, nahezu die Hälfte der abgelaufenen zehn Jahre haben wir auf unserem Katamaran verbracht. Um frei für ein Segelabenteuer zu werden, haben wir zweimal das engmaschige soziale Netz, das uns quasi wie ein Kokon umgibt, aufgeknüpft. Versponnen in diesem Kokon fühlen wir Geborgenheit, sind scheinbar eingebettet in jedwede Sicherheit, allerdings unter Aufgabe unserer Bewegungsfreiheit.

Als würde gerade der Kopf aus dieser Hülle hervorlugen, sehen wir zwar, was um uns herum passiert – etwa durch den Fernsehapparat – können aber kaum daran teilhaben. Legen wir den schützenden Panzer ab, gehen wir ein kleines Risiko ein, werden aber nur so frei und Herrscher über unsere eigene Zeit.

„*Was bleibt von so einer Reise?*“, werden wir oft gefragt. Die Antwort ist einfach und doch wieder nicht. Der Philosoph Hermann Graf Keyserling formulierte einst: „*Der kürzeste Weg zu sich selbst führt um die Welt herum…*“

Ein gewisses Maß an Ruhe und die Fähigkeit, den alltäglichen Dingen des Lebens gelassener entgegenzutreten, ihnen nur die notwendige Bedeutung beizumessen. Natürlich auch sehr viel Selbstbewusstsein, etwas Besonderes gemacht, einen Traum in die Tat umgesetzt und sich gegen die anerzogenen Ängste vor der Zukunft gestellt zu haben. Wir waren Gestalter und nicht Passagiere unseres eigenen Schicksals, haben das Wartezimmer Leben verlassen, um es selbst in die sprichwörtliche Hand zu nehmen.

Trotz aller Eingliederungsprobleme spüren wir eine Zufriedenheit, dem latent gelehrten Bedürfnisaufschub unserer Ankündigungsgesellschaft nicht Folge geleistet zu haben. Schon in jungen Jahren wird uns ja gerne das trügerische Gefühl von Mitentscheidung vermittelt – Ziele werden vorgegeben, die selten die eigenen sind, denen wir unreflektiert, wie der Hase hinter der Karotte, nachhetzen, ohne diese jemals zu erreichen – und eben noch schlimmer – selten hinterfragen, ob sich diese Hetzjagd überhaupt lohnt.

Es bleibt aber auch die Sehnsucht nach dem Reisen über die Meere, wodurch wir erfahren durften, dass es auch andere als die scheinbar zwingend vorgegebenen Pfade gibt – quasi der Ruf des Ozeans nach einer anderen Lebensform, die unser Dasein so sehr bereichern kann.

Wir hoffen, dass wir uns vom monotonen Rhythmus des Montag-bis-Freitag-Denkens mit anschließendem Wochenende abschirmen können und dass wir mehr Träume haben, als uns die Realität nehmen kann – so wie es Seelenverwandte treffend formuliert haben. Eines Tages brechen wir wieder mit einem Katamaran zu einem Leben auf dem Wasser auf – dieses Boot wird dann erneut unser Mikrokosmos sein…

Unser Katamaran *Sleipnir2*

Zum Zeitpunkt des Schiffkaufes haben wir keine Vorstellung davon, wie sehr dieser Wharram-Katamaran unser bis dato bequemes, angenehmes (Land-)Leben für die nächsten zehn Jahre prägen und inwieweit der Name *Sleipnir2* mit unseren eigenen Namen verknüpft sein wird. Nach der Atlantikrunde wird *Sleipnir2* entsprechend den Erfahrungen der ersten Reise entscheidend aus- und umgerüstet. Mehr als viereinhalb Jahre war das „Streitross von Odin“ unser Zuhause, in knapp 45 000 nautischen Meilen hat es uns sicher über die großen Ozeane dieser Erde getragen.

Bedeutung des Namens: Das achtbeinige Streitross Odins in der germanischen Mythologie.

Die Daten dieses einzigartigen Kats sind nüchtern:

Design: Wharram / Steve Turner
Werft: Imagine Multihulls in Millbrook – Cornwall
Fertigstellung: 1997
Baustoff: Sperrholz – Epoxy
Länge über alles: 11 m – 36 Fuß
Länge der Wasserlinie: 9,80 m – ca. 32 Fuß
Breite über alles: 6,20 m – ca. 20 Fuß
Tiefgang: 0,70 cm
Gewicht: ca. 5,5 Tonnen
Verhältnis Länge zu größter Breite: 1,77
Rigg: Slup – Fractional-Rigg – Doppelvorstag
Mast: Aluminium Euro Spars
Masthöhe über Deck: 11,80 m
Großsegel: Dacron HSX 765, 37 m^2
Genua: Dacron HSX 565, 29 m^2
2 Arbeitsfock (Passatsegel): 16 m^2
Starkwindfock: ca. 9 m^2, Sturmfock: 5,5 m^2
Asymmetrischer Spinnaker: 60 m^2, symmetrischer Spinnaker 70 m^2
2 Yamaha F15 PSAE (11 kW) 4-Takt-Außenbordmotoren XXL
Treibstofftanks: 2 x 40 Liter, mehrere 20 Liter Kanister
Batterien: 4 x 108 AH
Wassertanks: ca. 200 Liter

Ausrüstung:
2 Doppelkojen
2 Einzelkojen
Radio und CD-Player KD-G721
GPS Garmin 152
GPS Garmin 12
GPS 18 Delux
GPS 72
Trommelsextant CP sailing Cassens & Plath
2 SSB – Amateurfunk ICOM – IC-706
Pactor Modem SCS-PTC
UKW-Funkgerät NAVICO RT 1400
UKW-Uniden Solara DSC, UKW-Handfunkgerät President PM-2000 WP
DSC-Controller DSC NAVICO 1400
Navtex Target Pro NASA
NAVMAN Multidata Log/Speed/Depth
Windmesser Raymarine ST 40 Wind
Wassermacher: Little Wonder Modular LWM 150 – Village Marine
Echolot Stingray NASA
Fishfinder Garmin F90
Radar Furuno 1622
Batterieladegerät Mastervolt IVO 12/25
Battery Monitor Clipper BM-1
Spannungswandler Powervolt 600 Watt
Spannungswandler Cobra 800 Watt
1 Solarmodul Solara 55 Watt, 1 Solarmodul HY130-36 130 Watt
Generator Power Plus Pow470 800W
4 Autopiloten Raytheon ST 4000 Plus
Windfahnensteuerung Wind Pilot Pazific
Warmwasserboiler Edesa 15 Liter
Gasherd Plastimo Pazific 2000 DLX
Marine Toilet Lavac
Rettungsinsel Zodiac Bombard ORC, 6 Personen
1 EPIRB Global Fix 406 mit GPS
Hauptanker: 1 Jambo-Anker 16 kg, 1 Bügelanker 16 kg
zusätzliche Anker: 1 FOB-Anker, 2 CQR-Anker
Beiboot Novomar 250, Tohatsu 2-Takt 5 PS
Beiboot Bombard AX1, Tohatsu 2-Takt 3,5 PS

Danksagung

Unser „alter" Freund und Profifotograf Michael Rathmayer hat sich wieder einmal für uns ins Zeug gelegt und die Gestaltung des Buchcovers und des Plakats für unsere Multivisionsshow übernommen. Es war weit mehr Arbeitszeit und „Tüftelei" als ursprünglich angenommen, aber das Ergebnis spricht – so hoffen wir – für sich.

Webmaster Gottfried Ellmauer und seine Frau Trixi sind der Motor hinter der Dokumentation und schließlich Präsentation unserer Reise. Während vieler arbeitsreicher Wochenenden haben sie uns neben der Betreuung der Website mit Ideen und computertechnischem Knowhow jedweder Art unterstützt und uns letztlich auch Mut zugesprochen, dieses Buch zu schreiben.

Frau Elisabeth Flödl hat sich bereit erklärt als „Privatlektorin" den Buchentwurf Korrektur zu lesen und hat uns dadurch aus mancher Betriebsblindheit herausgeführt. Durch ihre Hilfe konnten wir unserem Verlag ein hoffentlich punktgenaues Manuskript vorlegen.

Schließlich möchten wir uns noch bei unseren südsteirischen Freunden Sonja und Ramon Eder bedanken, bei denen wir auf unserem Weg vom und zum Schiff so oft „eingekehrt" sind. Sie sind es auch, die uns auf den Weishaupt Verlag aufmerksam gemacht haben.

Abendstimmung in Savusavu

Atlantikrunde 2002–2003